重庆市黔江区文化遗产研究丛书

黔江文物研究

彭一峰 著

西南交通大学出版社
·成 都·

图书在版编目（CIP）数据

黔江文物研究 / 彭一峰著. —成都：西南交通大
学出版社，2020.6
ISBN 978-7-5643-7447-1

Ⅰ. ①黔… Ⅱ. ①彭… Ⅲ. ①文物 – 研究 – 黔江区
Ⅳ. ①K872.719.3

中国版本图书馆 CIP 数据核字（2020）第 096235 号

Qianjiang Wenwu Yanjiu
黔江文物研究

彭一峰 著

责 任 编 辑	吴　迪	
助 理 编 辑	罗俊亮	
封 面 设 计	原谋书装	
	西南交通大学出版社	
出 版 发 行	（四川省成都市二环路北一段 111 号	
	西南交通大学创新大厦 21 楼）	
发 行 部 电 话	028-87600564　028-87600533	
邮 政 编 码	610031	
网 址	http://www.xnjdcbs.com	
印 刷	四川煤田地质制图印刷厂	
成 品 尺 寸	170 mm × 230 mm	
印 张	16.5	
字 数	291 千	
版 次	2020 年 6 月第 1 版	
印 次	2020 年 6 月第 1 次	
书 号	ISBN 978-7-5643-7447-1	
定 价	150.00 元	

彭一峰简介

彭一峰，男，1968年10月出生于重庆市涪陵区。1997年7月毕业于重庆广播电视大学经济法专业；2000年12月毕业于中共重庆市委党校法律函授本科；1999年9月考入复旦大学文物与博物馆系(院级系)文博专业，2001年7月毕业后到重庆市黔江区文物管理所工作。2001年12月获文博馆员中级职称资格。

彭一峰

1988年7月在涪陵第九中学高中毕业，时值原四川省涪陵地区析置黔江地区，在涪陵招聘工作人员，一峰以政法系统第一名的成绩被原黔江县公安局录用，分配到原黔江县濯水区派出所从事刑侦、治安与交通管理等方面的工作。1990年原黔江县政府抽调到水田乡扶贫，扶贫期间得到水田乡政府表彰。1991年1月调入原四川省黔江地区文化局，先后从事文化市场管理和办公室工作。

2001—2019年在黔江区文物管理所从事不可移动文物管理工作。工作中注重将所学理论与实践结合，将所学技术专长与具体工作内容相结合，不断提高工作的实效性。2001年负责区级文保单位龚学文墓的搬迁工作；2003年参加三峡万州区太龙镇老屋院子六朝墓葬和遗址的考古发掘工作；2004年参加石城遗址的考古试掘工作；2005年参与渝湘高速公路黔江段所涉文物点的考古发掘工作；2006年11月参加正阳三羊岭恐龙化石的考古发掘工作；2007年10—11月参加箱子岩水电站淹没区文物的考古发掘工作；

2007—2011 年参加黔江区第三次全国文物普查工作，负责《重庆市黔江区第三次全国文物普查成果专辑》中古墓葬和古建筑篇章的编写工作；该书于 2012 年 11 月由中国图书出版社出版发行；2011 年参与《黔江文物》(画册) 的编辑工作，该书于 2011 年 10 月由重庆出版社出版发行。2012—2016 年参加黔江区第一次全国可移动文物普查工作，参与《丹兴遗珍——重庆市黔江区第一次全国可移动文物普查成果专辑》(画册) 的编辑工作，该书于 2018 年 11 月由西南交通大学出版社出版发行；2017—2018 年作为业主单位代表完成了区级文保单位三台书院的保护维修工程。在黔江区文管所工作的 19 年中，先后负责老窖溪水库、瓦窑堡水库等基本建设所涉的文物考古调查工作，参与了黔恩高速公路、太极水库、城北水库、黔江至小南海的二级公路、神龟峡游客接待主入口区的阿蓬江镇张家坝遗址等十多次重大基本建设工程所涉的文物考古调查工作。在工作实践中，不断进行理论探索，选择黔江区具有代表性和典型的文物藏品和不可移动文物进行研究，先后在《中国文物科学研究》《中国文化遗产》《长江文明》《重庆历史与文化》《重庆文化研究》等刊物发表《黔江文管所馆藏青铜器的文化特征及其蕴含的社会经济文化信息》《清代黔江墓葬的类型和外观形制研究》《论清代黔江墓葬石雕的艺术类型、创作理念和价值》《论黔江张氏民居的建造文化及其价值》《从文物看濯水古镇的历史底蕴和文化特色》《从文物看太平天国石达开部在黔江的活动》等论文 17 篇共 20 余万字。

　　自从事不可移动文物管理工作以来，一峰不辞辛劳，任劳任怨，时常奔波在田野文物保护的第一线，在单位专门从事该项工作只有一人的情况下，认真负责完成不可移动文物各项工作任务，使黔江区不可移动文物保护较 10 多年前有了明显改观，不可移动文物保护形势有了较大的好转，为黔江区不可移文物保护做出了重要贡献。

序

——我所知道的彭一峰和黔江文物

初识彭一峰，给人质朴、实在之感，读所著文章，处处透出纯朴之风，正可谓文如其人，想什么就谈什么，没花架子。我听他谈起，生活比较曲折，所学专业也较杂，工作系半路出家，最终走上文物管理工作这条路也有一定的机缘巧合。

林必忠

黔江是一个历史文化丰厚的地方，翻开黔江历史：汉代，这里出现过重庆第一个女实业家巴寡妇清，在黔江采炼炼丹用的丹砂，因财力雄厚，曾资助秦始皇修建长城，始皇帝为她修筑女怀清台以表彰她的功绩。西晋成汉政权宰相范长生出生于此，其儿子范贲还作过成汉末代皇帝；可惜清代修建的纪念范氏父子的不可移动文物范公祠，在 20 个世纪 80 年代黔江旧城改造中消失。近现代又出现过著名的红三军政委万涛和庚戌起义首领温朝钟，万涛为湘鄂西革命根据地的巩固和建立立下不朽功绩；温朝钟乃辛亥革命先驱。民国时期，田纯卿等开明士绅创建黎水女子职业学校，率先在黔江打破了"女子无才便是德"的封建禁忌；抗日战争时期，黔江出了为国为民牺牲的抗日将领李永端（字春晖）；1950 年，黔江濯水人徐廷泽第一个从台湾驾机起义，投诚大陆。黔江真可谓人文荟萃。

黔江的历史文化遗存虽数量不太多，然种类相对齐全，有着自己的文物特色和文化底蕴。巴人曾在这里留下了深深足迹，土家族、苗族与其他在这里定居的各族人民耕耘着这片土地，凭借自己的双手创造了灿烂的民族文化和悠久的民族历史。人们不会忘记过去，不会忘记那些为黔江的辉煌、黔江的文明进步、黔江的解放事业和建设事业做出贡献的人们，他们所创造的文明成果和文化遗产也会在黔江历史上留下美名。

　　黔江位于重庆东南的核心地带，在历史演进过程中留下的文化遗产十分丰富，其文物藏品，形成了以青铜器为主的巴文化，以刺绣、挑花为主的民族文化，以土枪、刀马等为主的红色革命文化为特色的三大文物支柱。同时掺杂了民间民俗文物和一般常见的社会文物，如瓷器、书画、玉器、金银器、钱币、木质雕刻等。就不可移动文物而言，既有反映土司文化的贵族墓葬，又有大量的反映民间葬俗的普通平民墓葬；既有反映汉代特殊葬俗的悬棺葬和崖墓，又有反映汉代一般民间葬俗的砖室墓；既有反映唐城遗存的石城遗址，又有反映商周时期聚落形态的刀背田遗址；既有反映濯水古镇建筑特色的清代四大家族建筑群落，又有反映近现代民族文化和豪宅建筑的黔江张氏民居，既有反映清代佛教文化的寺庙建筑，又有反映世族文化和山地建筑文化的草圭堂。这些文物是黔江历史文化的重要见证和载体，也是黔江人民劳动和智慧的结晶。

　　彭一峰同志收录于《黔江文物研究》的文章，主要以分析、探讨和研究黔江文物的文化内涵和价值为主，这是我们保护、传承和利用文物的一种前置性基础工作，也是对基础性文物价值的认识和升华。研究文物的目的是为了更好地为文物的保护、传承和利用提供参考，保护的目的之一就是更好地挖掘它的内涵和价值。利用是通过挖掘的文物的内涵和价值向大众更好地提供学习、参观、了解当地的民族的历史和文化的相关知识。同时，也通过研究挖掘文物的内涵和价值探讨历史的发展规律，更好服务于国家、社会、民族和地方建设。收录于这本书中的这些文章摘取了黔江一些具有较大研究价值和保护价值的文物作为对象，打下了彭一峰个人对黔江文物研究的基础。在这个过程中，我认为彭一峰对一些综合性的研究分析是比较深入的，如《从文物看太平天国石达开部在黔江的活动》一文，在现有文献和相关文物的基础上分析得比较到位；《探析清代黔江佛教文化的兴盛和繁荣》一文，则通过黔江相关的文物藏品和不可移动文物的综合分析，结合文献研究的方法，较为全面地探讨了清代黔江寺庙建设的情况、僧尼情况、信众情况，以及信佛习俗和佛教对人们的世界观和方法论的影响。

《黔江文物研究》这本书可以作为黔江文物保护工作的参考，篇数虽不算太多，但重点还是比较突出的，这这本书既考虑了对不可移动文物数量最大类的清代墓葬的探讨，又有对重点市级重点文物保护单位张氏民居和草圭堂的研究，同时，还有着对濯水古镇的历史文化、土司文化和反映巴人的青铜文化等研究的文章。此外，还对基层文物保护工作和黔江博物馆建设提出了自己的思考和见解，对一个普通的文物工作者来说，在这条路上的探索也是值得关注的。

　　书中除一篇为谈黔江民族博物馆建设的论文外，其余均是探讨黔江文物和文物工作的论文。物与理相结合是其所采用的最基本的论述方法。他写的文章是对黔江的一些具有代表性和典型性的文物进行的研究和分析，范围也不算太窄，既有反映不可移动文物类型数量最大的清代墓葬类，又有折射地域文化和民族特色的文物建筑类；既有反映土司文化色彩和石雕艺术特色的墓志和石雕类，又有折射丰厚历史底蕴和文化特色的历史文化名镇类；既有反映巴人历史文化的青铜器类，又有折射佛教文化和太平天国活动的综合类，还有对文物工作实践的保护和利用类。从文章所引的参考文献和注释不多这一点可以看出，对于最基层的文物工作者来说，他们在长期与文物接触的过程中，所感知和掌握的是第一手资料，文章也就具有了较强的真实性和可靠性，这一点尤为珍贵。然作为一个研究者来说，还应更多地引入考古学、历史学、民族学和社会学的研究方法，丰富研究手段和办法，提升文物学研究的思想基础和研究方法。彭一峰目前所取得的成绩，对于研究工作相对薄弱的基层区县来说，已经是十分难得的了。听彭一峰说，收入这本集子的论文，除《从黔江区文管所馆藏的一件青铜虎钮錞于看巴人图腾文化演变》一文是为参加 2019 年 11 月 "重庆巴文化与文化遗产——2019 年度巴文化学术研讨会" 所写，其余均为发表在国家级和市级相关刊物上的文章，同时也得到了同行和编辑部的认可和肯定。

　　《黔江文物研究》作为一本研究性质的书籍来说，对黔江文物保护和文物工作是极珍贵的，它是重庆区县文物研究书籍的有机组成部分之一，填补了黔江历史上无文物研究书籍的空白，它为黔江第一本文物研究类型的论著，这是一件大好事。希望彭一峰今后除主要分析、探讨和研究文物的文化内涵和价值外，应在以下几个方面有所拓展：一是对不可移动文物的保护和利用方面的研究，二是进一步扩大研究范围，增强综合性研究，三是进一步提升对文物工作和博物馆方面的研究。文物和文物工作研究是一项永无止境的工作，需要大量的实地调查，也需要查阅大量的资料，投入大量的精力和时间，切望彭一峰走好走实这条路。

　　是为序！

　　　　　　　　　重庆首席文物专家、文博研究馆员　　林必忠
　　　　　　　　　2019 年 11 月 23 日于重庆渝中枇杷山兼善居
　　　　　　　　　（林必忠：创立了重庆收藏协会，历任市政协
　　　　　　　　　　　文史委副主任、市文物局副局长、
　　　　　　　　　　　市人大主席团成员；主编有《重庆
　　　　　　　　　　　涂山窑》《传承文明　我们在行动》
　　　　　　　　　　　《你身边的考古故事》等书籍）

前　言

《黔江文物研究》终于问世了。这本书的出版得益于重庆市黔江区文化和旅游发展委员会的关怀和支持。今年初，重庆市黔江区文化和旅游发展委员会的同志打电话给我，让我将所发的论文搜集起来，编辑出版。

我是 1988 年 10 月到黔江工作的。10 年之后，我考入复旦大学文物与博物馆系文博专业。2001 年 7 月毕业后到黔江区文物管理所从事文物管理工作。在文物管理工作中，我选择了部分代表性文物进行探索和研究，先后在《中国文物科学研究》《中国文化遗产》《长江文明》《重庆历史与文化》《重庆文化研究》等刊物上发表论文 10 余篇。这些论文，有的是我 19 年来在文物管理实践中发现的基层文物管理中的一些问题，并就此进行了探讨，提出了一些意见和建议；有的是我对黔江部分文物的文化特征及其价值的相关认识，发于笔端，传给刊物，得以发表。我能够接触黔江文物，管理黔江文物，实乃三生有幸。

黔江，东出荆楚，西连巴蜀，位于巴楚文化的过渡地带。在几千年的历史文化传承中，因其悠久的历史和特殊的地理环境造就了黔江丰富而独特的文物资源。据第一次全国可移动文物普查和全国第三次文物普查统计，黔江区文物管理所共有文物藏品 573 套 3 338 件，其中一级文物 3 套，二级文物 12 套，三级文物 31 套，包括陶瓷器、青铜器、书画、金银器、木器、竹器、石器、铁器、钱币、碑刻、古籍、刺绣等 20 余类。登记不可移动文物 374 处，按级别分，其中市级文物保护单位 6 处，区级文物保护单位 48 处，一般文物点 320 处；按类型分，其中古遗址 29 处，古墓葬 246 处，古建筑 47 处，石刻 26 处，近现代重要史迹及代表性建筑 24 处，其他 2 处。

黔江古代文物具有典型的巴文化特征。青铜器藏品中，有一件汉代制作的虎钮錞于纹饰，出现了蛇纹和龙纹。很显然，虎钮是巴人白虎图腾的标志性符号。巴人的父系氏族社会是以廪君成为巴人首领而作为标志性事件的。那以前，巴人以巴蛇部族为主体。巴蛇部族以蛇纹为族徽，换言之，巴蛇部族是以蛇纹为图腾的。龙纹则是巴人自身认同于华夏民族成员的重要标志。

黔江文物具有典型的民族性特征。元、明、清时期，黔江南部是西阳土司辖地。土司制度是元、明与清初封建王朝在西南少数民族地区推行的一种政治制度，委当地的少数民族首领以土官职衔，管理所辖地的内部事务，土司可以世袭，土兵须服从朝廷征调，同时，土司还须定期向朝廷贡献方物。明代，西阳土司冉维屏妻杨夫人葬于今黔江濯水镇泉门村三组筒车坝官陵山东坡，其墓志就记载冉维屏奏闻袭职事，还载明穆宗末，冉维屏服勤王进封怀远将军；万历十七年（1589）冉维屏献楠木二十，价逾三千，加从三品服事。这些都反映了土司时期的政治制度、军事制度与社会生活。

黔江建筑文物和历史文化名镇具有典型的地域性特征。黔江的代表性建筑物为张氏民居。张氏民居位于黄溪镇黄桥居委南 300 米处，始建于 1911 年，占地 5 000 余平方米，建筑面积 3 417 平方米，房屋 108 间。由前厅、正厅、左右厢房、地下室、水牢、绣楼、碉楼、门楼、马厩、阶梯踏道、后花园、内外围墙、天井、水井、石拱桥等组成，呈复四合院布局。主体建筑以 5 个小天井为组合要素，把整个院落分隔成 5 个小四合院。建筑物以土家族式吊脚楼为主体，两楼一底木结构，单檐悬山式屋顶，穿逗式梁架，青瓦盖顶。从空中向下看，屋盖呈双"喜"字形。其设计理念，以追求功能性、艺术性、民俗性、科学性见长。由于规模宏大、特色突出，文化内涵丰厚，2009 年 12 月重庆市人民政府公布为重点文物保护单位。2014 年 2 月，国家住房和城乡建设部、国家文物局将重庆市黔江区濯水镇列入中国历史文化名镇。濯水镇，商周及其以前为蛮夷之地，唐末宋初商业和手工业作坊发展起来。清雍正十三年（1735）"改土归流"以后，经济文化飞速发展。清代后期成为川东南驿道、商道、盐道的必经之处。濯水老街有樊家大院、龚家抱厅、光顺号、汪家作坊、汪本善旧居、余家大院 6 大清代建筑院落群。建筑群的主体皆为木结构，辅以砖石，抬梁或穿逗式梁架，歇山式屋顶，小青瓦覆盖。樊家大院三进两天井，街面过街式凉厅与正院相连。龚家抱厅为全木结构四合院 4 层，底层为开放式，沿江岸建有土家特色风格的杆栏式廊道，吊脚楼接地。过厅上端建歇山式屋顶，形成"抱厅"。屋当中建一用于采光的冲天楼，极富地方特色。光顺号三进三天井，共三层，内院二、三层共设七段栏杆式廊道，具有典型的会馆式商号特征。汪家作坊是汪氏家族榨油的手工作坊，四进三天井，布局类似光顺号，空间显得更为灵活而富于变化。汪本善旧居为我国著名有机地球化学家汪本善旧居，依河岸坡地而建，檐廊与庭院天井之间建有通敞的过道、穿廊直接相连，形成宅院四通八达的交通系统，体现了土家山地民居的建筑风貌，汪家作坊则是汪氏家族榨油的手工作坊。余家大院为清代进士余公安宅第，以 90 根立柱、68 座雕花柱磉、183 朵雕花窗、33 扇门与夹泥墙为其主要建筑特色。6 大建筑体形成错落有致、相互呼应的有机建筑群落，将山区地方建筑构造的吊脚楼与徽派建筑风格的四角小天井、马头墙、小青瓦搭配结合，既具山区地方建筑的粗犷特征，又吸纳了徽派传统建筑的元素，塑造了古镇的独特风貌，地域性特征十分明显。

黔江文物具有典型的多元文化特征。由于黔江地处巴楚文化的交汇处，因此，黔江文物管理所收藏的战国时期的甬钟，既有巴式甬钟，又有楚式甬钟。黔江青铜器的纹饰既有中原青铜器的龙纹和饕餮兽面纹，又有巴文化的标志性蛇纹和虎钮。对于不可移动文物的多元文化特征，我们以黔江古墓葬为例。黔江古墓葬 246 处，其中清代石围封土墓 198 处、石室墓 18 处、塔墓 6 处、洞穴墓 1 处。石围封土墓的外观有长方形、正方形、圆形、椭圆形 4 种。墓碑有牌楼式、单碑式、花边式 3 种。附属设施有一般石围封土墓、阶梯式封土墓、带围垣封土墓、带牌坊封土墓、带护墓房封土墓、带石柱香炉封土墓、带石狮封土墓、雕刻封土墓等多种类型。墓葬装饰，按纹饰的繁杂程度和质量可分为上乘、中乘和下乘 3 等。上乘者，墓葬雕刻题材 5~7 个方面，内容庞杂，纹饰多达 100 余种，雕刻技艺精湛。中乘者，墓葬雕刻题材 3~4 个方面，纹饰数量 10~20 个不等，雕刻技艺一般。下乘者，雕刻题材 1~2 个方面，纹饰数量 1~5 个，雕刻质量粗糙。纹饰有浮雕戏曲故事、狮子滚绣球、龙凤纹、沙场征战图、蝙蝠纹、花瓶纹、卷草纹、鱼纹、鸟纹、花草纹、云纹等，有的石室墓墓门还有 1~2 个圆形和楔形钻孔，民间说是灵魂出入孔，赋予了鬼文化色彩。

丰富多彩的黔江文物，滋润着我的心田，使我产生了强烈的冲动。于是，我去认识它、探究它，这就化着了一篇篇文字，现在搜集起来，共 17 篇，汇编成《黔江文物研究》。编辑时，按清代墓葬类、文物建筑类、墓志和石雕类、历史文化名镇类、青铜器类、综合类、文物保护和利用类七部分编排。清代墓葬类论文 3 篇，《清代黔江墓葬的类型和外观形制研究》《论清代黔江墓葬石雕的艺术类型、创作理念及其价值》《论清代黔江墓葬石雕的时代内涵和文化特征》，全面介绍了黔江清代墓葬的形制类型、雕刻内容的来源、价值及其时代内涵和文化特征，反映了清代黔江老百姓的艺术偏好和相关的社会、政治、经济、文化等情况；文物建筑类 4 篇，《论黔江张氏民居的建造文化及其价值》《深山明珠：彰显地域文化和民族特色的黔江张氏民居》《黔江草圭堂的文化内涵及其价值》《浅谈濯水古镇老街清代建筑群的社会背景及其价值》，就自身的眼光描述了市级重点文物保护单位张氏民居、草圭堂、濯水古建筑群文化特征和文物价值，揭示其所折射的阶级差异和社会、经济文化形态；墓志和石雕类 2 篇，《杨夫人墓志与渝东南土司文化》与《构思瑰丽奇幻雕刻工艺精湛——黔江张氏民居柱础的石雕艺术》；历史文化名镇类 1 篇，《从文物看濯水古镇的历史底蕴和文化特色》；青铜器类 2 篇，《黔江区文管所藏青铜器的文化特征及其所蕴含的社会经济文化信息》与《从黔江区文管所藏的一件青铜虎钮錞于看巴人图腾文化演变》，通过对黔江青铜器文化特征的认识，揭示其传递的社会、经济、文化信息与巴人图腾文化的演变；综合类 2 篇，《探析清代黔江佛教文化的兴盛与繁荣》揭示了清代黔江佛教文化兴盛和繁荣的社会历史文化背景;《从文物看太平天国石达开部在黔江的活动》介绍了太平天国在黔江活动的基本情况;文物保护和利用类 3 篇,即《基层田野文物保护运行模式初探》《城市文化遗产保护困境及其解决途径》《浅谈黔江博物馆建设》是自己对田野文物和城市文化遗产保护实践的思考。

　　本书的编辑出版得到重庆市黔江区文化和旅游发展委员会、西南交通大学出版社、重庆市黔江区文物管理所的大力支持,本书的部分照片为颜道渠、田茂发二位同志提供,为他们在黔江区第三次全国文物普查过程中拍摄。在此一并致谢。由于本人的水平有限,文中不足之处在所难免,恳请读者批评指正。

彭一峰

2019 年 11 月于黔江区文物管理所

目 录

综合类

文物保护和利用类

清代墓葬类

清代黔江墓葬的类型和外观形制研究

【摘　要】清代墓葬是黔江数量、比率最大的田野文物。墓葬类型和外观形制中
　　　　　小类型庞杂,文化特性显著,反映了不同区域的墓葬习俗与不同民族、
　　　　　不同地域的文化差异,对研究清代黔江的社会经济、民族文化、地域
　　　　　文化和民间信仰有着重大价值。

【关键词】黔江;清代;墓葬;类型;形制

　　黔江墓葬文化发展到清代,其类型和外观形制呈现出多元化的发展态势,
特点突出、小类型庞杂、文化特性显著。黔江地处渝东南土家族、苗族聚集区
的中心,少数民族在长期与汉族生活的过程中,不同民族文化的碰撞、结合和
渗透形成了渝东南地区一些特有的墓葬类型,墓葬建设文化的多样性和丰富性
得到进一步强化和凸显。它揭示出清代黔江墓葬所隐含的文化内容、文化特征
和文化价值。即由明到清,黔江墓葬从内敛的文化特性走向强调外部文化的展
示,这是墓葬习俗和墓葬文化所发生的历史性的根本转变。本文仅是以黔江作
为个案对清代墓葬类型和形制进行分区、分期、分类和发展演变的探讨,以期
引起对这一社会文化的关注。

一、清代黔江墓葬的基本情况

　　黔江 30 个乡镇(街道)共有古墓葬 246 处,其中清代墓葬 224 处,占了古
墓葬的 91%。从数量来看,早期较少,中期有所增加,晚期最多。从分布来看,
除城西街道仅有 1 处外,其余各乡镇(街道)为几处至 20 多处不等,这与人口
分布和基本建设造成古墓葬消失有着重大关系。各乡镇(街道)的墓葬类型和
外观形制的种类和数量的分布比例也是不均衡的,不同类型和外观形制之间的
占有量和比例也存在较大差异。有的类型分布广而分散,有的类型则分布在一
个乡镇(街道)或几个乡镇(街道),总体来说,小区域地方性特点突出,信仰
特征突出,墓葬习俗特点突出,为黔江墓葬建设的三大文化特点。

二、类型和形制

从类型和外观形制上可以把清代黔江墓葬分为石围封土墓、石室墓、塔墓、洞穴墓四大类型。四大类的数量分别为198处、18处、6处、1处。从四种类型和外观形制的小种类来说，石围封土墓最多，石室墓次之，塔墓和洞穴墓仅有一种。

（一）石围封土墓

石围封土墓是在事先选好墓地的地下挖坑，将棺、椁置于坑内，再用泥土掩埋堆积成堆，然后用条石或片石在土堆周围砌成外壁的墓葬。这是石围封土墓建设的共同特点。从所葬的人数看，可分为单体墓、合葬墓2种；从平面形状看，可分为长方形、正方形、圆形、椭圆形4种；从墓碑形制看，可分为牌楼式、单碑式、花边式3种；从附属设施看，可分为一般石围封土墓、阶梯式封土墓、带围垣封土墓、带牌坊封土墓、带护墓房封土墓、带石柱香炉封土墓、带石狮封土墓、雕刻封土墓等多种类型。从墓顶材料和结构看，大多数墓顶封土，少量用条石封顶，封顶的条石呈阶梯状层层内收。

1. 安葬人数的墓葬类型

从埋葬人数看，可分为单体墓与合葬墓。单体墓，顾名思义，为安埋一个人的墓葬，共189处，占清代黔江石围封土墓的84%，为清代黔江墓葬的主体部分。单体墓反映了死者为先的安葬理念。如黔江南部的曾先仲墓、何祝贵墓、段维仁墓等，中部的李西田墓、杨学墓、任大贵墓等，北部的阮基才墓、李通墓、李昌旺墓等。合葬墓为两人或多人合葬之墓，共35处，占清代黔江石围封土墓的16%。它可分为夫妻合葬墓与家庭合葬墓，它们分别占合葬墓的85.7%和14.3%。[1]位于黔江北面杉岭乡尖山村的付家垭口甘家富夫妻合葬墓（图一），左侧为甘家富墓，根据碑文记载，可知张氏为甘家富之妻。位于黔江南部濯水镇蒲花居委的王氏合葬墓（图二），墓碑正中阴刻："清叔师王公讳明芳字回春老大人之墓"。左为光绪二十五年（1899）王明全、王刘氏夫妻合葬墓，右为光绪二十二年（1896）王在中、王雨亭兄弟二人合葬墓。[2]其墓规模较大，形制完整，是黔江少有的大规模的家庭合葬墓。这两处合葬墓均采用连排形式，墓正面通过条石连接在一起，反映了以血源作为家庭纽带的传统文化特色。在夫妻合葬墓中，最为典型的还有秦应天合葬墓、李宗学合葬墓等。具有代表性的家庭合葬墓还有冉清成合葬墓、王天富合葬墓等。

图一　甘家富合葬墓

图二　王氏合葬墓葬

2. 封顶材料和外观形制类型

清代黔江墓葬的封顶材料，大多为土，少数为条石。顶上封土的墓葬又可分为长方形封土墓、方形封土墓、圆形封土墓、椭圆形封土墓。顶上封条石的墓葬可分为方形石围阶梯状封土墓、长方形石围阶梯封土墓、圆形石围阶梯状封土墓。

（1）墓顶封土的外观形制类型。

长方形封土墓作为清代黔江一般石围封土墓类型之一，平面呈长方形，前高后低。方形封土墓是墓葬外围用条石砌成方形的葬墓。民间的说法是，象征墓主人为人方正不阿。这类墓葬黔江仅有一处，为黔江南部鹅池镇鹅池村冉清成合葬墓（图三）。墓的外围用条石砌成正方形等高封土墓，边长 4.85 米，高 1.5 米，正面嵌两块并列的石碑，左碑刻"信士冉讳曰□清成吉旦""信女□氏修造吉旦"等文字，右碑刻"信士冉洪成修造之拂""信女倪氏修造之位"等文字，为四人合葬墓。据墓碑可知，冉洪成为冉清成之弟，倪氏为冉洪成之妻[3]，葬墓形制较为特殊。

图三　冉清成合葬墓

圆形封土墓为墓葬平面呈圆形的墓葬。从黔江"三普"登记的情况看，圆形封土墓源自明代晚期，兴盛于清中期，衰于清末。民间的说法是，这种墓寓人生圆满。从墓葬规模和制作工艺的难易程度看，经济投入大，所耗时间长，应是部分富裕家庭的墓葬。这类墓葬，在清代特殊的石围封土墓类型中数量最多，占的比重也大。位于黔江正阳街道桐坪居委的清代罗文光墓，用条石砌成圆形封土墓，正面为仿木结构歇山顶，单檐 2 柱 1 开间。这类墓葬对研究黔江清代当地民族组成特点、社会阶层、经济形态及墓葬可俗有着重要价值。

椭圆形封土墓的建造与圆形封土墓类似，仅是墓葬主体外观形式呈椭圆形。

黔江中部城南街道清代许家坟塘许氏墓群（图五）的3座墓，呈纵向排列，均为条石围成椭圆形封土墓，也是单檐2柱1开间，嵌石质长方形墓碑，占地面积约176平方米。这一墓群为研究黔江古代墓葬形制结构的演变及其墓葬习俗提供了重要依据。此类墓葬数量较少。从时间的先后顺序来看，它应是从圆形封土墓发展和演变而来的一种亚类型。可能主要是受地形地貌所限而造成的。这类墓葬较为典型的还有黔江中部正阳街道李永钊墓。

图四　罗文光墓

图五　许氏墓群

（2）墓顶封条石的葬墓类型。

根据形制特点和封顶材料，我们将条石封顶的葬墓称为石围阶梯式封土墓，它是以条石为材料，墓顶上部层层内收，围成阶梯式墓。每层内收的比例大致相当，直至墓顶最高处。这类墓葬分布在黔江南部。从外观形制看，有方形、长方形和圆形 3 种，阶梯层级不等。黔江南部鹅池镇鹅池村清代漆树湾墓（图六、图七），占地面积约 12 平方米，墓体平面呈正方形，条石铺成 5 级阶梯式拢尖墓顶。它的最大特点是墓顶上封以条石，可防雨水渗透到墓穴内，以保护墓穴内的棺、椁不致被雨水侵蚀。民间的说法是，层层向上，子孙会一代比一代兴旺。这是世人所赋予的人文理念，为黔江南部土著民族特有的一种墓葬形式。

图六　漆树湾墓（一）

图七　漆树湾墓（二）

　　长方形石围阶梯封土墓在全区墓葬中数量不多,在清代墓葬中比例也不大,究其缘由,与方形石围阶梯封土墓一样,该墓是土著文化的继承和发展,表现的是黔江少数民族丧葬文化的形制特征。黔江中部鹅池镇联盟村清代谢元发合葬墓(图八),就是条石砌成的长方形阶梯封土墓,整个墓葬形制如官帽,层层内收,造型独特,工艺精细。

　　圆形石围阶梯封土墓与方形石围阶梯墓、长方形石围阶梯墓属同一文化现象,其丧葬文化和丧葬习俗应是一致的。黔江南部水市乡杨柳村清代环香堡墓(图九),占地15.3平方米。用条石砌成圆形墓,墓顶用4级条石呈阶梯状层层内收,对研究清代墓葬形制结构的演变提供了实物资料。

图八　谢元发合葬墓

图九　环香堡墓

3. 墓碑组合形制类型

从墓碑的形制及其组合方式来看，清代黔江墓葬可分为单碑式墓、牌楼碑式墓、花边碑式墓 3 类。

单碑式墓即石碑碑体为 1 通，墓顶无饰。它又可分为两个小类：一类是碑体嵌入墓前石围内，另一类是碑体单独立于墓前。单体式墓碑占地面积小，投资少，一般为下层民众之墓葬。

牌楼式墓，石碑做成仿木歇山顶，底层四柱三碑。亦有 2 ~ 3 层嵌碑于柱间者。碑的两侧柱和上下碑之间的隔断条石，往往雕饰多种图案。其图案为高浮雕和浅浮雕，其内容或为动物，或为植物，或为戏剧故事，或为神话传说，或为吉祥图案等。这类墓葬也是清代黔江墓葬中的精品，代表了富人墓葬的建造习俗和墓葬文化。黔江邓国榜墓（图十）[4]、陈昌轩墓、龚冉氏墓就属此类。

单碑式墓和牌楼式墓在全区各乡镇（街道）皆有，说明它是清黔江墓葬的主流形式，也说明清代整个黔江的贫富差距随处可见的事实。

花边墓是在单体墓碑的上方和左右装饰精美的卷草、云龙、人物等纹饰。这类墓葬主要分布在黔江的中部和北部，它与清代黔江的宗教文化有关。墓碑顶上装饰的人物，均为佛像和罗汉。这显然是墓主人或墓主人家庭信仰的反映。黔江李昌旺墓（图十一）[5]、李美恒墓便如此。

图十　邓国榜墓

图十一　李昌旺墓

4. 墓葬附属设施及其类型

（1）带围垣的封土墓。

带围坦的封土墓，是在墓的前面或后面，或左右两侧，或于四周用条石砌成围垣的墓葬。这类墓葬占地面积大，规格高，建墓资金投入多，只有富裕家庭才有能力建造。这类墓葬又可分为三个小类，一为墓前砌围垣的封土墓，二为墓后砌围垣的封土墓，三为四周砌围垣的封土墓。

墓前砌围垣的封土墓，主要分布于黔江南部，这类墓的后面多为高土坎。如黔江南部鹅池镇联盟村清代吴锡堂墓（图十二），墓前为条石砌成的围垣，围垣长 4.7 米、宽 4.8 米、厚 0.35 米、高 1.3 米，前部残缺约三分之二。

墓葬后面砌围垣的封土墓主要分布在黔江北部。如位于黔江北部黎水镇新花村清代阮基才墓（图十三），由主墓和围垣构成，占地 80 平方米。主墓用条石砌成长方形封土墓，在其后又用条石砌成前低后高的围垣，前半部高 0.8 米、宽 0.3 米，后半部用条石砌成弧形围墙，单檐，檐角饰镂空卷草纹，直径 4 米、高 1.4 米。墙尾部的中央，嵌石碑 1 通，单檐歇山顶 2 柱 1 间，高 2.4 米、宽 1.2 米。再如黔江北部杉岭乡枫香村清代风池塘墓地，共两座墓，其中一座为李朝荣墓，用条石砌成前部呈弧形后部呈长方形的封土墓，在墓后有一圆弧形围垣，围垣后部正中，嵌一石门。

四周砌围垣的封土墓，主要分布在黔江中部。如位于马喇镇印合村郑运富墓（图十四）[6]，占地面积 130 平方米。用条石砌成长方形封土墓，墓正面为仿木结构歇山顶三重檐、4 柱 3 开间门楼，与墓碑连成一体。墓四周用条石砌成长方形轻灵型窗式围垣，围垣面阔 8.5 米、宽 6.6 米、厚 0.4 米，正面门上雕有云龙、卷云、宝相花、圆钱纹等纹饰，雕刻精美。

图十二　吴锡堂墓

图十三　阮其才墓

图十四　郑运富墓

（2）带牌坊的封土墓。

这类墓葬，墓前有牌坊，也可分为两类，一类为墓前牌坊，与墓葬有 4 米左右的距离。大部分牌坊与围垣连接在一起，兼具通道的功能。另一类为牌坊在墓前，与墓葬连成一个整体，这类墓葬分布于黔江南部的濯水、金洞、邻鄂和中部的正阳。前者占绝大多数，后者数量较少。有的牌坊封土墓还有围垣和石柱，如位于黔江区沙坝乡石桥村的大槽墓地，其中之一的庞瑜墓（图十五、图十六）前方 8 米处，有一座歇山式顶三重檐 4 柱 3 开间的牌坊，3 个门洞，墓地前方 50 米的小山堡上有 2 根八棱形圆球顶石柱，南北并排，相距 3 米，高 4 米，石柱具有华表的性质，可能与风水相关[7]。又如黔江南部邻鄂镇邻鄂村清代杨通绪墓（图十七），占地面积 35 平方米。墓前 3.4 米处有一座两重檐歇山式顶牌坊，牌坊高 4.1 米、宽 2.6 米。这类墓葬将寓意墓主人具有贞孝品格的标志性建筑物建于其墓葬之前。把贞孝节牌坊与墓葬连成一体的形式是黔江特有的墓葬形式。

图十五　庞瑜墓前的牌坊

图十六　庞瑜墓前的石柱

图十七　杨通绪墓

（3）置石狮与香炉的封土墓。

石狮的设置原为镇墓。这类带石狮坐像的墓葬在黔江仅有 2 处。一为位于黔江南面金溪镇望岭村清代反背院子的龚冉氏墓前（图十八），香炉立于长方形基座之上，炉盘与基座之间有一圆鼓式承托，承托有双耳，基座长 0.57 米、宽 0.67 米、高 0.35 米；炉高 0.5 米[8]，墓前左右两角各有一石狮立于方形石柱基座之上，左侧石狮呈坐姿，口衔石带。右侧石狮雕像倒于草丛之中，仅存基座立右侧，造型和风格不明。基座长 0.74 米、宽 0.57 米、高 0.95 米，石狮高 0.6 米。一为黔江北部黑溪镇光明村王化善合葬墓（图十九），墓前左右各有一石狮立于基座之上，由石狮像和基座组成，左、右两侧石狮均为坐姿，呈张口怒吼之造型，高 0.9 米，雕工较粗犷。两座墓的狮像代表着黔江境内不同地域的雕刻风格和雕刻技艺。

图十八　龚冉氏墓

图十九　王化善合葬墓

（4）带护墓房的封土墓。

护墓房就是在墓葬上面建木质房屋，既为墓体遮挡风雨雪，也方便祭者在雨雪天祭拜。这类墓葬，在黔江仅存陈田氏墓一处（图二十）。该墓葬位于新华乡犁子村，占地 180 平方米，在墓冢之上建一木结构悬山式顶、穿斗式梁架的护墓房，房屋面阔 4.6 米，进深四穿五柱 4 米，高 5.75 米，正面为"八"字形门楼，梁上彩绘龙凤纹。

图二十　陈田氏墓

5. 墓葬装饰类型

黔江绝大多数墓葬正面有不同程度的装饰。其装饰，按纹饰的繁杂程度和质量可分为上乘、中乘和下乘3等。上乘者，墓葬雕刻题材有5~7个方面，内容庞杂，纹饰多达100余种，雕刻技艺精湛。中乘者，墓葬雕刻题材有3~4个方面，纹饰数量10~20个不等，雕刻技艺一般。下乘者，雕刻题材有1~2个方面，纹饰数量1~5个，雕刻质量粗糙。清代的黔江墓葬装饰，有各类动植物浮雕图案、人物图案、吉祥图案、宗教图案等。我们以位于黔江沙坝乡十字村的清代龚学文墓为例（图二十一）[9]，该墓正面为仿木结构歇山式顶3重檐4柱3开间牌楼，二层中间以镂空七龙图案石雕为框，基座用整块石头雕琢而成，飞檐翘角，造型独特。墓前有深浮雕戏曲人物图案、狮子滚绣球图案、龙凤图案、沙场征战图案，鱼、鸟、花、草图案、瓦当纹、云纹等，造型生动，工艺精湛，人物栩栩如生。位于黔江区石家镇青塘村的清代陈昌轩墓，墓碑刻戏曲人物97个，还有狮子、蝙蝠、花瓶、卷草纹等图案和纹饰，其雕刻和墓志书法都相当精湛。

图二十一　龚学文墓

（二）石室墓

清代石室墓是用条石在地面构筑一个或多个相邻的四周封闭的石室，分别将棺、椁置于墓室内的墓葬。墓前立碑，碑两侧为柱，或两柱一碑，或三柱两碑，或四柱三碑。墓前左右两端向外延伸出的两翼呈"八"字形，多有碑刻，为清代黔江石室墓的共同特征。此类墓葬主要分布在黔江南部的阿蓬江、鹅池、水市、太极和新华等乡镇，它与黔江明代晚期石室墓有着直接的渊源关系，一般有 2~4 个墓室，门用 1~2 块长方形石块构成，门面仿木门装饰。正面墓顶建牌楼，其形制与石围封土墓相似，多为重檐四柱三碑，碑刻铭文，装饰动物、人物及花草图案。早期的牌楼较简单，晚期趋于复杂。根据墓主人的姓氏分析，墓主人均为苗族人，当地人把这种墓称为"苗墓"，应是黔江土著苗族的葬俗形式。它与部分石围封土墓一样，有的还带围垣、牌坊等附属设施。清代黔江石室墓属合葬墓，一般建于死者生前。根据牌楼的变化可分为两类。一类是早期石室墓，时代在嘉庆以前，牌楼结构简单矮小，用几块条石砌成，装饰简单，一般没有铭文，有的墓门有 1~2 个圆形和楔形钻孔，民间关于这种钻孔的说法是便于灵魂出入，给它赋予了鬼文化色彩，对研究清代民俗文化和民间信仰具有重要价值。这类墓葬有：位于黔江太极乡太极村乌龟岩墓地（图二十二），占地面积 65 平方米，由大石板砌成长方形三室石室墓，中间墓室墓门上有两个小圆孔，圆孔直径 3 厘米。墓门上雕有钱纹、花瓶、万字纹和"囍"字[10]。二类是晚期石室墓，年代在嘉庆以后（包括嘉庆）。墓室之上建有四柱三开间或六柱五开间一至三檐歇山式顶牌楼，碑嵌其中，刻有碑文，墓门均有纹饰。牌楼高大，结构复杂，装饰繁缛。位于黔江阿蓬江镇细水村清代侯思汉墓（图二十三）[11]便属此类。

图二十二　乌龟岩墓地

图二十三　侯思汉墓

（三）塔　墓

　　塔墓俗称和尚坟，地面部分呈塔形，塔下一般用陶罐埋葬死者的骨灰。此类墓葬多分布在寺庙周围，为僧人所用的特殊墓葬形式。多以墓群形式存在。清代，黔江佛教寺庙多集中在黔江北部的石会、白石等乡镇，南部的濯水、鹅池也有零星分布。典型例子如下表所示。

白石乡复兴村的法隆寺塔墓群（图二十四）[12]

名称	通高（米）	形状	层数	棱数（条）	第一层边长（米）	附属设施
慧智和尚墓（M1）	3.6	六边形	4	4	1.66	
昌海和尚墓（M2）	5.2	正方形	4	8	0.9	香炉
本祥和尚墓（M3）	3.6	正方形	5	8	1.66	
M4	3.9	正方形	4		1.66	

图二十四　法隆寺塔墓群

（四）洞穴墓

洞穴墓，即以天然洞穴为墓室，入葬后用石块封闭洞口，在洞穴口前立碑。其墓葬形式应与经济条件有关。这种葬式节省大量的人力、财力和物力。此类墓葬在黔江仅发现一例，为新华乡梨子村清代陈永选墓（图二十五、图二十六）。其墓以石灰岩天然洞穴为墓室，墓口高 1.6 米，宽 1.4 米，墓前立一柱状石碑，刻"陈永选老大人墓"等字样。

图二十五　陈永选墓

图二十六　陈永选墓前的石碑

三、文化内涵和特点

　　墓葬类型和形制特点是丧葬理念的表达方式，也是社会思想、精神信念、道德传统、历史文化的载体和实物资料。它既是宝贵的文化财富，又是历史与文明的见证和象征。笔者认为，黔江墓葬类型和形制特点反映了五大文化内涵。

　　（1）规模、形制的繁杂程度和附属设施反映出贫富差距，成为阶级、阶层标志性象征的文化符号。

　　清代黔江墓葬除主体外，最突出的是，有的墓葬有附属设施，这些附属设施的建设，扩大了单个墓葬的占地面积，有的多达一百几十平方米，就整体来说，造价极高。富人墓葬与无装饰、无附属设施的墓葬相比，形成了巨大反差，故墓葬有无装饰、有无附属设施成为墓主人经济条件好与坏的集中体现，成为阶级、阶层文化的标志性象征物。附属设施作为墓葬的组成部分，构成了墓葬外观形制的多样性，特别是有的墓葬有着多种附属设施，这就造成了墓葬类型和外观形制结构变化的丰富性和复杂性。墓葬外观形制繁复优劣的程度与家庭的经济条件有着直接的关系。

　　从人文的角度看，附属设施的多寡、大小及其精致程度对其赋予的人文理念也是有差异的。今天我们所看到的墓的各个类型和形制正是当时人们赋予墓葬的人文理念的彰显，呈现出来的是它们之间的共性和个性，亦即共性和差异性。可以说，每一墓葬与整体墓葬都有着共同的人文理念和各自独特的人文理念。共性反映的是同一地域、同一社会环境形成的共同理念。差异性则指在单个墓葬中却找不着建设特点完全一致的墓葬。也就是说，每座墓葬都有其独特的地方，它与墓主人及其墓主人家人的性格、修养和喜好也有着莫大的关系。然而，墓主人及其家人人文理念是否能得到充分的表达，同样要受到经济条件的制约。换句话说，经济基础决定着人文理念，也决定着人文理念的表达，决定着墓葬建设的规模、附属设施的规模、类型和形制的选用。它既是不同阶级、不同社会地位和不同经济条件的人们精神文化和人文理念的反映和体现，也是阶级、阶层标志性象征的文化符号。

（2）墓葬类型和外观形制折射出宗教信仰、风水文化的社会性特点。

葬俗文化作为社会文化的一种类型，不是独立存在的。它必然与各种社会文化有着密切的联系，它是社会各种文化力综合作用的结果。花边碑形制的墓葬，往往在碑顶饰弥勒佛或罗汉石雕像，牌楼式形制的墓葬有的饰八洞神仙，这与清代黔江的宗教信仰有着密切的关系。崇佛者雕佛像或罗汉像，信道者则雕八洞神仙像。固然，这也不是绝对的，当时的菩萨、罗汉与八洞神仙已经成为黔江民间信仰的重要组成部分。因此可以说黔江清代的墓葬形制、雕刻内容与清代黔江的民间信仰有着千丝万缕的联系。如果仔细探究，就会发现，墓葬雕刻的部分内容与佛、道寺观庙堂的建筑和雕饰有着异曲同工之妙，这就足以证明，宗教文化与社会文化是相互依存、相互影响、相互渗透的。黔江将宗教文化融入丧葬文化是一个突出的特点。黔江沙坝乡石桥村的庞瑜墓葬立着与风水有关的类似华表的石柱，反映了该地特有的风水文化现象。黔江太极乡太极村乌龟岩石室墓墓门上设立的便于灵魂出入的钻孔，可以视为鬼神文化的产物。从本质上说，风水文化和鬼神文化均属民间信仰，虽然看不见摸不着，但当时人们却相信它的真实存在。从思想根源上来看，这些信仰也影响着黔江墓葬形制和类型的选用及其建设。总之，墓葬形制和附属设施类型的选用与多种社会文化、民间习俗、传统文化、宗教信仰的基本元素及其基因有着极为密切的关系。可以说，墓葬文化是多种文化相互融合、相互渗透的结果，它折射了墓葬建设理念和墓葬文化的多元性与层次结构的复杂性及其延伸、发展出来的丰富性等多种文化特征。

（3）墓葬类型的多样性和形制特点的丰富性折射出民俗文化的特点。

墓葬类型的多样性和形制的丰富性是传统文化发展到一定阶段，在一定区域内的社会环境和条件下所形成的。这些形制和类型所反映的文化内容本身就是民俗文化表达的形式和特殊载体。从长方形封土墓为主流的墓葬类型来看，它遵循着大多数汉族地方的丧葬习俗和墓葬民俗文化。从一些特有的类型看，圆形封土墓、椭圆形封土墓、石围阶梯式封土墓、带牌坊封土墓、带护墓房封土墓等墓葬形式均带有本土民俗文化基因的性质和特点。圆形和椭圆形封土墓葬是富有人家将富足的生活彰显在墓葬习俗的形制和类型上，石围阶梯封土墓葬则展现的是人们对子孙后代兴旺发达期望的文化表达形式，并期望去世的祖先的灵魂会助他们实现这一愿望。

墓葬习俗作为民俗文化的组成部分，也是丧葬形式和祭祀形式及其内容所反映的民俗文化。就占有一定数量和比例的特殊类型的带牌坊封土墓来说，足以说明清代黔江是一个十分重视节孝传统文化的社会环境和氛围的地方。即丈夫死后，妻子不再嫁，并不与其他男人发生男女之爱的关系，从一而终，谓之"贞"；妻子死后，后人会为她建设一座牌坊，以示对她的纪念和褒扬。父母衰老，子孙照顾得周到圆满，敬重老人的孝子死后，当地会建一座牌坊以示宣扬和表彰。将节孝牌坊与墓葬建设在一起，并成为墓葬文化的组成部分，这一特点在全国十分罕见。从黔江太极乡清代刘氏贞节牌坊墓葬和小南海镇新建村的周氏节孝牌坊墓葬，可以佐证黔江清代浓厚的节孝文化氛围。因此，可以说，带牌坊的封土墓葬折射出当时黔江社会的节孝文化习俗。带香炉的封土墓，从表象上看，反映的是民间墓葬文化的祭祀习俗。配置香炉的目的是为拜祭时便于插香烛，影射的是祭祀文化和祭祀形式，反映的是不忘祖宗之根、重视血缘亲情关系的传统文化内涵。正是这样一个个亲缘关系构成了中华民族人际网络的核心组成部分之一。在此关系中，人们的共同需求形式，就是对亡故亲人的拜祭。按我国的祭祀传统，不仅在亲人逝后要举行祭祀活动，每年清明和春节，及至中元节，也要举行祭祀活动。清光绪《黔江县志·习俗》记载，从俗者，丧礼"招僧道作佛事，谓之道场，每七日诵经忏，谓之烧七，三年内大作佛事，撤灵位谓之除灵葬"。[13]即人死后第七天，黔江与全国其他许多地方一样，也有在死者坟前举行祭祀活动的习俗。自古以来，中华民族有一个十分重视家族和家庭亲密关系的文化情结，清代生活在黔江的土家族、苗族等少数民族同样如此，大量合葬墓的出现就足以说明这一切。因此，就墓葬类型和形制产生的内涵来说，无论是节孝文化还是祭祀文化，无论是合葬墓还是单体墓葬，与有着各种寓意的墓葬文化，均是清代黔江墓葬习俗的重要的有机组成部分。

（4）墓葬类型和形制折射了强烈的时代特色和社会共因的特点。

墓葬文化作为社会文化的一种类型，集中反映了人们当时的丧葬习俗和社会价值观。从以长方形封土墓为主流的墓葬类型来看，它遵循着大多数汉族地方的丧葬习俗和墓葬文化。从多样性看，圆形封土墓、椭圆形封土墓、石围阶梯式封土墓、带牌坊封土墓、带护墓房封土墓等墓葬形式均带有本土民俗文化基因的性质和特点，即在沿用汉民族墓葬文化的基础上有着自身的独特之处。墓葬习俗作为民俗文化的组成部分，其实质是丧葬形式和祭祀形式及其内容所反映的民俗文化。带香炉封土墓从表象上看，反映了民间墓葬文化的祭祀习俗。祭祀文化作为一种习俗，墓葬形制、墓葬风水、祭祀活动等都是墓葬文化的重要的有机组成部分。这种民俗文化由它的外在的墓葬设施以及隐含的时代文化两大部分构成。因此，我们可说，墓葬文化是由这样一个个形式和内容组成的习俗组合体。

（5）墓葬的类型和形制折射出民族文化、地域文化相互融合、相互渗透的特点。

黔江是土家族、苗族集聚地，其丧葬文化必然会反映这两个民族特有的属性和地域性特征，打上民族的和地域的文化烙印。同时，还应该看到，在清初"湖广填四川"时，大量的汉人进入黔江，使黔江人口大增。黔江的墓葬文化也受到汉民族文化的渗透和影响。也就是说，黔江清代墓葬的类型和形制，大多借鉴了汉族长方形石围封土墓葬的形式，并在此基础上发展了本民族特有的墓葬文化。如圆形封土墓和多雕刻的墓葬均是在汉族墓葬文化基础上发展和延伸出来的具有民族性和地域性的类型和形制，这种民族文化类型的墓葬与汉族地区墓葬的不同之处在于它有着自身特有的形制和文化基因，赋予了墓葬更多的寓意和思想，从而更加强化和突出了中华传统文化的基因，并将其进行了扩大化和放大化处理，使土家族、苗族的墓葬文化因循了中华民族的传统基因。如石室墓中的"苗墓"就是黔江苗族在吸收汉族石室墓的基础上增加两端的"八"字形两翼石牌而建造的，反映了黔江苗族较其他地区更加重视亲缘关系的传统，它具有民族性和地方性的双重基因，成为民族文化和地方特色典型的发展形态，民族文化和地方文化在这里得到了高度的融合和发展。一种墓葬的类型和形制在形成的过程中，只有得到民族的认可，才可能在民族成员中施行；也只有得到地方的认可，才可能在这一地域内施行。因此，可以说，黔江的丧葬习俗基本承袭了汉文化的架构和流程，但又在借鉴汉族墓葬文化的基础上有了更大的发展并形成了更加强调亲缘关系的体系和网络。从圆形封土墓的发展源流来看，皆以濯水古镇明代酉阳土司杨夫人墓为原型。土司，作为土家族的首领，影响力强。以追求人生圆满作为基本理念，而将杨夫人的墓葬建成圆形，以寓其意。此类墓葬的类型和形制便是民族文化和地方文化融合的典型范例。将贞节牌坊建于墓前的这种墓葬类型和形制在其他地方是极为罕见的，而在黔江却占有一定数量，说明它既具有小地域文化特征，又具有民族性的特征。从雕刻类墓葬雕刻的内容来看，多雕刻戏剧人物，说明戏剧在当时已成为人们的主要娱乐方式之一，也可说，戏剧已成了民族文化的组成部分。如黔江后河古戏在黔江民众的生活中具有不凡的魅力，黔江人便将戏中人物雕刻于墓碑之中，这就是民族文化融入墓葬文化的实例之一。其实，民族文化和地方文化是展现在清代墓葬的各个环节中的。从沙坝乡清代龚学文墓碑的沙场征战图来看，民族崇拜英雄的心理也反映在墓葬文化之中，成为民族文化和地方文化融合的重要组成基因之一。

总体说来，黔江的墓葬文化，既有地方文化的元素和基因，也有民族的文化元素和基因，它们相互吸纳，相互融合，使黔江的墓葬文化具有了强烈的民族文化和地域文化特征。同时，它也是黔江的民族文化、地域文化与中华民族传统文化相互融合、相互渗透所产生的文化效应。此种效应不是单一因素作用的结果，而是多元文化与地方文化、民族文化碰撞、作用所结出的丰硕之果。

综上所述，墓葬文化是人类社会的一种文化现象。墓葬方式体现了一个民族、一个国家、一个社会、一个地区某个时期的思想文化和文明程度。我们研究清代黔江墓葬的类型和形制可以了解清代黔江的社会经济、文化艺术、民间信仰、意识形态的发展和演变，认识那一时期黔江民族文化、地域文化和整个中华民族文化的有机联系及其整合模式与复合状态。探讨清代黔江墓葬的类型和形制，所揭示的是中华传统文化的核心价值理念，反映的是中华民族传统文化的重要组成部分。然而，就目前来说，对清代黔江墓葬类型和形制的研究，除笔者在《重庆市黔江区第三次全国文物普查成果专辑》中对清代墓葬作了简要的分类外，还未有专门的论述出版和发表，本文仅是一种尝试。清代黔江墓葬在黔江各类田野文物中数量最大而成为祖先遗留下来的一宗宝贵的文化遗产，它在文物资源中又占有重要地位。因此，加大对清代黔江墓葬的保护力度和研究力度，提高理论认识和管理水平，不断发挥其社会功能，是社会和历史赋予文物工作者的责任。我们只有自觉地担负此任，才无愧于时代，无愧于国家，无愧于民族。

参考文献

［1］重庆市黔江区文化广电新闻出版局.重庆市黔江区第三次全国文物普查成果专辑[M]. 香港：中国图书出版社，2012：52.

［2］重庆市黔江区文化广电新闻出版局.重庆市黔江区第三次全国文物普查成果专辑[M]. 香港：中国图书出版社，2012：53.

［3］重庆市黔江区文化广电新闻出版局.重庆市黔江区第三次全国文物普查成果专辑[M]. 香港：中国图书出版社，2012：74.

［4］重庆市黔江区文化广电新闻出版局.重庆市黔江区第三次全国文物普查成果专辑[M]. 香港：中国图书出版社，2012：72.

［5］重庆市黔江区文化广电新闻出版局.重庆市黔江区第三次全国文物普查成果专辑[M]. 香港：中国图书出版社，2012：73.

［6］重庆市黔江区文化广电新闻出版局.重庆市黔江区第三次全国文物普查成果专辑[M]. 香港：中国图书出版社，2012：59.

［7］重庆市黔江区文化广电新闻出版局.重庆市黔江区第三次全国文物普查成果专辑[M]. 香港：中国图书出版社，2012：63.

［8］重庆市黔江区文化广电新闻出版局.重庆市黔江区第三次全国文物普查成果专辑[M]. 香港：中国图书出版社，2012：64-65.

［9］重庆市黔江区文化广电新闻出版局.重庆市黔江区第三次全国文物普查成果专辑[M]. 香港：中国图书出版社，2012：67-68.

[10]重庆市黔江区文化广电新闻出版局.重庆市黔江区第三次全国文物普查成果专辑[M]. 香港：中国图书出版社，2012：77.

[11]重庆市黔江区文化广电新闻出版局.重庆市黔江区第三次全国文物普查成果专辑[M]. 香港：中国图书出版社，2012：78.

[12]重庆市黔江区文化广电新闻出版局.重庆市黔江区第三次全国文物普查成果专辑[M]. 香港：中国图书出版社，2012：79.

[13]〔清〕黔江县志（卷五）[M]. 光绪：49.

论清代黔江墓葬石雕的艺术类型、创作理念及其价值

【摘　要】清代黔江墓葬石雕的运用十分广泛，在各类工艺雕刻中数量多、比重
　　　　　大，形成了清代黔江墓葬文化的一大亮点和特色。笔者通对它们的内
　　　　　容题材、艺术类型、创作理念、价值和特色加以探讨，旨在了解其产
　　　　　生的内在原因、文化属性及其丰富的历史内涵，以唤起人们更多的探
　　　　　讨和引起社会更多的关注，以保护好这一类型的文化遗产。

【关键词】清代；黔江；墓葬；石雕；艺术

　　坐落于渝东南中心的土家族苗族聚居的黔江，东出荆楚，西连巴蜀，地处巴楚文化过渡地带。在几千年的历史文化传承中，因其悠久的历史和特殊的地理环境造就了黔江丰富而独特的文物资源。黔江在第三次全国文物普查中，共登记不可移动文物 374 处，其中，清代墓葬 224 处，占总量的 59.89%，这些墓葬以长方形封土墓形式为主，兼有少量圆形封土墓、椭圆形封土墓和长方形石室墓。从外观看，雕刻纹饰成为清代墓葬最大的亮点和特色。这些雕刻凝聚了石工匠人们的心血和才气，是当时社会、经济、文化、民俗的集中反映，揭示了一定地域内民族的精神内涵和文化的根与魂，它是人们对死者缅怀、景仰、推崇的民族文化和社会文化的物质载体，映射出一个地方的时代文化和民族理念，是我们研究民族历史与当时的墓葬习俗和社会经济形态的重要实物材料。从渝东南和武陵山腹地的少数民族来看，黔江清代墓葬文化和信仰习俗文化源远流长，极具典型性和代表性，且这一地区至今仍在沿袭这一传统形式和丧葬理念。

一、题材和内容

　　清代黔江墓葬石雕的工艺水平和繁复程度是墓葬主人及其家族、家庭经济实力的标尺及象征。这些石雕的内容和题材可分为四类。

　　一类是置于墓葬正前方左右两侧的石狮雕像，现仅存 2 处，它们分别是位于黔江南面的金溪镇望岭村龚冉氏墓前的二石狮雕像（图一、二）和北面黑溪

镇光明村王化善合葬墓前的二石狮雕像（见文后图三、四）。龚冉氏墓葬左侧石狮造型呈坐姿，口衔石带，颈部以圆珠纹锁链装饰。两眼炯炯有神，锋芒毕现。后两腿曲于座上，前两腿伸踏于座上，好似处于表演前呈准备状态的驯化之狮，雕工较精细。基座饰凤鸟、野鹿等纹饰。右侧石狮雕像倒于草丛之中，仅存基座立右侧，造型和风格不明。王化善合葬墓正前方左、右两侧石像雕工较粗犷，由石狮像和基座组成。狮像均为坐姿，呈张口怒吼之造型。右侧母狮口下方雕有小石狮，小石狮后臀坐于母狮左前脚之上，前两腿置于母狮胸前，画面呈小石狮与母狮戏耍的温馨之态。左侧公狮除未配小狮外，其他造型与母狮一致，两狮像通过粗线条简要雕工将豪放的兽性和狂放的野性展现得淋漓尽致。基座饰卷草纹。这南、北两种不同风格的反差和映衬，形成了独特的艺术形式和艺术效果，石狮像置于墓前左、右两侧的空间布局给人以庄重肃穆和宏大气势之感，代表着黔江境内不同地域的雕刻风格和雕刻艺术。

图一　龚冉氏墓前石狮像

图二　龚冉氏墓正前左侧石狮像

图三　王化善墓及其正前方左右两侧石狮像

图四　王化善墓前右石狮像

　　第二类是雕刻在墓葬正前面牌楼式碑和柱的纹饰，这类墓葬石雕约有
170～190处之多，占全部墓葬的75%～85%，全区各乡镇皆有。雕刻的内容和
题材以龙、凤、狮、象、虎、麒麟、戏剧人物、八洞神仙、牛、马、羊、鹿、

鱼、草、竹、松树、卷草等纹饰为主。我们以黔江最大的清代墓葬——沙坝乡龚学文墓（图五、六、七、八、九）为例来看石雕内容和题材的丰富性与雕刻工艺的高超性。其纹饰可分为五层，顶端飞檐翘角，相接的下方为戏剧人物和瓦纹，第二层正中为"圣旨"二字，上下左右共七条龙，龙身通过镂雕绞合成一体，龙头均朝向正中的"圣旨"二字，其中的镂雕部分为整座墓葬雕刻难度最大之处。它的左、右两侧雕鸟和松树。第三层主碑雕狮、凤、树等纹饰，第四层除雕刻戏剧人物和沙场骑马戈战图外，还有鱼和兽。第五层乃最下层，雕卷草纹、水波纹和圆形纹饰。再以石家镇清塘村陈昌轩墓石雕（图十、十一）为例，正面中间顶上翘雕"回"字纹，下方两层为瓦当纹和戏剧人物图案，刻"乙山辛"碑的下端左、右两侧分别为耕牛图和赶马图，紧接的下层中间为戏剧表演图，左、右两侧为武士手持兵器骑马图，再在其下方刻"梧苍绍辉"碑的左、右两侧为高浮雕的狮和浅浮雕的4个戏剧人物；下方最后一层为戏剧人物，其数量达数十个之多。又以沙坝乡三台村邓克昌墓（图十二）为例，上、中、下三层均雕戏剧人物，共数十个人物形象，此外，还有狮子、鹿、羊、宝瓶和岁寒三友（梅、竹、松）及瓦纹等，石材较好，工艺精湛。这类墓葬的石雕内容和题材组合各不相同，在区境内未发现雕刻题材内容完全相同的墓葬，有的是十来种题材组合，有的是几类题材组合，有的是1~2种题材组合，如阿蓬江镇大坪村张周氏墓（图十三、十四）就仅雕两只幼虎和一只凤鸟三个动物纹饰；石家镇的徐之佑合葬墓也仅雕凤凰、鹿、卷草三个纹饰；鹅池镇任广金墓的纹饰由简单的"万"字纹和八洞神仙两种图案组成。

图五　龚学文墓葬全景

图六　龚学文墓上层的部分石雕

图七　龚学文墓石雕局部

图八　龚学文墓浮雕的石狮像

图九　龚学文墓的沙场骑马戈战图

图十　陈昌轩墓正前面石雕

图十一　陈昌轩墓石雕局部

图十二　邓吉昌墓全景

图十三　张周氏墓全景

图十四　张周氏墓上幼虎像

　　第三类是在墓碑两侧及其上端饰卷云，最顶处浮雕罗汉像，这类墓石雕均为单碑，全区境约 10～20 处，占 4.5%～9%。如黄溪镇李昌旺墓（图十五）、小南海镇李美恒墓（图十六）等，这类题材的墓葬石雕主要分布在黔江北面，雕工较精细。

图十五　李昌旺墓全景

图十六　李美恒墓全景

　　第四类是以在石室墓的封墓石板上雕刻几何纹等抽象纹饰为主，兼有少量人物和动物图案。黔江境内清代墓葬把石室建在地面之上与明代将石室建在地面下为最大差异，这类墓葬有 5～10 处，占 2%～4.5%，主要分布在黔江南面。如阿蓬江镇的侯思汉墓（图十七）和庞王氏墓（图十八），侯思汉墓墓室正面外石板上雕满了神秘的几何图案，上层墓碑两侧各浮雕一只小象，下层墓室两侧斜延出来的石板上各浮雕一只鹿纹。庞王氏墓在墓室正面外石板上除几何、杂宝图案外，在上层墓碑两侧各雕一个戏剧人物，位于中间碑上层为浅浮雕两只凤鸟。

图十七　侯思汉墓正前面石雕（颜道渠 摄）

图十八　庞王氏墓正前面石雕（颜道渠 摄）

以上四种为黔江清代墓葬石雕的类型和题材，所展现出来的文化风貌给人带来不同的艺术感受。这是黔江石工匠人们聪明才智和辛勤劳动的结晶。

二、艺术类型和创作理念

清代黔江墓葬石雕作为那个时代工艺的组成部分，虽受到物力和财力的限制，但仍出现不少佳作。这些佳作在工艺雕刻中富有代表性和范例性。其艺术类型，从创作风格上看，有粗犷与精细之分，有写实与写意之别；粗犷者大多线条简单，打磨不足；如北面黑溪镇光明村王化善合葬墓前的二石狮雕像，虽轮廓完整，神态生动，但难掩其表面因打磨不足而凸凹不平的缺陷，特别是细微之处处理十分粗糙，给人感觉匠人打造的功夫不到位，为低劣之作，这类石雕作品除单体雕塑作品外，还存在于雕刻在墓葬正前面牌楼式碑和柱的纹饰之中，即第二类雕刻的题材也有一定数量的这种作品。精细者线条流畅，打磨细腻，给人一种精致和精美之感。在上述各类题材之中，均有这类质量较高的雕刻作品，在单体塑像中有龚冉氏墓前的石狮雕像，在墓葬正前面牌楼式碑和柱的雕刻纹饰和图案就较多，如以上提到的龚学文墓、陈昌轩墓、邓克昌墓等均雕刻精细，打磨和细节处理功夫到位。在单碑墓正面两侧及其上端雕罗汉像和饰卷云的石雕之中，虽这类石雕数量不多，但均雕刻质量较高，打磨得十分光滑自然。于封墓石板上雕刻的几何纹、人物和动物图案的石雕石室墓大多雕刻质量也较高，如以上提到的侯思汉墓和庞王氏墓均是它们之中质量的佼佼者和突出者。从写实和写意角度看，写实者大多追求外形和神态与实物的一致性，写意者则取其神态和意境上的追求和夸张，它则因各类动、植物图案的搭配和表现手法的不同而存在差异。从数量来说，写实者相对较少，写意的作品和题材占绝大多数。写实的作品有瓦纹、松树以及部分牛、马、羊等。写意的有狮子滚绣球、五蝠（福）捧寿、野鹿衔草、八洞神仙、猛虎下山、祥云罗汉、沙场戈战图、寿星骑驾仙鹤图和卷草等。从创作题材来看，有人物纹、动植物纹和几何图案，多有把人和牛、马等动物劳作融入原始、自然、纯朴风光的场景和画面之中，极富那一时代文人理想世界的感情生活和社会特点。就人物形态而言，既有站姿又有坐姿，既有舞姿又有武姿，既有持刀、剑、枪的姿态又有徒手表演姿态，既有动态像又有静态像，既有穿戏服者又有穿戴日常生活服装者，既有女像又有男像，千姿百态，异彩纷呈。在人物造像中，既有罗汉造像又有常见的戏剧人物造像，罗汉多呈打坐之态或仅雕上半身，或敞胸，或微笑，或慈祥，雕刻这些神态，通过憨态可掬的人物造型映衬了佛教超凡脱俗的人文理念和宗教色彩。在罗汉像的下方，多以祥云纹加以衬托，打磨圆润，雕工质量较高。作为特殊人物造像中的一种类型，罗汉造像将其文化内涵和佛教人物的秘幻性和不食人间烟火的脱俗境界展现得淋漓尽致。从狮、虎像来看，以头在下方尾在上方的猛跃之状最具特色，它给人以"兽中之王"的动态力量和艺术美感。以清龚学文墓葬石雕的龙纹最具特色。本来象征古代皇权的龙纹在清代民间不能随便采用，然从龚学文墓的石雕内容和题材来看，它却表现得十分突出。龚学文何许人也？通过墓志铭考证，他乃清代黔江富甲一方的财主，因其后裔在朝中做官，辞世后，皇上追封其为五品通议大夫。墓葬上的龙纹石雕象征九五之尊的皇上授予他的崇高地位和荣誉，墓穴的外观由其后人重新修建而成。墓碑雕刻的戏剧人物，穿着各异，有舞姿、有唱姿，有打姿、有斜姿，形形色色，丰富多彩。它所呈现出来的动态人物给沉寂的墓葬增添了几分生气和灵气，其艺术造型所表现出来的精、气、神反映了民族的内在心理，特别是七条龙纹以其难度较大的镂雕技法彰显其细腻和精致，龙的神态亦形神兼备，栩栩如生。从工艺手法和技艺来看，有圆雕、线雕、镂雕、浮雕与阴刻等技法，一个作品往往使用了多种雕刻技法和技巧，除墓正面上方的翘使用过透雕这一技法较单一外，其余各类雕刻技法运用均十分广泛。如龚学文墓上的石狮就使用了圆雕、线雕、浮雕、阴刻等多种技法。清代黔江墓葬的大多石雕图案均采用浮雕这一雕刻表现形式。从整体说来，各类娴熟的石雕手法和技艺在清代黔江墓葬石刻中的体现和巧妙运用，体现了清代黔江墓葬石雕艺术的多元性和丰富性。从地域来看，清代黔江中部和南部的雕刻内容较为复杂，质量较高，而北部除前述的第三类单碑祥云罗汉类石雕质量较高外，其余墓葬石雕内容对较单调，质量也较差。这恐怕与当时的地方经济发展有关，北部土地贫瘠，交通不便，经济十分落后，老百姓没有多少经济实力投入到墓葬建设，中部在县城及其附近经济相对较发达，南部则处于交通方便之地，部分乡镇是黔江（时隶酉阳州）通往酉阳州府所在地的必经之地，经济条件也较好。因此，总体来说，中部和南部老百姓有较强的经济实力投入墓葬建设，所以墓葬石雕无论从数量、内容、质量上来说均较北部多、好、优。如以上提到的石雕质量较好的龚学文墓就位于黔江中部，龚冉氏墓、陈昌轩墓位于南部。从年代来看，嘉庆及其以后的墓葬石雕数量激增，质量也逐渐提高。一般说来，嘉庆之前墓葬石雕相对简单，质量也较差。笔者认为，从明代地下石室墓发展到清代地面各类封土墓及成熟的石雕封土墓有一个过程。因此，从整体发展看，清代越晚的墓葬石雕内容就越多，质量也越好。从民族信仰来看，这一时期除一些吉祥民俗题材和生产生活题材外，还存在一定数量的佛教文化和道教文化题材的雕刻，如罗汉、祥云、宝相花等为佛教文化题材；八洞神仙、龙纹等为道教题材，这与清代黔江道教的宫观等场所容纳佛教的佛、菩萨、罗汉等神像一样，佐证佛、道文化在黔江的相互融合、相互接纳。总之，这些雕刻既把握住了墓葬习俗的神秘性和宗教世俗化的文化色彩，又呈现了墓葬的时代特色和民族文化特征。从中还可看出清代黔江墓葬文化民俗化的发展轨迹。这种形式已成为当时社会文化艺术的重要组成部分。

任何一种艺术的创作都不是无源之水，清代黔江的墓葬石雕艺术也是这样。它作为黔江历史文化中的一种现象和产物，是古代渝东南地区民族文化的一种特殊物质载体，有着民族文化的特性和地域文化的特征。作为民俗特色的黔江清代墓葬文化，既是生者表达对死者的寄托缅怀之情的一种特殊形式，又是老百姓理想、思想、文化和现实生产生活的综合反映。反过来说，这些内容也正是清代黔江墓葬石雕工艺的创作源泉、它与民族的个性，民族的思想观念、喜好、兴趣等诸多方面有关，是它们相互融汇与结合的结果，也是在一个时间节点上社会诸种复杂因素相互撞击、相互影响、相互吸纳和相互融合形成的一种特殊的文化现象。虽然这种艺术表现为一个个实物个体的形式，但民族艺术与民族文化是相互依存的，文化是其隐含的内容。这些墓葬石雕在展现匠人高超的技艺和深厚的艺术文化底蕴的同时，墓葬自身的一种文化理念和思想内涵也呈现了出来。文化理念、思想就是这样通过一种特定的艺术形式和实物载体来实现的。即把一种看不见、摸不着的文化思想、理念化作实物来呈现其内容，让人们通过对实物上的艺术形象来认识、感受、领悟它的文化内涵。就一般墓葬而言，清代墓葬的随葬品较少，更多的是注重外观的装饰和美化。总之，这些装饰艺术呈现了一种多来源、多结构的复杂文化内涵。其创作理念源自民间吉祥图案、吉祥题材、戏剧人物故事、鬼神文化和宗教信仰以及生产生活中具有代表性的瞬间画面。究其原因，首先是因为在中华几千年文化传统的影响下，其创作意图其一是歌颂、推崇、景仰祖先的英明圣德和传承祖先血脉、期待后世昌盛。其二是满足世俗文化的需要，即满足人们趋利避害的心理。人们普遍认为，吉祥的图案和题材能带来好运的美好愿望，如有杂宝和龟甲纹吉祥图案，平平（瓶瓶）有象、三羊（阳）开泰、五蝠（福）捧寿等是吉祥题材。其三是满足鬼神文化和宗教信仰的心理需求。民间认为，人死后灵魂存在，亦可化为鬼，祖先的灵魂既可以护佑后人，又可能给后人带来灾难。因此，后人极力将墓葬建设得更华丽。墓葬石雕装饰就是这种心理最直接的反映。黔江作为土家族、苗族聚居地，佛教文化在清代是主流宗教，当然也存在一定数量的道教信徒。宗教文化图案在墓葬石雕中出现也就是自然之事。从某种意义上说，鬼神文化也是一种信仰文化。其四是满足生活爱好的心理需求和对现实生产生活场景的文化理解。如墓葬石雕中出现的大量的戏曲人物故事就是黔江这一方水土人们的生活爱好的写照，如墓葬雕刻中出现的耕牛图和赶马图等就是对现实生产生活场景的艺术表达和反映。其五是满足对英雄人物和为国家争战的捐躯将士们的崇敬心理及其相关故事的关注和刻画。它也是清代晚期国家多战事在老百姓内心世界的反映和表达，如龚学文墓沙场骑马戈战图就属类这一类。

上述五个方面是清代黔江墓葬石雕创作理念的主要来源。从区域全局看，这五种来源相互依存，共同构成创作理念的一个有机整体，有的创作理念来源是共同共有 1~2 个方面，有的则来源于以上 3~5 个方面。总之，清代黔江墓葬石雕创作理念是一个多因素、多结构、多方位、多层次的复杂组合体。有的墓葬石雕仅源于以上第一个和第三个共有的创作理念，有的还增加了第二个或第四个，或第五种创作理念，有的具有全部五个方面的来源，其理念皆因墓葬石雕的内容和题材不同而异。这些反映了黔江墓葬文化的共性和差异性。在现实中，墓主人后裔往往是按财力、兴趣、爱好和信仰以及质量的不同要求来选择石雕匠人，但他们的创作理念一般脱离不了以上五个方面。这是历史艺术、社会文化和时代精神的局限性产生的结果。由以上几种创作理念而形成的清代墓葬石雕艺术的繁荣和兴盛也是值得今人研究和探讨的课题。

三、艺术价值和特色

清代黔江墓葬石雕的大量运用，不仅是墓葬文化和地方民族习俗的一大特色，也是渝东南民族地区石雕艺术大发展大繁荣的一大特色。从墓碑雕刻艺术的质量和数量看，黔江的石雕工艺已经进入了历史上前所未有的鼎盛时期。从石雕工艺的历史遗存看，墓葬石雕在清代已成为黔江石雕艺术一个新的里程碑。石雕既是石工匠人们展现技艺和才华的主要领域，也是雕刻艺术在黔江历经几千年的传承和积淀。这一时期，较多的不朽之作出现在墓葬石雕之中，成为一定区域内民族工艺发展中的一大亮点和一大特色。从丰富的雕刻题材看，涵盖了人物形象、飞禽走兽、鱼虫、树木、花草和几何图案等纹样，这可以看出，除民间认为不吉祥寓意的图案外，从象征皇权的龙纹到千姿百态的戏剧人物，从形象逼真的狮、象、鹿动物图案至松、草等植物图案，从动态的鱼虫到神秘的几何图案以及房屋建筑的瓦纹，均是墓葬石雕创作的主要题材和内容。从工艺质量上看，这些雕刻的人物和动植物图案既有雕工精良者，又有雕工粗犷者，戏剧人物和飞禽走兽中大多雕刻较为精致细腻、神态万千、主题突出、构思精妙，只有少部分动植物和几何图案相对用工较少，外观轮廓虽神态毕现，然却呈现出粗糙有余、精致不足的特点。这些石雕工艺在质量上的差异性，一方面说明了石雕匠人的技能和技巧参差不齐，同时也反映了墓主人家庭财力的巨大不同。从单个墓葬雕刻复杂程度看，既有设计和构思繁复的墓葬雕刻，又有相对简单和单一的墓葬雕刻。一般来说，富豪者的墓葬雕刻相对精湛和复杂，一般老百姓和穷人的墓葬雕刻相对粗糙简单。石雕匠人的选择和用工的多少直接决定着质量的高低。总之，这些不同质量的石雕工艺呈现出黔江雕刻文化的整个文化面貌和特点，反映着奢华和质朴的不同风格和风貌，彰显着清代黔江墓葬石雕艺术的兴起和快速发展。在这些石雕工艺作品中，可看出清代黔江墓葬石雕的以下几大特点：一是雕刻艺术风格的多样化和一致性，二是艺术水准的参差性和同态化，三是时代发展的整体性和个性化。从这些特点也可看出，石雕艺术整体发展中的独有性和个性特征可满足黔江各阶层、各家族及家庭对墓葬石雕的不同需求。从一方面来说，使本就一个单纯应追求艺术和反映统一化的墓葬文化内容的东西变成了五花八门的、零散的、杂碎的形象。现存的雕刻工艺水平和产品质量，另一方面彰显着黔江多彩的墓葬石雕艺术及其工艺文化发展的兴起，避免了给人单一、死板的感觉，另一方面也充分展现了清代渝东南地区石雕工艺的时代面貌和文化特征。

（1）清代黔江墓葬石材的文化美和艺术美是雕刻材料的两大价值属性和特征。

清代黔江墓葬石雕艺术均以武陵山区优质的龙蚝石作为创作材料，这种石材软硬适中，不易风化，适合繁杂内容和题材的雕刻。特别是灰白色的中性色调和细腻的颗粒纹理显示出了材料的文化美感和艺术美感的风貌特色，它既不属于让人感觉热烈隆重强烈的暖色彩，又不属于带有冷峻、冰凉色彩的冷色调，而是偏中性色调。为创作大气、粗犷、豪放和精致细腻及刚柔相济的多种题材风格提供了先天的材料优势和描绘空间。它那灰中透白、白中带灰，灰白参半的不偏不倚的色调给人一种温厚、滋润、平静、不焦不躁的文化感受，加上它细腻的颗粒质感，又给人带来一种美在天然的微妙艺术感受。石材的这种文化美和艺术美的相互交织和映衬，形成了它独特的双重美感，让人深受中道文化和中道艺术美感的感染和吸引，会产生无穷的遐想和悟出中性思想的审美精髓，深刻反映着中华民族博大精深的中道思想传统哲理的文化内涵，是与传统文化精神和内容高度结合统一的综合反映，传统文化通过材料的质地色泽和颗粒粗细彰显着、代表着自己的文化内容和属性。历经一二百年岁月的风雨侵蚀，有的石材已表面泛青，产生了一层紧贴石质的泛青附着物，这种附着在雕刻艺术品上的泛青物，还给人带来一种极富震撼力的历史沧桑感和厚重感的文化心理感受。

以上可以看出，黔江所处的武陵山区的自然界提供的这种优质龙钻石是进行墓葬石雕艺术创作的极佳材料。所呈现出来的双重美感和价值属性正与墓葬石雕文化追求的多样化内涵相契合和适应，材质本身的硬度也恰好符合墓葬石雕艺术的需要，反映了这种石材在墓葬上的最大使用价值和天然价值，因此，它成为黔江地方清代墓葬石雕选择的唯一石材类型。

（2）取材丰富，构图生动。

清代黔江墓葬石雕深邃的民间性和寓意十分贴近大众日常生活及其喜好，勾勒出一幅幅清代社会生产生活画卷，反映了渝东南民间匠人的文化修养和高超的技艺水平。

清代黔江墓葬石雕题材和内容选择十分丰富和广泛，凡一切彰显民间生产和生活文化内容及吉祥题材的对象均在其列，如除以上提到的龚学文墓雕有绞缠龙纹图、戏曲人物图、沙场骑马戈战图、狮子滚绣球图和鱼鸟、树木、花草、龟甲纹、瓦当纹、云纹等图案外；陈昌轩墓在刻有 97 个戏曲人物的同时，还雕有狮子、蝙蝠、花瓶、卷草等纹饰，其他如黎水镇鲁湛氏墓雕有墨线描卷草、宝剑等纹饰，浅浮雕戏曲人物 10 个。这些选材植根于老百姓的日常生活和文化内容，源于民众最质朴的社会生活的点点滴滴的感受、感悟和理解，是民间朴素的文化生活的反映和写照，也是民间大众化的情与感的朴素呈现和表达，把人的感情世界通过各类型雕刻的对象体现出来，它反映出民间社会文化与墓葬文化的有机结合。同时，既是民间思想文化与墓葬文化的有机结合，也是民间感情文化与墓葬文化的有机结合。从而赋予墓葬丰富多彩的文化色彩。墓葬文化既来源于民间文化，又反映民间文化，通过典型的一层双意不同表达形式的运用，使今天世人从多角度、多方位、多层次、多形式感受和审视民间朴素传统文化的精髓和内涵。如对龙纹的细腻雕刻表达了民间对权力无限大的九五之尊皇上的崇敬和向往，而龙纹所环绕的"圣旨"二字为龚学文后裔对其所封爵位的显耀地位和荣誉感到无限自豪的体现和象征。戏剧人物则传达了人们日常生活的喜好和爱好。据考证，这一时期，黔江民间不仅喜爱看川剧、而且喜爱看后河古戏，后河古戏是一种发源于清代道光时期黔江的南方剧种，现为市级非物质文化遗产。罗汉和祥云反映了清代黔江民间对佛教文化信仰的追求；八洞神仙是百姓日常生活中的传说故事；沙场戈战图则是清代小说中常见的题材和内容；狮在民间有着祥瑞和镇宅、镇墓的说法，说明住宅建设文化和墓葬习俗文化在这一点上的相同和相通之处。鱼、鸟是百姓日常生活常见之物，民间有年年有"余"之说；蝙蝠的"蝠"字与民间吉祥"福"字谐音，古代民间寓追求福气和有福之人的说法；常青的松树是表达长寿和不老之意；瓦纹是呈现日常生活中住宅的防风吹日晒雨淋之物，有着屋之顶的意思；卷草也是其他类型石雕和墙壁、陶瓷之上的装饰纹饰等。这些雕刻的对象和题材所展现出的画面深刻反映墓葬文化极富民间性、生活性和大众性，也是石工匠人们必备的文化素养和素质。说明它们是诞生于、来源于民间的素材，在日常生产生活的这种民间文化的滋养中，石工匠人们天生也就具有这样的能力和专业素养。也可以说是老百姓通过墓葬石雕来表达自己的民间社会生活内涵和民族文化精神的内在实质力量。把宗教信仰、生活点滴、社会习俗提炼升化成一个个生动的艺术画面和形象，表达着他们爱恨情仇的感情世界和思想观念及兴趣爱好的内在缘由。甚至还反映着他们认识世界、理解世界、掌握世界的质朴的方法论和思维模式。一幅幅古朴的雕刻图案深刻反映、表达了他们的那种朴素思想和方论法及其世界观。一个富含中华地方特色和民族特色的石雕文化历史画卷一一呈现在世人面前，它把民间生活的思想感情和对墓葬的思想文化通过石雕形式呈现了出来，匠人通过对墓葬的精心设计和雕刻赋以人的思想、灵魂和文化。这些思想、灵魂作为中华文化的组成部分，成为清代黔江墓葬石雕工艺文化史上的一个突出的现象和亮点。

从雕刻技法上看，这一时期墓葬石雕技法采用十分全面和广泛。可以说，各种雕刻手法和技巧在墓葬石雕中均得到一定程度的传承和运用。在以大量浮雕为主的基础上，线雕和圆雕运用较多，透雕、镂雕相对次之，浮雕又有高浮雕与浅浮雕之分。匠人通过各类雕刻技法在石面上相互穿插、交叉、交互、转换的娴熟使用，使各类丰富神奇的线条和艺术轮廓形象地跃然于石表之上，浑然一体，呈现出来的是一幅幅极具生命活力和民间气息表现力的文化艺术图案。它们是民间雕刻技法、民间艺术思想、民间民俗文化和民族艺术汇聚结合延伸出来的物质载体和生动体现，展现了地方石雕技法在灵巧中带着古绌、繁复中透出章法、规范中穿插变化、节奏上彰显着快慢有序的特点和面貌，每幅图案至少是两种或两种以上的技法的呈现和运用。这些雕刻技法的结合十分恰当，互为映衬和补充，各有其特点和使用要求，正是这些雕刻技法的综合使用才使墓葬石雕成为一件件较高水平的完整的艺术作品。有什么样的题材就需要什么样的技法。题材内容的艺术形象决定着每件作品雕刻的难易程度和技巧的使用。通过各类技巧的融合和相互衔接来展现它的整体艺术风格、风貌和特点。充分体现了墓葬石雕文化来源于民间又反映了民间，并高于民间日常生活的艺术再现及其升华的物质形式和流程，也正是它独特的魅力和特色之所在。在内容、题材与雕刻技艺方面，它呈现出"广、众、朴"的三大特点。"广"是反映日常生活取题材内容广泛和墓葬石雕的普及率高，覆盖面广。"众"是指反映了当时大众性的文化和民俗习性。"朴"是指它反映的是民间最朴素的文化、最朴素的思想。我们以龚学文墓为例，狮子、戏剧人物、沙场骑马戈战图、蝙蝠、瓦纹等均是浮雕，其中狮子为高浮雕、其余为浅浮雕，狮子的头型多采用圆雕，发则运用线雕手法，龙身又用了少见的镂雕，加上附带线雕技巧的使用，使龙身呈现出空灵之态，恰与世人赋予龙为神物的文化神态相吻合。龙头多用圆雕技法来呈现它的形象和轮廓。墓两侧的翘又采用透雕加以装饰，显现出十分通透、灵巧的特点。从这些石雕中可看出各类雕刻技法、技巧均得到运用，并相互转换、过渡。再如"圣旨"二字四周所雕的七条龙纹，位于正上方为一条正面龙头，口微张，两眼向下俯视，两角向上冲立，神态安详。位于左右两侧各两个龙头的龙须飘然，露目圆睁，特别是下方两龙头龇牙张口，呈凶猛状态。这些龙头皆朝向"圣旨"二字，相近各龙之间的龙尾通过镂雕的技法绞合在一起，把龙各自的神态和体形通过巧妙设计，在高超镂雕技法的使用下，让人深感到入木三分，为其技艺折服。再仔细观察，七条龙虽无大的差异，但细看神态的刻画设计也不尽一致，即它同中求异，各有千秋，十分灵活。总之，清代墓葬石雕艺术呈现了黔江地方匠人们高超的技法和水平。

（3）图风刚柔相济，层次感强；线条凝重与流畅并存，形象饱满；内容繁杂，展现了精品墓葬石雕艺术极强的时空跳跃感，产生出强烈的立体感和五彩纷呈的艺术效果。

从总体上看，清代黔江墓葬精品一类石雕艺术体现了一个"博"字，即石雕内容既有表现勇猛阳刚之气的沙场骑马戈战图案，又有反映人们阴柔之气的戏曲人物，诚然在戏曲之中也有反映打斗场面的武戏，在沙场骑马戈战图中也有反映相对阴柔之气指挥作战的文人，同时也有反映日常生活的耕牛图和赶马图及野鹿衔草、平平（瓶）有象、五福（蝠）捧寿、八洞神仙等传统人物和动植物图案。在图风上刚柔相印、层次强、跃感大、形象饱满是清代黔江墓葬精品石雕艺术的共性特征，它们的画面给人带来一种强烈的立体感和应接不暇的视觉冲击，有一种光彩夺目和美轮美奂的艺术效果和力量，线条在抑扬顿挫中带有流畅的特点。这里"博"字还另外几层含意：一是指时空跨度博大；二是指内容题材涵盖广，除不吉祥寓意图案外，主要的民间传统题材均在其内；三是指创作来源均为民间博大的生活生产素材。在同一墓葬上往往既雕有山林里的兽又有水里的鱼，既有天上飞的鸟又有田野里的虫；既有戏曲故事中形形色色的各类人物，又有沙场上搏杀的场景；既有佛教文化图案，又有道教中的神仙形象。从这里可以看出，多数雕刻内容在时空上无什么关联，从一个时空直接跳跃到另一时空，在内涵上表示不同的意蕴，虽仅是机械地把图案组合在一起，但十分注重在布局和分布上的美学文化运用。同时也可以看出题材内容之丰富，涵盖自然界和人类社会思想和现实中的众多对象。同时，这些众多的雕刻对象是老百姓博大、广阔的生产生活时空产生或面临的物质内容。比如龚学文墓的纹饰可分为五层，同时再仔细观察每一个雕刻个体，又是那么惟妙惟肖、细致入微、生动宜人。"圣旨"二字四周所雕的七条龙纹，口微张，或神态安详，或龙须飘然，或露目圆睁，或龇牙张口，或头朝墓正前方，或相对而望。在其下方左侧雕刻的骑马戈战图，三匹马上的将士作厮杀之状，两匹马上人物呈飞奔冲杀之态，一匹马也呈潮涌之势，好似骑马之人被敌挑于马下或摔于马下，还雕有一人在右角落举着战旗，一戴官帽首领好似正在张望指挥，简单的几个人和马把沙场争战的细节描绘得淋漓尽致，达到了以小见大的艺术效果。再如它的下方通过写意将狮子玩绣球的形象展现得憨态可掬。从这些可略见图面内容的丰富性和题材的广泛性，设计的精妙性和雕刻技法的高超性，形态的复杂性和层次的多样性。也可由此看出从几何图案到花鸟鱼虫，从戏曲人物图案到骑马戈斗图，从戏绣球的狮到寓言为有"福"的蝙蝠，从龟甲纹再到镂雕的龙纹，所雕的既有草原之兽的狮，又有象征长寿的松，同时还有反映民间文化生活的戏剧等，这些生存之物在时间和空间的跨度大、跳跃大，但各个层次和平面上的分布稀疏相间有致、错落有序。上下五层，中间有两层是稀中有密，龙纹分布就较密，两侧的松枝和蝙蝠分布较开阔和稀疏。这样形成稀密相应相存而富有弹性。在其下层的戏剧人物和骑马戈战图显得较紧密，这样层次分明，再在其下是两对称石狮分布于两侧斜石板之上，在最下底层在横形石板上雕的是几何图案和龟背纹饰。观赏者立于墓葬正前方，整个画面给人五彩缤纷和琳琅满目之感的视觉冲击，同时加上浮雕的深度不同，它的凸凹轮齿又给人带来强烈的立体冲击。这些都表现出清代黔江墓葬石雕的地方特色，一幅幅充满生机与活力的立体画面呈现在世人面前。在它多元艺术感染之下，心中油然荡起热血澎湃之胸怀和力量。再如陈昌轩墓上下共雕有六层纹饰，其中含有人物纹的就有五层，特别是耕牛图、赶马图和戏剧表演图、武士手持兵器骑马图，高浮雕的狮穿插和搭配，数量达数十个之多，虽它凸凹的立体感不及龚学文墓强烈，但所雕人物数量、神态和层次感却毫不逊色，图风单个主体明朗、舒展有序，承接自然，协调和谐，艺术的统筹处理各具特色，在时空跳跃上也衔接处理得十分恰当，从所占板面的主体看，以人物纹为主，点缀有牛、马、狮等动物，加之雕有文字的碑的间隔和衬托，使得阴柔之图风带有几分阳刚之气，特别是戏剧人物中的打斗场景和狮的向下跳跃之态展现出奋发之力量，展现出刚柔相济之风和强烈的层次力度，给赶马图和耕牛图带来的静谧画面平添了几分动态力量之风。使人在平静、平和之中感受了力量的存在及内心的荡气回肠。

总之，把这种在生活中静中见动、动中见静展现得恰到好处，表现出它的力量既不多一分也不少一分，温和而不死沉。整体上来说，它展现的为一幅幅不错的意境深远的民间生产生活的图景，产生的艺术效果极有立体感和冲击力。

（4）单体艺术刻画入微、形神兼备，动态与静态并存，使造型艺术的丰富性和广泛性达到极高的水平。

从清代黔江墓葬石雕的单体质量来说，成就较高。如龚冉氏墓葬左侧石狮造型的坐姿，石带，颈部装饰的珠纹锁链，眼神，前、后两腿姿势以及基座所饰的凤鸟、野鹿等纹饰均刻画细腻，细节处理精妙。特别是狮的神态、身材比例及其装饰刻画得细腻入微，坐姿的极小局部和颈饰雕刻得较为精致，形象逼真，形神兼备，动静相益。狮的动态之状与装饰的静态之美相互映衬和补充，形成反衬上的形象之美。再如李昌旺墓墓碑顶部饰一坐姿大肚罗汉，口带微笑，袒胸露乳，两脚向前，双手扶膝，脚踏祥云而曲立；两耳向前，呈扇形竖立；两眼微张，坐垫呈荷叶状；左右两侧各有一个朝向罗汉的龙头，两龙口微张，龙须向后飘逸，龙身向前矗立，左龙眼微闭，右龙眼呈露目状；两侧龙身与大朵祥云绞合在一起，好似龙身在祥云之中，可谓云中有龙身，龙身有祥云，紧密相附；罗汉头顶饰小朵祥云，整个图案中祥云所占比例较大，雕工精美，与罗汉、神龙构成一幅佛、道相融的和谐画卷。这幅图案把佛教文化的罗汉与道教文化的神龙相互呼应巧妙地揉捏结合在一起，说明清代黔江佛、道文化的相互接纳和互不排斥的程度和特点，也进一步说明既信佛，又信道的民众的广泛性，也说明了既信佛又信道已成为一种社会文化现象。在构图上，罗汉位于顶部正中央，两侧神龙和祥云作为衬托图案。这种布局又说明清代黔江民众的主流信仰是以佛教为主体，同时兼有道教信仰的元素，这与前面提到的在当时黔江的道教宫观内设有佛教神像的反映是一致的，黔江武陵山区级文物保护单位天子殿和真武观也是如此。同时，从李昌旺墓的罗汉、神龙和祥云的雕刻还可看出，它不仅注重整体的大气、规范和变化，而且十分注重细节的处理和刻画，把罗汉内在的豪放和容纳万物的神态通过形体展现出来。同样，把龙的威武、勇猛和力量也通过形体的细节刻画表达出来，让人深深感受到超脱于人间的佛、道仙界的氛围和不食人间烟火的美妙环境。静态的罗汉与动态的神龙和浮动的祥云的相应相托相补的特色，展现了人物和龙的个性特点，通过对比既突出了罗汉静态之美，又衬托出龙的动态美，同时，它们又具有超脱环境氛围的共同特征。又如邓克昌墓雕有人物数十个，陈昌轩墓雕有人物数十个，他们的每个人物神态和姿势与手持之物均不同。而相近人物则通过细节上的微妙变化来区别表现，哪怕是以对称美作为表现形式的图案也是如此，如墓葬的两侧龙的眼的细部就不同，一龙微闭，一龙露目圆睁，左右对称的两龙的变化，做到了不尽完全一致。这里表现出两个特征，一是说明人物造型的不重合，表达出了匠人们深厚的文化修养和雕刻功底。二是说明作为一种工艺，在造型上的丰富性、无穷变化性和广泛性特征。再从整体上看，清代的黔江墓葬石雕均未发现有完全相同的神态和姿态的人物造型也可佐证匠人们极强的创新意识和创新能力。他们把造型艺术的一切化为无穷和无限的创新思考，也再现了劳动人员的聪明才智与创造力。

（5）主题突出、设计精要、世俗化的审美意识具有极强的民间艺术追求的形式和效果。

清代黔江墓葬石雕艺术主题图案，有的仅有一个，有的则有两个或两个以上，特别是作为单幅图案来说，呈现的主题内容是明了的、鲜明的，它所表达的思想和目的也是明确的。现以龚学文墓葬石雕来说明这一点，从总体上看，它是以镂雕的七条龙环绕的"圣旨"二字作为最大的主题内容，它处于墓葬上端石雕的中央位置、所占石面的大小、雕刻工艺的难易程度和碑文介绍说明了这一点，即突出皇上追封墓主人为通议大夫的高贵爵位，以充分展现其权势、力量以及家族、家庭的社会地位作为墓葬石雕表达的主题的核心内容，它也是龚氏后裔重修和重建墓的动机和目的。从实质看，重修和重建墓也满足了彰显光宗耀祖的当时社会盛行的传统心理。从"圣旨"二字和龙纹上下的戏剧人物来看，是为表达墓主人的生前爱好以及当时社会流行的主要娱乐方式。在雕刻对象上，为表达主题，其龙纹较"圣旨"二字要小得多，所处的位置也不是那么显眼，但单就这主题来说，表达的内容也是十分明了和突出的。再下，龙纹和"圣旨"二字下端中央、戏剧人物的左右两侧有沙场骑马戈战图，为清代晚期国家不太平、多外敌入侵的影射。从当时其他墓葬也多有这一类似的雕刻图案看，它从侧面表达国家和民众都期盼平安成为社会的一大主题。再从龙纹和"圣旨"二字左右两侧的相对稀疏的、蝙蝠和松树组合看，它寓墓主乃长寿有福之人。墓下端左右两侧雕刻的高浮雕狮子滚绣球，有着镇墓之意。最底层的巨型石板装饰的几何纹和龟甲纹主要是装饰之需。从整体上看，龚学文墓的外观装饰雍容、华丽、繁复，构图设计突出主题，墓正面的牌楼上窄下宽，上端雕刻的内容多而密，下端相对少而稀，给人产生一种视觉上的上下平衡感，不至于上轻下重，这种超凡的叠加装饰效果是清代黔江这一类墓葬的典型特色，在清代黔江墓葬中所占比重最大，即为普及率最高的一类墓葬，说明这类墓葬具有世俗化、民间化、习俗化的特点。从装饰内容看，以戏剧人物图案最为普及，出现的频率最高，几乎这类墓葬均缺少不了戏剧人物图案。究其原因，一是因为戏剧作为大众化的主要文化娱形式在当时十分普遍；二是善良的民众对戏曲中英雄人物的崇拜和景仰。清代黔江墓葬雕刻戏曲人物出现的频率高，说明戏曲已成为地方民族文化的重要组成部分，这一社会现象说明民众极其喜爱地方戏曲这一民族特征，即这正是民间对喜闻乐见的艺术形式的追求在墓葬石雕装饰中的表现形式。作为艺术来讲，它也正是人们对石雕工艺的审美意识与民间文化相结合的一个缩影。再如位于黔江南端的小南海镇李美恒墓所雕的罗汉像和祥云也能说明这一点。作为佛教文化的象征之一的罗汉像的出现，与当时黔江盛行和繁荣的佛教文化不无关系。佛教文化作为当时广大民众的信仰，并广泛形成社会基础的主流宗教，也通过了墓葬装饰艺术来表现民间社会文化内容。以追求美的形式的石雕艺术与民间文化紧密相连，没有文化和思想的艺术是不存在的。总之，清代黔江墓葬的石雕工艺所展现出来的五彩缤纷的文化形态及其深刻的文化内涵，反映了民间所追求的艺术，或清新，或繁复，或凝重，或流畅的多样化的朴素的审美意识和审美观念。

（6）彩绘与素面相存、高浮雕与浅浮雕相依、明线与暗线相衬的大量运用彰显了极强的灵活感和多质感。

清代黔江墓葬石雕部分外表涂有土漆彩绘，其目的：一是保护石雕不迅速风化，二是显得更加醒目耀眼。如龚学文墓的七条龙涂有蓝色和绿色土漆，绝大部分面积用蓝色土漆涂表，在蓝色中又加绿色土漆点缀，形成蓝绿相间相映相衬的形式，强化和凸显了石雕多姿变化的质感，加之龙纹围绕"圣旨"二字采用黄色土漆填涂所起的装饰效果，给人一种在多彩色图案中带有几分雅致和高贵。但其他石雕为素面，靠石质自身的颗粒纹理展现它的朴质的美感，这种彩绘与素面的对比和衬托，使耀眼色彩部分石雕起到强调的作用和效果，也显示墓主人后裔对它蕴含的文化内容和背景的关注和重视。即强调皇上下圣旨追认墓主人龚学文为通议大夫的崇高地位和身份这一历史事实。再如陈昌轩墓的石雕用红色土漆对浮雕打底，石雕部分则为素面。强化和增强了石雕部分的凸显感，给人带来一种别样的光彩夺目的艺术力量，在质朴中带有几分华丽，产生一种热烈隆重的感染力，又在热烈美感中带有几分朴实的特征。这种彩绘与素面相依相存突显出石雕部分艺术造型的形象轮廓和界线，彰显出颜色土漆运用的灵活性和无穷变化。又如用涂黑色土漆石雕的庞王氏墓葬，给人带来的是一种沉稳庄重和肃穆的感受和力量。因时间久远，部分黑漆已经剥落，露出石质灰白的表体而成为素面，形成了石质的灰白色与黑土漆相随而生、相随而存、相随而依的状况，充分见证了历史和时代遗留的岁月痕迹。从墓葬浮雕艺术来看，清黔江墓葬浮雕以浅浮雕为主，高雕浮相对数量较少。如龚学文墓葬的狮子滚绣球和张周氏墓的虎以及邓吉昌墓雕刻的狮均为高浮雕，三个墓葬的其他雕刻内容为浅浮雕。高、浅浮雕的相间搭配运用，能使人感受到墓葬雕刻的外在变化和层次之美，有着多元和多方位的立体艺术效果。高、浅浮雕的采用和布局是按图案画面审美需求和墓主人及匠人的追求而定。从雕刻线条来说，有明暗线条之分，雕刻图案的90%采用的是明线，如戏剧人物、八仙、武士、龙纹、狮身、松树、房瓦和几何纹等大多采用明线雕刻，但也有少量雕刻为暗线，如龚学文墓龙纹内侧镂空部分和狮子口内侧以及张周氏墓虎像的口内侧部分，处于雕像的内侧雕则因内容与其他雕刻相背而形成暗线，暗线雕刻较明线难度大，形成了内外呼应，正是这种明、暗线雕刻技巧的采用，构成了图案形象的完整性、规范性和变化性，特别是部分雕刻对象需运用明线、暗线雕刻的有机结合和转换才能使形象达到更生动和逼真的艺术效果。总之，从以上可看出清代黔江墓葬石雕大量运用彩绘与素面、高浮雕与浅浮雕、明线与暗线相依相衬相比的艺术表现手法，增强了石雕艺术的感染力和画面的质感力度，丰富了图案的表现形式和技巧，深刻反映了当时黔江匠人们全方位的石雕工艺艺术修养，彰显了石雕艺术的无穷时代魅力和民族社会文化内涵。

（7）意境深远，生活气息浓厚，装饰效果强，注重适用性与艺术性的有机结合成为黔江石雕艺术的典型代表类型之一。

各类图案的装饰是清代黔江墓葬石雕工艺的外在表现形式，从审美角度看，这些图案所产生的美学效果赋予了墓葬一种凝重、华丽和繁复的形式感受。这种特有风格、风貌的美学文化是一个社会民族内在基因的载体，即民族艺术形式与民族文化内容内在关系的结合的形成体。它反映了清代土家族、苗族墓葬外在表现艺术形式的装饰美学因子与意境深远的民族民间文化传统、世俗文化和日常生产生活气息结合的关系网络。这些装饰的美学图案在意境上或表现为历史传说中的可歌可泣的戏曲人物故事，或表现为运筹帷幄、决胜千里的广阔沙场争战场景，或表现为与佛教信仰有关的罗汉在西天祥云之中打坐的图案，或表现为博大精深的道教文化中的八洞神仙或八仙过海图案，或表现为猛兽下山、狮子戏绣球、五蝠（福）捧寿、鱼虫戏水、野鹿衔草、犀牛望月、平平（瓶）有象等寓意吉祥的美满意境的动物图案，或为表现长寿意境的松树，或为表现吉祥的杂宝，或为表现神秘装饰的几何图案。这里特别要指出的是，具有浓郁的生活气息、反映田园生活的赶马图和耕牛图案，画面追求一种与世无争超凡脱俗的文化意境，大有田园诗人陶渊明所做的"采菊东篱下，悠然见南山"的感觉和韵味。这类题材的石雕艺术既与日常生产生活息息相关，同时又有着它那超凡脱俗的文化意境的感染力和影响力，即把平凡、日常的生活气息变得不再通俗化。它来源于民间、世俗生活，又远远高于世俗的生活内容。这些石雕在表现手法上一个突出的特点是特别注重实用性与艺术性的有机结合。即在体现墓葬主题文化的同时，尽力寻求艺术形式上的变化。也就是在墓葬习俗主题文化的规范性基础上，竭力展现多姿多彩的艺术内容和形式。从墓葬题材来看，石雕内容包罗万象，从人物形象到动植物纹饰、从鱼虫鸟兽到佛像和罗汉像，从金戈铁马图案到吉祥的杂宝纹饰，从神秘的几何纹饰到八洞神仙等，题材十分广泛，除与佛教文化有关的宝相花外，不见其他能给人带来美好心情、愉悦心声的各类花朵题材，这是因为它与家里死人后或祭奠死者的沉重心情相违背。墓葬习俗的各类吉祥寓意题材既要表现丧葬文化传承基因上的实用性元素和符号，又要结合艺术构思加以提炼，通过石雕匠人的再创造后，形成融传统丧葬文化与艺术创新文化有机结合的新形象和新造型。如在清代黔江墓葬上找不着两个完全相同石雕造型形象就足以说明清代墓葬石雕十分注重创新艺术的发挥和发展。因此，清代黔江墓葬石雕为渝东南地区工艺艺术的实用性与艺术性有机结合的典型代表类型之一。

（8）线条简要、构图明朗、突出点缀效果是清代黔江墓葬石雕艺术的又一风格和特色。

在现存的墓碑雕刻中有 10%～20%除文字外未有任何纹饰图案，还有20%～30%石雕纹饰十分简单，有的只有一个单一图案，这些都有力地证实了墓主人家庭经济的拮据和贫穷。穷者不能像本地富豪那样对墓葬进行大笔的经济投入，实现对死者墓碑的精雕细刻，利用纹饰展示其内在的文化渴望和需求。虽这类墓葬石雕粗劣，但也有着自身的价值和特色。这类墓葬石雕艺术线条简明扼要，轮廓突出，构思意图明确，点缀和衬托效果明朗。如黔江北面杉岭乡邓国榜墓（见文后图十九）底层中间碑的石窗装饰，就是由几条简单明朗的石条组成，在墓葬正下方的中央起着显耀和突出的点缀效果，使这一墓葬呈现出精致与粗犷的风貌。通过石窗衬托出整个粗劣的墓葬面貌的灵性和灵气的所在之处，也正是墓葬的精要和不普通之处，把人赋予墓葬的精、气、神的内容通过简要的线条一一展现出来。从装饰上来看，在点缀中呈现和展示了人的文化、思想和人文发展及创新理念。又如黔江南面水乡市的杨胜元合葬墓雕刻的"万"字纹、鱼龙纹线条就十分粗简，但大致形象完备，对整个墓葬的外观起着一种修饰、美化的效果和作用，除墓志之外，在感观上也让人心动。在粗线条之下的图案直接表现出自己的动态纹理构图形象，一种阔达的人生文化和人生理念油然而生，导致自然文化与人性文化完美结合的理念原理的感受产生。清代黔江墓葬雕刻工艺粗糙，然构图意境与精品墓葬石雕毫不逊色，有着自己独到的思想、文化和美学原理及其动力，它会产生意想不到的效果和力量。这正是清代黔江墓葬石雕中简单、粗糙作品最大的特色和价值之所在。

图十九　邓国榜墓正前面石雕

四、清代黔江墓葬石雕艺术的地位及其重要性

清代黔江墓葬石雕题材的广泛性和丰富性标志着墓葬石雕艺术外观装饰的运用进入前所未有的鼎盛时代，彰显着区域性墓葬石雕文物的时代风貌和特色。其佳作代表了渝东南那一时期的最高质量和水平，成为黔江的宝贵文化资源，它全面反映了黔江墓葬石刻艺术的风格和文化面貌。黔江作为少数民族聚居区，世代生活在这里的土家族、苗族在历史的长河中创造的这一宝贵的灿烂的民族文化，它所呈现出来的井喷式和暴发式的兴起和发展，是黔江各族人民在历史

发展进程中所形成的民族心理、民族习俗、民族文化及政治、经济、文化的见证，也是时代文化与传统墓葬文化相结合和融合的结果，更是民族发展和整个国家社会发展相结合和融合的结果，同时也是民族信仰和宗教信仰相结合和融合的结果。换言之，它是当地土家族、苗族将生者对死者安葬方式的特有认知和理解融进了整个中华民族民俗文化的产物。从墓葬雕刻的内容和题材来看，反映出来的是中华民族分支中一个地方的土家族、苗族聚居区对死者事后所寄托的期盼和缅怀的表达方式。这种墓葬文化既是一个时代地方民族发展到一定阶段出现的生者对死者寄予的感情情结，同时又是依托于中华传统信仰中的鬼神观念和灵魂不灭观念所产生的思想文化。作为两种文化的结合体，它既来源于传统，又源自当时当地的民族心理和思维方式与文化理念，这在某种程度上可以说是对中华传统文化进行了放大性的个性化发展。相对于整个中华民族来说，它既有共性特征也有鲜明的个性色彩，这正说明汉族文化与黔江土家族、苗族文化有着共同的源及其相融性、相通性和一致性的本质特征。另一方面说明土家族、苗族文化既是中华民族文化的一部分，又说明中华民族文化的博大精深及其强大的包容性和渗透性特征。石雕艺术是清代黔江土家族、苗族的丧葬习俗和文化的个性特征、表现和反映，成为人们对鬼神观念和宗教信仰的伸延和推进的一种表达形式。从其数量和比重看，它已经成为清代黔江这一地域的一种民间文化习俗，它所折射出来的是时代特色和民族文化的根和源。从清代黔江墓葬石雕普及化程度比其他地方墓葬雕刻高出若干的比例和分量中可以看出这一点。它既是一个地方民族思想和文化需求的反映，也是墓葬文化在发展过程中出现的必然性和偶然性相结合的基础上所出现的时代选择的结果。因此，它成为一个地方民族墓葬文化的形式和习俗，且一直延续至今。这说明它在黔江这片土地上有着深厚的文化根基和底蕴，而且成为黔江地方民族文化的显著特色之一。它是世代居住在这里的民族孕育、形成和创造的文化精髓和基因之一，来源于黔江原住居民的社会、政治、经济、历史和文化，同时也反映这一时期历史文化的内容和特色。它既是一个时代民族精神和习俗文化的显现，又是一个地方民族情感世界与生活文化的显现，因此成为中华孝道文化的缩影和延伸形式。清代墓葬石雕虽外在表现为物质装饰，而内在却折射了一个时代地方民族的人文环境及其人与人之间的密切关系。从民情民俗和经济发展看，清代黔江墓葬石雕是历史发展到一定阶段出现的必然现象和结果，它在新的历史时期将焕发出更加绚丽的色彩和光亮。它所形成的墓葬习俗是我们研究那一时期丧葬文化不可或缺的物质内容和物质载体。这些石雕艺术也是社会、经济、政治、文化和宗教信仰等各个因素相互融合和碰撞的综合作用的结果，同时也是一种历史文化和技艺得以高度传承和发展的体现和象征。反过来看，它也是形成这些历史文化的根和源。在一定程度上引领着墓葬习俗和社会文化的发展和演变，丰富了墓葬文化的内容和表现形式。文化是人类不可或缺的精神食粮，一个民族是这样，一个民族中的单个个体也是这样，反映的是人类共同的精神追求。固然，不同的民族有着不同的追求和表现形式。黔江的墓葬石雕文化影射的是地方整个社会的心理及其思想文化倾向的终极目标。因此，无论从工艺质量和文化内涵上看，清代黔江墓葬的石雕在重庆和渝东南地区有举足轻重的地位和作用。

综上所述，清代黔江墓葬石雕是那个时代社会、经济、文化、民俗、宗教信仰和工艺发展等综合因素形成的现象和结果，对解读渝东南民族地区石雕工艺和文化有着独特的功能和作用，作为一份宝贵的文化遗产，它是我们文物研究领域重要的实物材料，许多精华值得今天工艺美术界参考和借鉴。加大对它的保护和利用是历史和社会赋予我们当代人的责任和义务。民族的即是世界的。笔者期望通过对它的探究的发声引起社会的更多关注，让这一宝贵的民族文化遗产得到更好的保护，在新时期发挥它那历史正能量的作用，为今天国家和民族的社会、经济、文化和艺术的发展服务。

参考文献

[1] 黄泽昌，任世忠. 中国画的意境与空间关系[J]. 淮北煤炭师范学报（哲学社会科学版），2002（2）：132-133.

[2] 黔江土家族苗族自治县委员会文史资料委员会编[M]. 黔江文史（第六辑）.

[3] 彭一峰. 初探清代黔江佛教文化的兴盛与繁荣[M]. 长江文明（第 18辑）. 重庆：重庆大学出版社，2014：38-48.

[4] 易心. 中国民间美术[M]. 长沙：湖南大学出版社，2011.

[5] 钟茂兰. 中国民间美术[M]. 北京：中国纺织出版社，2003.

论清代黔江墓葬石雕的时代内涵和文化特征

【摘　要】清代黔江墓葬石雕文化在历经二百多年的孕育、兴起、发展、繁荣的漫长过程中，展现出深厚的民族精神、浓郁的地域文化特征和独特的思想观念。本文就它的题材、内容的分类及其所折射出来的九大时代内涵与八大文化特征的剖析，指出它的文化基因、文化价值和文化传承的魅力所在，为今后深入研究和保护提供切入点和重心，旨在使人们在新时期能够正确地对待、保护和利用这一特殊类型的文化遗产。

【关键词】清代；黔江；石雕；内涵；特征

黔江处于渝东南土家族、苗族集聚之地的区域中心，其清代墓葬形成了多雕刻的大文化景观。黔江把渝东南地区和武陵山地区的墓葬石雕文化推向了顶峰，形成了以社会民间丧葬习俗为基础的极具典型性、范例性和代表性的文化特征。近日，笔者查阅了黔江区第三次全国文物普查登记的224处清代墓葬，发现约80%以上的墓葬雕有不同程度的纹饰，其突出特点是所占比重甚大，且多高质量的作品。在石雕艺术风格上，既有着民族文化的特征，又有着典型的时代性。这些石雕，反映了黔江少数民族石雕匠人的才气和民族信仰、民风民俗与民族精神等社会内容。这些内容是由复杂的社会、民族、时代、地域等多种因素相互作用和相互影响的结果。清代黔江墓葬石雕作为一种墓葬文化习俗和社会现象，十分值得我们文物工作者进行深入的探讨和研究。笔者就清代黔江墓葬石雕揭示的时代内涵和文化特征发表一点拙见，以就教于方家。

一、清代黔江墓葬石雕的题材、内容及其类型

清代黔江墓葬石雕的题材和内容可分为六大类：一类为动物，包括龙、狮、虎、象、鹿、羊、麒麟、凤鸟、蝙蝠、鱼、虫等。这类题材和内容又可分为两个小类，第一小类是立于墓前的石狮圆雕像，这类墓葬有两处：一处是位于黔江南面金溪镇望岭村龚冉氏墓前（图一）的二石狮雕像，另一处是位于黔江北面黑溪镇光明村王化善合葬墓前的二石狮雕像。第二小类是雕刻于墓前面的牌

楼式柱和碑上，黔江最大的清代墓葬——沙坝乡龚学文墓（图二、三、四）前的柱和碑就雕有动物龙、狮、蝙蝠、鸟等动物；黔江南面的阿蓬江镇侯思汉墓（图五）和张周氏墓（图六）前的柱和碑各浮雕两只小象、两只凤鸟、两只白虎的动物纹饰；中部沙坝乡邓克昌墓和罗张氏墓（图七）前的柱和碑分别浮雕狮子、鹿、羊等动物；南面又有石家镇陈昌轩墓和徐之佑合葬墓前面的柱和碑各雕有狮子、鹿、凤凰等图纹。其中，龙纹仅在龚学文等极个别墓葬上有所发现。从墓志可知，龚学文为清代黔江的一个大财主，因后裔在朝中任官后，皇上追封龚学文为五品通议大夫。具有皇权象征的龙纹寓意其显赫地位，借以凸显家势之兴旺。龙纹作为清代皇帝和皇权的象征，民间不可随便使用，这也是黔江清代墓葬中极少发现龙纹的主要原因。从整体看，清代黔江墓葬石雕的狮、虎多为头在下方、尾在上方，呈跳跃之动态，或温顺的站姿；鹿则多以口衔香草的形式出现；凤鸟大多为飞翔之态；蝙蝠多以五蝠（福）捧"寿"为其题材和内容，成为动物纹饰雕刻的显著特点和趋势。第二大类为人物纹。人物纹中，有人们喜爱的戏剧人物、佛教文化中的罗汉、道教文化中的八仙等。戏剧人物纹在墓葬雕刻中所占数量最多，几乎所有雕刻题材组合复杂的墓葬均有戏剧人物纹。总体来看，单个墓葬所雕人物数量较多，这深刻反映了戏剧与清江黔代老百姓日常娱乐活动的紧密性和广泛性以及强大的社会影响力，这些戏剧人物虽在清代黔江墓葬中找不到完全细微相同的形态和姿势，但大多形体具有一致性。它们或以坐姿、或以唱姿、或以打姿、或以舞姿、或以站姿、或以持枪、或以徒手斜姿等多种姿态呈现。黔江南部石家镇陈昌轩墓石刻 97 个戏曲人物，北边黎水镇鲁湛氏墓刻戏曲人物 10 个，中部沙坝乡龚学文墓和邓克昌墓雕有戏剧人物数十个。罗汉纹均在碑的两侧，上端饰以卷云；也有刻在墓顶部的罗汉像。罗汉或仅雕上半身，或呈坐姿，或袒胸露乳等。这类石雕均为单碑，黄溪镇李昌旺墓（图八）和小南海镇李美恒墓均是这类题材内容和形式的墓葬，这类墓均分布在黔江北面，雕工较精细。第三个大类为动物与人物相结合的题材和内容。如龚学文墓上雕刻的沙场骑马争战搏杀图和陈昌轩墓（图九）上的耕牛图和赶马图等，这类题材数量不多，但它们揭示了一些民间社会理念、社会追求与民族心态。第四个大类为植物纹。植物多为松、竹、梅（岁寒三岁）与卷草纹。第五个大类为吉祥图案。如杂宝、三羊（阳）开泰、五蝠（福）捧寿和平平（瓶瓶）有象等。第六个大类为几何纹饰。如阿蓬江镇侯思汉墓和庞王氏墓的雕饰。侯思汉墓墓室正面外的石板上雕满了神秘的几何图案。就单一某墓葬石雕而言，有的墓葬仅存一种纹饰，有的墓葬有两种纹饰，有的有多种纹饰，其组合形式的多样化和复杂多变呈现出不同的形式和不同的组合类型。

图一　龚冉氏墓前的石狮像和基座上浮雕凤鸟及鹿

图二　沙场骑马争战搏杀图

图三　龚学文墓的部分戏剧人物图

图四　龚学文墓的龙纹图

图五　侯思汉墓浮雕的鹿象及几何图案

图六　张周氏墓浮雕的两幼虎图像

图七　罗张氏墓浮雕的狮像图案

图八　李昌旺墓浮雕的罗汉及祥云图

图九　陈昌轩墓的武士和戏剧人物图

二、时代内涵

由于黔江地处偏远的武陵山区，在清代该地原始的生产技术得到了传承和发展。从遗留下来的实物看，黔江区舟白街道石城遗址出土的唐代城门石鼓就有成熟的精美雕刻纹饰，清代黔江墓葬石雕的广泛运用成为其中的佼佼者，所形成的墓葬文化是我们研究那一时期丧葬习俗不可或缺的物质载体。这些石雕艺术也是社会、经济、政治、文化和宗教信仰等各个因素相互融合和碰撞的综合作用的结果，同时也是一种历史文化和技艺得以高度传承和发展的体现和象征。反过来看，它也是形成这些历史文化的根和源。总之，它是世代居住在这里的民族孕育、形成和创造的文化精髓和基因之一。同时，这些墓葬雕刻的内容也来源于黔江土著居民的社会、政治、经济、历史和文化。因此，它也会深刻反映这一时期的文化内涵和文化特色。

（1）动植物石刻反映了民间世俗追求吉祥的寓意，它是吉祥的象征性符号在墓葬习俗和形式上的显现、影射和借用。

动植物题材作为清代黔江墓葬石刻纹饰的主题内容，数量最多。这类题材内容的装饰也常常出现在清代陶器瓷器和家具等器物上。从时间顺序和逻辑上说，因为黔江墓葬石雕兴起、发展、繁荣于清代中晚期，它应该是借用和沿袭了其他器物装饰的题材和内容。同时，它也是传承和发扬了古代器物这样一种传统文化所表达的民族精神和时代内涵。从历史纵向来说，这类题材和内容是中华民族传统文化和时代精神的重要组成部分，它深刻反映和揭示了中华民族追求吉祥的历史文化和传统文化精神的内在精髓。同时，它所呈现出来的也正是一个民族的心理追求和需求程式的规律和思维模式，是民族思想观念的内在因素和外在因素相统一的表现形式之一。这种思维模式与东方人类的心灵、情感和思想具有契合性、一致性和感应性，即避凶趋吉趋利的文化心理追求和思维模式。就动物而言，以龙象征帝皇和皇权；狮象征地位、尊严、吉祥和平安；虎象征压倒一切、所向无敌的威力，代表权力、热情和勇猛；羊象征温驯和善良；麒麟象征希望、梦想和美好，是古代祥瑞之神兽；鱼象征年年有余。就植物而言，松象征坚强不屈、不怕困难的精神；竹象征高洁；卷草纹象征生机勃勃与祥云之气。所以，这些题材和内容与墓葬、器物与家具的共用性正说明它们源于共同的民族思想、地方文化及其逻辑规律，是相同文化特点和内容的本质及其根源。清代黔江墓葬匠人把这些传统世俗化的民间文化内容和精神加以包装，加以扩大化和放大化，体现了黔江世代集聚的土家族和苗族文化与中华民族传统文化的共同性特征。吉祥题材和内容是中华民族在历史文化长河中逐步形成的一种心理和思想的系统的文化表达方式，也是民间吉祥符号在物化方面的使用和借鉴。清代黔江墓葬雕刻是这种传统文化传达和表现领域的重要组成部分之一。墓葬作为一种传统文化的载体，吉祥题材有力地丰富了传统文化的表达形式和领域。墓葬文化符号是生者对死者的思想、文化、情感的寄托方式和表达形式，是清代黔江墓葬装饰的一个根和依据及其基础条件。在传统文化的表现和使用范围中，它贯穿了生者对死者在各个环节的意识形态的感受、运用和提炼。总之，墓葬装饰与同时代的其他文化一样，是源于中华民族的共同基因和共同文化。

从以上两个方面来看，清代黔江墓葬石刻既是传统文化呈现的平台和表现模式，又是传统文化在生活和生产中的需求的表现形式。石雕内容和传统文化的有机结合印证了中华传统文化巨大的渗透力和在民众中的地位。同时，也可看出中华民族的传统文化也在土家族、苗族文化的基因中深扎了根。从这里我们可以说，吉祥题材的运用是民族心理需求的结果，也是民族思维逻辑运用和表现的结果，以及民族时代发展和变化的结果。因此，清代黔江墓葬动植物石刻图案是在民族和时代发展进程中必然出现的一种文化符号和文化现象。

（2）戏剧人物和武士石刻图案反映了民族习性、民族性格和民族喜好的时代内涵和特质。

戏剧人物作为清代黔江墓葬石雕的重要组成部分。其繁复的内容和题材在墓葬雕刻中出现的频率和次数特别高，几乎所有繁杂题材类型的墓葬雕刻均有戏剧人物。这些戏剧人物，或展示千古流传的历史故事，或展示动人情怀的爱情故事，或展示可歌可泣的英雄事迹，或展示社会流行的民间传说，或展示奸善分明的人物形象。这些石刻的内容和题材说明戏剧人物在清代黔江民众的心中有着无与伦比的重要地位及其与生活紧密联系的程度。可见，戏剧表演和观赏在当时已成为黔江人的主要娱乐方式和日常谈资的重要内容。这些石雕内容在墓葬上的大量运用，表明戏剧观赏已是清代黔江土家族、苗族儿女的生活习性和爱好，它也培养出了爱憎分明的民族性格和民族传统。戏剧给这里的民族打下了深深的历史烙印，特别是惩恶扬善的戏剧情节感染和影响着质朴的黔江民众的思想和行为。在巨大的生活压力下，人们通过戏剧观赏和表演寻找一丝生活情趣和心理调节，且形成了他们不畏艰难和百折不屈的民族特质。他们既要受恶劣的自然环境和条件的制约，同时又要受到统治者的层层盘剥，在吃不饱穿不暖的情况下，戏剧成为他们战胜困难的重要的精神食粮之一。戏剧中的人物故事在墓葬装饰上加以运用就成为一种必然。对于武士图案，笔者认为它与清代流行小说故事和晚清时期国家多战事有关，表达了人们崇尚为国争战和为国捐躯的英雄人物。从另一角度讲，它也是一个民族个性与喜好选择的必然结果。它深刻地反映了土家族和苗族儿女热爱祖国的善良和正直的本性。这种本性和特质有力地推动着黔江历史的车轮滚滚向前。作为一个时代来说，戏剧人物和武士图案也反映了时代和历史的精神追求和思想状态。它所表现出来的是这一时代民族精神和文化发展的特定趋势。大众的即是民族的，大众化的文化特征即是民族的文化特性。因此，从广大民众赋予墓葬戏剧和武士图案的色彩和内容来看，它所隐含的精神和文化也是民族习性、民族性格和民族喜好的表现和写照。[1]

（3）罗汉和八仙等石刻图案是黔江民间崇尚佛道文化在墓葬形制和文化符号中所呈现出来的特有的表现形式和深刻内涵。

墓葬文化表达的是生者对死者的企盼心理和缅怀方式，它自古以来就充满着神秘色彩和宗教色彩。在清代，黔江民众的宗教信仰达到了一个前所未有的高度和层级，尤其是统治者大力推崇的佛教文化的广泛传播和发展，把宗教信仰与墓葬习俗结合了起来，孕育、发展、形成了独具特色的民族墓葬文化基因，把人与环境及其对所企盼的文化内容相融合而显示出自己的特色。李昌旺墓、李美恒墓正面所浮雕的罗汉和云纹，正是佛教尊神及其所伴随的图案，昭示着墓主人及其家庭、家族与佛教活动的关系，或者墓主人本来就是佛教信徒，其墓葬图案不过是对佛教信仰文化的延伸，它寄予死者和家族佛教信仰延伸的心灵和思想追求，这与清代黔江佛教文化的兴盛和繁荣相吻合。从另一方面看，它也反映了广大民众的信仰活动和行为，再次说明了佛教文化在黔江民众中影响的深度和广度，说明信佛的思想和行为表现在黔江民众生活的方方面面和各个环节，这正是清代黔江佛教文化鼎盛时期的具体呈现和深刻反映，也是对死者信佛的认可、支撑和肯定。此种文化现象应以黔江民众对佛教文化的吸纳和延伸作为基础条件，方会使佛教文化的元素、基因成为墓葬习俗的表现形式。这充分说明那一时期佛教文化已经发展成为地方民族民间文化的重要组成部分。佛教文化作为墓葬文化的组成部分，在一定程度上影响着墓葬习俗和社会文化的发展和演变。首先，它丰富了墓葬文化的内容和表现形式。通过墓葬这一有形的物质载体折射出佛教文化在黔江的普及化、生动化和形象化。其次，从佛教文化作为墓葬习俗的组成部分来说，暴露出民众心灵深处崇佛的虔诚心态，说明它不仅影响人们生前的思想和行为，同时还贯穿于生者对死者安葬的心灵慰藉，并成为人生理念的终极目标。再次，佛教文化作为墓葬习俗的组成部分，还说明佛教文化与民间信仰之间的相互渗透、相互影响和相互作用。它源自民间信仰与佛教文化对世人思想和心灵深处的这种共有属性和渠道的重叠与相互接纳。两种文化虽来源不同，各成体系，但它们在墓葬文化中的一致性使佛教文化和民间信仰同时并存于一体，且互不排斥而成为墓葬文化的两大组成部分。墓葬文化作为两种文化的结合体有着三大特性：一是均认为有一种超社会、超自然的力量主宰着人的命运，佛教认为，这种力量源于佛、菩萨、罗汉；民间信仰则认为来源于鬼和神灵；二是均发扬弃恶存善的社会理念而成为两大文化最大的共同属性。其共同属性虽对当时的社会稳定起着一定的影响和作用，但从另一方面讲，它也存在着被统治者利用来麻痹、钳制人们思想和行为的巨大负面效应；三是把对世界的认知均归属于宿命的因果关系，把人的生老病死等归结于一个操纵人类命运的虚幻世界。总之，清代黔江墓葬的石雕内容和题材反映了宗教文化和民间信仰的结合与融合，成为生者与死者宗教信仰的伸延和推进的一种表达形式。

（4）墓葬石刻的习俗反映了地方民族墓葬修建的时代特色和历史渊源。

黔江作为少数民族集聚区，世代生活在这里的土家族、苗族在历史长河中创造了丰富灿烂的民族文化。墓葬文化中的石雕，从其数量和比重看，已经成为黔江这一地域的一种文化习俗。这种墓葬文化习俗虽受到墓葬主人财力、物力的局限，但从清代绝大多数墓葬均有不同程度的雕刻这一点来看，可以佐证它在清代已经具有了习俗性。习俗作为社会成员共同遵守的民族民间风俗形式，反映着民族民间的文化内涵，它所折射出来的是时代特色和民族文化的根和源。清代黔江的墓葬石雕所呈现出来的井喷式和爆发式的兴起和发展，展现了黔江各民族在历史进程中所形成的民族心理与墓葬石雕在人们生活中的重要地位。地方民俗文化发展过程中所出现的墓葬形式是时代文化与传统墓葬文化相结合和融合的产物，也是民族发展和整个国家社会发展相结合和融合的结果，同时也是民间信仰和宗教信仰相结合和融合的结果。换言之，它是当地土家族苗族将对死者安葬方式的特有认知和理解融进了整个中华民族民俗文化的产物。相对于整个中华民族来说，它既有共性特征也有鲜明的个性色彩。这一方面说明汉文化与黔江土家族、苗族文化有着共同的源及其相融性、相通性和一致性的本质特征。另一方面则说明土家族、苗族文化既是中华民族文化的组成部分，又说明中华民族文化的博大精深及其强大的包容性和渗透性特征。从墓葬外观看，雕刻的普及化现象成为它的个性色彩；从来源看，它与整个中华民族清代豪华墓葬多雕刻的根源和表现形式具有共同性和一致性的特点；从墓葬雕刻的内容和题材来看，反映出来的是中华民族分支中一个地方的土家族、苗族对死者生前的期盼和生者对死者的缅怀。这种墓葬文化既是一个时代地方民族发展到一定阶段出现的生者对死者寄予的情感，同时又是依托于传统信仰中的鬼神观念和灵魂不灭观念所产生的思想文化。作为两种文化的结合体，它既来源于传统，又源自当时当地的民族心理和思维方式与文化理念，这在某种程度上可以说是对中华传统文化进行了放大性的个性化发展。从清代黔江墓葬石雕普及化程度比渝东南其他几个自治县墓葬雕刻高出若干的比例和分量中可以看出这一点。它既是一个地方民族思想和文化需求的反映，也是墓葬文化在发展过程中出现的必然性和偶然性相结合的基础上所出现的时代选择的结果。因此，它成为一个地方民族墓葬文化的形式和习俗，且一直延续至今。这说明它在黔江这片土地上有着深厚的文化根基和底蕴，而且成为黔江地方民族文化的显著特色之一。

（5）墓葬石刻文化的兴盛和繁荣反映了黔江民众的时代思想内涵。

清代黔江墓葬石雕作为地方社会文化的组成部分，与一个时代的民族心理、精神世界和文化状况有着极为密切的关系。长期以来，在这里居住的土家族、苗族人民是勤劳、勇敢、善良、质朴的，深受汉民族传统文化熏陶和影响的两个民族。他们在汉文化的影响下，对汉文化进行了选择性的放大性吸收，并深深扎根在自己的民族精神和思想里。清代黔江墓葬石雕的兴起和发展，正是在这样的大背景下应运而生。笔者认为它所表达的有以下三层意思：一是表达了墓主人子孙追求家庭和家族的兴旺发达，追求富贵的社会心态；二是表达了极力追求传统美好、吉祥寓意的社会文化思想；三是表达了"死者如生"的社会思潮。清代，黔江作为地势极为偏远、经济极为落后的小县，在大多数人生活极度艰难的情况下，却出现了如此高比例的墓葬石雕，它除了反映石雕文化的兴盛和繁荣外，还表达希望后世昌盛和子孙、家庭、家族发达兴旺的社会心理和思想文化。墓葬石雕中的戏剧人物、龙、凤、狮、象、鹿、羊、松树、卷草等题材和内容的图案纹饰在当时黔江其他领域的石雕和木雕中也时常出现，特别是在建筑构件和家具雕刻中多有运用。把这些象征吉祥美好祝愿的题材和内容运用于死者墓葬之上，印证了"死者如生"的民族心理和精神追求。也正是

"灵魂不灭"观念在现实生活中的反映。笔者认为这与汉代盛行厚葬之风中的"事死如事生"的社会心理有一致性。同时，它也与现在这一地区还在流行的对死者烧纸钱、灵屋等丧事活动的社会心理相同。清代墓葬雕刻题材多戏剧人物，反映了当地土家族、苗族的精神文化爱好和习性。那时，民众不仅喜好看川剧，还特别爱看起源于清晚期的黔江本土出现的后河古戏，把死者生前的喜好通过石雕艺术运用于墓葬之中，便是"死者如生"的典型反映和表现形式。在民间，龙纹象征皇权和兴旺，凤象征显贵之女性，鹿象征吉祥，牛象征勤劳。然在所雕之纹饰中，除与佛教有关的宝相花和象征坚韧不拔、百折不挠、奋勇当先、自强不息精神品质的梅花外，却不见能给人带来美好心情的其他花朵，这反映了人类趋利避害的社会心理和文化习性。文化是人类不可或缺的精神食粮，一个民族是这样，一个民族中的单个个体也是这样。不同的民族有着不同的追求和表现形式，黔江墓葬石雕文化所折射的是整个社会民众心理及其思想文化的倾向。

（6）墓葬石刻装饰的传承和发展隐含了儒家传统孝道文化的内容。

对死者的缅怀、景仰、推崇是孝道文化延续的表达方式。黔江的土家族、苗族在吸收儒家传统文化的过程中，把对祖宗和先辈的孝道文化推进到了一个更高的层次。它说明，孝道文化不仅汉民族接受，连生活在偏远地区的黔江土家族、苗族也接受，这说明中华传统文化的影响力之巨大。土家族、苗族人民还将尽孝的行为化作精美的墓葬装饰来体现生者对死者精神犹存的认可，它既是一个时代民族精神和习俗文化的显现，也是一个地方民族情感世界与生活文化的显现。由此可以说，清代黔江墓葬习俗文化是中华孝道文化的缩影和延伸形式。

（7）墓葬石刻质量的差异性是社会各阶层强烈反差的经济状态和社会时代浓缩的投影。

随着人类社会历史的演进，在清代长达二百多年的社会发展中，黔江行政体制及其隶属关系经历了多次更改，清初属重庆府，康熙改黔彭营，雍正十二年（1734）改为黔彭直隶厅，雍正末年（1735）酉阳改土归流后，复置黔江县，改隶酉阳直隶州。在这些体制变更中，对黔江这个社会经济实体而言，虽曾遭遇太平天国运动、庚戌起义的动荡年代与匪患横行的影响，然黔江的经济在清代仍得到了一定程度的发展和进步。在各行各业长足增长的情况下，社会人口较以前逐渐增多，据清《酉阳直隶州总志》记载："黔江东西距160里，南北距250里。乾隆年间清查，载户2 136户，3 576丁；道光三十年（1850），查承

粮花户 7 036 户，男 15 417 丁，妇 13 929 口。"[2]对于一个典型的刀耕火种的
农业社会来说，平均人口赖以生存的土地抵消了单产不足的弱点，成为黔江经
济发展的重要支撑因素。正是经济和人口的迅猛增长催生了黔江墓葬石雕工艺
及其文化的大发展和大繁荣，把人们赋予墓葬文化的表现形式变成了现实和可
能。同时，从墓葬工艺装饰的质量的巨大差别和繁杂程度来看，折射了墓主人
贫富差距悬殊这一现状。现存的墓碑雕刻中有 10%～20%除文字外未有任何纹
饰图案，还有 20%～30%石雕纹饰十分简单，有的只有一个单一图案，这些都
有力地证实了墓主人家庭经济的拮据和贫穷。穷者不能像本地富豪那样对墓葬
进行大笔的经济投入，实现对死者墓碑的精雕细刻，利用纹饰来展示其内在的
文化渴望和需求。对于一个重视宗教信仰和充满浓郁鬼神文化的民族个体来说，
这不得不说是一种遗憾。从这一点也可说明清代黔江农业生产力和生产技术极
其落后，说明当时大部分民众的经济和生活条件仍处于极度贫穷的社会现实状
态中，特别是那些没有一片土地而靠出卖苦力的底层平民，穷极一生的辛劳，
也无法利用墓碑雕刻来实现他们对祖宗的缅怀之心与强烈的信仰寄托之愿，这
既是他们的悲哀，也是一个民族和时代的悲哀。他们在吃不饱、穿不暖的生活
境况下，不得不放弃这种普及化的民族信仰和宗教文化需求。他们只有回到实
实在在的现实中来，把改变现实中食不果腹的生活放在第一位，这就是当时黔
江大多数民众真实生活的真实写照，也是一个民族和时代的现实反映。在这种
贫富差异凸显的社会经济现实中，它既推动了黔江地方民族墓葬文化的形成和
发展，同时也收窄了它的覆盖面，反映出黔江地方经济阶层化的严重程度和民
族经济赖以依存的社会基础以及他们之间的矛盾和斗争。因此，清代黔江墓葬
雕刻是我们研究渝东南民族地区社会、历史、经济的重要实物材料之一。

（8）墓葬石刻文化的发展和传承映射了时代的社会环境和人文关系的发展
状况。

清代黔江墓葬石雕作为一个时代的社会风俗和文化现象，反映和彰显的是
一种浓厚的家庭和家族成员之间的社会关系。黔江自古就是一个家族文化浓厚
的地方，以血源为基础的同一姓氏分布十分集中。在清代，黔江的家谱、族谱
十分盛行，为显示家庭和家族的显贵和富有，人们竭尽全力对墓葬进行装饰，
尽力使其墓葬豪华一点，以此见证自己的非凡实力。在尽力彰显家族和家庭社
会势力强大的社会背景下，在家庭与家族的相互竞争和斗争之中，单薄和弱小
的家族和家庭的生存空间则处于劣势，生存的各个方面都受到钳制。从某种意
义来说，墓葬石雕的装饰文化是斗富斗贵的社会心理在起作用，谁都想以此宣
示家庭和家族的兴旺发达，并以此作为家族身份、地位和财富的象征。在这种

家族文化氛围中，人自出生以来，从小就深受其影响和熏陶，在人生之初的根和魂上赋予他这样一种文化思想内涵，使他不自觉地养成这样一种感情认知和处事原则，让人明白，无论多么显耀的单个个体也需要依赖其家族和家庭的势力，才能立足于社会之中，并对社会有一番作为。这种以血源为纽带的以家族和家庭为单元的社会关系揭示了中华传统文化的影响力。它也是那一时期人们赖以生存和发展的必须遵循的原则。社会关系不仅表现为家庭、家族与单个成员之间的竞争，更是一种家族和家庭集团势力之间的竞争，在不同家族、家庭成员之间的许多大小事要通过家族、家庭关系才能妥善解决。家庭和家族这一社会单元，既是人们赖以生存和发展的基础和条件，也是一个不能回避的重要环节。这是社会家族文化和家庭文化极度发展的必然结果。所以说，清代墓葬石雕虽外在表现为物质装饰，而内在却折射了一个时代地方民族的人文环境及人与人之间的密切关系。

（9）墓葬石刻质量的优劣反映了渝东南少数民族聚居区社会功能的作用及其发挥。

人们喜欢用"养儿不用教，酉、秀、黔、彭走一遭"来形容黔江所在的渝东南民族地区的贫穷和落后。在清代，黔江作为一个极度贫穷的山区小县，部分民众处于"衣不蔽体，食不果腹"的状态，有的家庭住岩洞，有的家庭几个兄弟姐妹仅一套衣裤，谁出门谁穿，个别旅店为外来客提供的住处是用玉米壳取暖，加上匪盗横行，许多人处于极度贫困之中，这与社会上悄然兴起的需要一定经济实力才能实现的墓葬石雕文化形成巨大的反差。在这种情况下，黔江的封建统治者竟将追求奢华的墓葬石雕文化作为支撑一个时代的精神文化元素。这种高度发达的宗族文化和追求墓葬奢华的民俗文化成为民众生活的强大冲击力之一。它将精神生活需求凌驾于社会经济现实之上，将追求虚无缥缈的精神世界作为社会的安定剂，既说明统治者的无能和局限，又显示了封建统治者管理民众的惯用手段和伎俩，造成了一个时代的悲哀，一个民族的悲哀，一个社会的悲哀。从积极的方面看，它在一定程度上缓和了社会矛盾和冲突，然作为宗族文化的发展，它有着几千年历史遗留的诟病。[3]宗族势力的形成和发展往往影响到对具体事件的处理结果，往往会失去公平、公正和正义，从而阻碍了社会的发展和进步，压缩了个人发展的空间和气势，严重的还会使社会成为家族势力的角斗场。所有这些在今天看来，家族文化具有其两面性，一方面是优秀传统文化的延续，另一方面则是封建糟粕的残留。因此，我们应该扬长避短，弘扬其优秀传统，摒弃其封建糟粕，使之在新时代焕发出更加绚丽的亮光。

三、文化特征

在地理位置上，黔江作为清代渝东南土家族、苗族区域中心地带，受各种社会力的影响，清代黔江墓葬石雕文化成为渝东南地区的缩影、象征和代表，其典型性和必然性均属这一内容。从其余四个自治县的"三普"资料来看也是如此。因此，黔江墓葬石雕作为一种文化现象和时代的产物，展现出了时代的社会发展、文化发展与民族力量的动态趋势，这些深刻反映在清代渝东南民族地区墓葬石雕文化面貌之中。通过对其文化脉络、架构、内涵、技艺、发展及成因等的探索，清代墓葬石雕具有以下文化特征：

（1）从脉络看，反映了清代渝东南民族地区墓葬石雕由慢到快的发展轨迹的文化特征。

清代黔江墓葬石雕文化，处于早期萌芽孕育阶段的主要是顺治至雍正时期。这一时期，墓葬石雕文化发展较慢，主要表现在数量较少，纹饰较简要，多数石雕装饰仅起点缀作用。它往往通过寥寥数笔勾勒出物象轮廓，而不做过多的刻画，但又往往给人带来一种清新自然和简单明朗的艺术感受和文化力量。处于中期平稳发展阶段的墓葬石刻为乾隆至嘉庆时期。这一时期，石雕艺术有了一定程度的发展和进步，雕刻所涉猎的题材和内容开始丰富起来，雕刻的技法和技巧正在走向成熟。同时，它也是过渡和转换时期，即是由萌芽阶段向鼎盛过渡的发展阶段。清乾隆时期的刘在国墓和李永钊墓的石刻是这一时期的代表性作品。处于晚期兴盛繁荣阶段为嘉庆中期至宣统的黔江墓葬石刻。这一阶段，石雕墓葬文化进入鼎盛时期，石雕的艺术形式和内容之丰富达到了前所未有的程度，表现出百花齐放式的大发展大繁荣景象。从遗存看，这一时期石雕得到了快速发展，内容繁杂，形式多样化、复杂化的墓葬迅速增多、增广，有的墓葬雕刻的戏剧人物达数十个之多，最多者有近 100 个戏剧人物，由此可见它的繁杂程度和庞大的石雕工程量。作为一种带有艺术形式和艺术色彩的文化，墓葬雕刻离不开一代代匠人的潜心钻研、探索和实践。匠人们在继承前人和汲取前人有效成果和经验的基础上努力创新发展。在当时，口传手教是墓葬石雕匠人传承技艺和雕刻文化最主要的手段之一。从整体来看，这种墓葬石雕不是机械固化不变的，不是简单形式上的传承和继承，而有着自身发展变化的规律和特点，即经历了一个由简到繁，由少到多，由无到有的一个由慢至快的发展过程。对传承来说，从大的方面来看，首先是这种装饰的石雕形式的文化得到了传承。从小的方面来说，一些单个的题材和内容得到了传承。清代中期刘在国墓所雕的卷草纹，在清光绪时期龚学文墓得到了传承和发展。再就艺术来说，一些艺术形式得到了传承，如戏剧人物和八洞神仙等石雕的内容和形式就出现在这一时。从发展来说，从几何纹至杂宝图案，从沙场骑马到佛道神仙，从戏剧人物到动植物图案等均呈现出一个出现、发展、成熟的由慢到快的轨迹。

（2）从架构看，反映了清代渝东南地区和武陵山区墓葬石雕内涵的地域性和民族性相融合的文化特征。

就整体架构来说，清代黔江墓葬的石刻图案有着地域性和民族性的双重文化属性。首先，从人物形象来看，清代黔江葬墓石刻中的人物都是圆圆的脑袋、慈祥的面孔、墩墩笃笃的身材，呈现出憨厚、质朴、本分的形象，且除戏剧人物外，衣着多为当地土家族、苗族服饰，显然是以武陵山中人作为原型来进行刻画的。再次，从动物的形象来看，图案中的马、牛、羊皆为当地品种，虎则是武陵山中之虎，其圆雕的石狮也和当时富豪门前的镇宅石狮相类人似；从图案中的房舍与戏楼来看，完全是当地明清建筑的写真。这些都说明它具有典型的民族性和地域性特征。作为大众化的文化，墓葬石刻本就是民族习性和民族基因的存在方式与表达方式，不过，黔江地方墓葬石刻将这种地域民族文化进行了放大化和个性化处理，使地方性和民族性的文化特征得以凸显和发展。地方性和民族性相辅相成，互为补充，相互重叠和交叉，你中有我，我中有你，但又不完全一致。民族性和地方性的有机结合才是构成清代黔江墓葬文化的思想基础。所以，它既具有地方化的民族性，又具有民族化的地方性。同时，二者又有着不同的侧重点和各自的特色。特别是作为土家族图腾的白虎的运用，在渝东南土家族苗族所集聚的地方均不程度地存在着，作为民族性在当时墓葬雕刻虽是共有现象，其民族性和地方性相融合却是黔江所特有的。由此可见，清代黔江墓葬石刻具有渝东南地区地域性和民族性的双重文化特征。

（3）从技艺看，反映了清代渝东南地区墓葬雕刻成熟而全面的文化特征。

就典型的代表性墓葬石雕来看，清代黔江墓葬石雕技法的运用十分全面而娴熟。阿蓬江镇张周氏墓上的虎头及身采用的是圆雕技艺；沙坝乡龚学文墓的龙纹与狮背上的纹饰采用了难度极高的镂雕手法和精细的线雕；石家镇陈昌轩墓灵巧的翘和黄溪镇李昌旺墓上的云纹则采用透雕；狮、虎等动物形象多采用高浮雕；卷草纹图、武士征战图、戏剧人物图、罗汉图等则以浅浮雕为多。从这些可看出，各种石雕技法在黔江的墓葬石刻中都得到了全面的呈现和运用，且每一雕刻技法均有精妙绝伦的代表作品。从细节看，龚学文墓圆雕的狮的头形、发丝与毛的线雕技法的运用十分娴熟，从圆雕过渡到线雕的技法运用也十分自然而使图案圆润饱满，浑然一体。陈昌轩墓翘上透雕的云纹与浅浮雕的云纹映衬得十分和谐得体而显得灵活。因此黔江这些成熟而全面的石雕技法的使用已成为渝东南地区石雕的典型范例和重要的代表作之一。当然，作为雕刻技法来说，并不是清代黔江所有墓葬石雕的技法都那么完美，它也会因匠人水平高低和墓主人财力投入的多少而有差异，然而，它毕竟在整个渝东南工艺雕刻中独树一帜，将黔江乃至渝东南的石雕艺术推到了顶峰，成为中华民族石雕工艺重要组成部分。作为一种文化遗产，黔江墓葬石雕是一个地方一个时代工艺水平的缩影；作为一种工艺技艺，它是在前人基础上大力弘扬传统与探索新路的成果；作为一种历史财富，它是今天石雕工艺创作借鉴和参考的重要材料。总之，它在渝东南工艺史上写上了浓墨重彩的一笔，是黔江和渝东南人民聪明才智的结晶，是一笔宝贵的物质财富和精神财富。

（4）从成因看，它反映了黔江乃至渝东南人民质朴、勤劳的品性和艺术偏好的文化特征。

一件成功的石雕工艺作品，其创作程式除需要预先的设计和构思外，还需要精心的雕琢和打磨，这是一件十分费时费工费力之事，工程量十分巨大。从清代黔江墓葬现有石雕作品看，尤其是一些成功的墓葬石雕作品，其内容十分繁杂和庞大。石家镇陈昌轩墓所雕的人物近 100 个，沙坝乡邓吉昌墓所雕人物有 50~60 个，龚学文墓葬所雕的人物也有 30~40 个，这些人物的表情和姿势各不相同，在设计和构思上所用的精力和心智量之大是可想而知，在雕刻和打磨上的劳动量也是相当大的，虽然这些人物在画面上不怎么庞大，但却需要更为细致和细腻的雕刻手法和打磨功夫，才能栩栩如生地展现其画面。这些都充分体现了渝东南民族质朴、勤劳、细腻的品格。正是这种品格造就了清代晚期黔江墓葬石雕文化的兴盛和繁荣，我们也才有机会看到这么多的优秀石雕工艺作品。这种不怕吃苦和勤劳勇敢的品格源于老百姓在大山中与恶劣的自然生存环境的拼搏。作为一种优秀的民族品质和性格，形成了今天"宁愿苦干，不愿苦熬"的黔江精神。同时，也形成了清代黔江老百姓偏好石雕工艺这一艺术形式的特性。从全局来看，清代黔江老百姓不仅喜爱在墓葬上雕刻纹饰和图案，而且也喜爱在建筑的柱础上雕饰图案和花纹。黔江历史建筑草圭堂和张氏民居等市级文物保护单位的精美的柱础石雕就是典型的例证。不过，墓葬石雕更加突出和明显。从比重和数量来看，对墓葬进行雕刻已成黔江人的一种生活习性。作为一种艺术来说，墓葬已成为石雕的物质载体。作为一种文化来说，它是祖先崇拜和孝道文化的物质表现，即体现了中华儿女的传统美德。反过来说，也正是这种传统美德才促成了黔江墓葬石雕艺术的繁荣和兴盛，推动了墓葬石雕文化的进步和发展。

（5）从内容看，清代黔江墓葬石刻反映了清代渝东南民族多元的精神文化和多层次思想追求的文化特征。

清代黔江墓葬石刻的内容和题材虽表现为葬墓外观装饰的特有现象，但此种装饰不是为装饰而装饰，它是在汲取丰富历史文化积淀的基础上形成的装饰文化。这种积淀的文化不是单一的，而是多元的和多方面的，即把多个来源的文化元素进行有机整合。这些文化元素所折射出来的是清代黔江墓葬石刻的文化来源和思想来源。其中，动植物吉祥题材和内容借鉴了古代器物上的装饰图案，反映的是中华各民族共有的传统文化的思想和思维模式，是文化的根与源；戏剧人物图案反映的是人们的生活娱乐形式，是民族习性的载体；武士征战图则表达的是国家现实层面的意识形态的需求及其所追求的时代精神；罗汉和八仙图案则是黔江佛教文化和道教文化世俗化的反映；赶马图和耕牛图则是现实生产生活的写照，它反映了老百姓多元的和复合的精神文化生活。另一方面，它也反映清代黔江墓葬装饰文化的多元性和复杂性，换句话说，它是一个多元文化的复合体。多元是前提和基础，复合是它的组合形式和融合程度。因此，它揭示了老百姓精神生活和思想的文化基因，也是老百姓精神多元的文化生活和多层次思想追求的综合作用和整合的必然结果。它表现出来的模式是多因素、多结构、多层次、多题材、多内容的精神文化层面的写照，呈现出来的是中华传统文化传承和发展的样式在墓葬装饰中的运用。这既说明中华传统文化体系的多样性和复杂性的特征及其博大精深的实质内涵，同时，又反映了中华传统文化在各个方面各个环节的内在气质和思维模式。通过这些墓葬的装饰内容可以使人们看清中华传统文化演进中的不变因素和变化因素的相互关系及其实质内容。历史发展到清代，这些墓葬石雕内容说明黔江作为土家族、苗族集聚之地，同样遵循中华民族的主流传统文化和思想的深厚根基，也进一步说明土家族、苗族作为中华 56 个民族中的一员在文化上的共性和相融性。同时，也有力地展现出渝东南土家族、苗族精神和文化生活的多元、多层次的方式，其多元性和复合性特征是由民族生产生活形式的多样化和发展演变的社会化带来和形成的。因此可以说，清代黔江墓葬石雕是渝东南民族地区物质生活与精神生活的一个缩影。

（6）从发展看，清代黔江墓葬石雕反映渝东南地区历史积淀所形成的特定的社会艺术形式的文化特征。

清代黔江墓葬石雕的广泛运用是黔江老百姓在历史长河中积淀到一定程度的必然结果。墓葬石雕在全国各地均不同程度的存在，但其他地方石雕运用的广泛性却往往不及黔江的程度之高。这种现象除与民族性格有关外，还与黔江的人文环境和自然环境有着密切的关系。清代黔江和渝东南地区家族文化和家族势力盛行，德高望重的长辈在家庭和家族中有着至高无上的地位和荣誉。一个家族中德高望重的长辈辞世，需要隆重地大操大办，墓葬石雕文化也就在这样的情况下应运而生。另一方面，黔江处于武陵山区腹地，优质石材藏量很多，这也是黔江和渝东南地区墓葬石雕文化发展的客观条件和基础。黔江的墓葬石雕均采用产自山里的龙牯石作为材料。这种石材软硬适中，呈灰白色，色调呈中性，适合雕各类题材的图案。从当今来看，黔江清代墓葬石雕可以把人们的视觉带入到如梦如幻的艺术世界之中，让人们深刻领略祖先们博大精湛的石雕技艺和手法，给我们带来精神上的愉悦和文化上的熏陶。我们要倍加珍惜和重视这具有山区特色的文化遗产，才不愧对祖先，不愧对历史。

（7）从形式看，清代黔江墓葬石雕反映了清代渝东南地区多姿多彩的社会民俗与社会生活的文化特征。

清代的黔江，无论是官僚还是平民，无论是财主还是商人，无论是农民还是手工业者，无论是宗教信仰者还是非信教群众，无论是土著的土家族、苗族还是外来的汉族成员，均积极秉持用石雕装饰来美化和装饰墓葬的外观，它是以地方民众的思想、观念和习俗作为基础的。作为扎根和建立在大众化、世俗化、民俗化基础之上的习俗，人们会自觉不自觉地按照其方式行事。生活在这片土地上的民众，由于相互之间融合、影响，石雕装饰成为他们共同的墓葬文化。如富有寓意性的题材和内容有一个最大的特点，即大多具有民间文化的象征性。这种寓意和象征性源于中华民族的一种特有思维模式和方式，或取其谐音，或取其特点，或取其象征意义，或取其民间喜好等文化特色。无论是浮雕的戏剧人物，还是张周氏墓上浮雕的呈跳跃状态土家族图腾的白虎、龚学文墓上浮雕的戏绣球状态的狮都采用了动态变化中的瞬间的某一动作的固化形式。它所反映的是老百姓多姿多彩的文化生活和精神追求及其社会生活方式。清代黔江墓葬石雕既是一种社会性文化，也是一种民俗性文化。它所形成的原因与清代黔江的社会、民族、民间、地方的人文历史发展和石雕技艺的传承进步有着必然的联系。因此，可以说它是黔江社会民众和民族成员的文化价值取向选择的强化后的结果。这种文化来源于社会和民间，同时又深刻反映了民众的思想和当时的社会、文化、民俗、民风等内容。清代黔江墓葬题材反映的这些民俗性文化一旦融入了人们的思想文化观念，就会不自觉地在墓葬雕刻之中被加以运用，成为无具体条文的强制遵循的民约规则。若非要说有什么制约，那就是生活在清代黔江这一片土地的民众，在生产生活中，从小不自觉地接受了这样一种墓葬文化理念、文化价值和文化观念。清代黔江墓葬石雕所反映的正是这种多彩的社会性和民俗性交织、聚集的文化特征。

（8）从结果看，清代黔江墓葬雕刻反映了清代渝东南地区民族巨大的创造力和丰富的想象力的文化特征。

渝东南地区的土家族、苗族是两个极富创造力和想象力的民族，其创造的辉煌悠久的历史和灿烂的民族文化在武陵山区独树一帜。在清代墓葬文化上，就表现为一个个精妙绝伦的石雕形象，从鸟、鱼、昆虫、草到皇权象征的龙纹，从威武的狮、虎到现实生活写照的耕牛图和赶马图，从形象丰富的戏剧人物到为民族生存而战的沙场争战图案，从道教的八仙图案到佛教诸神形象，从神秘的几何图案到吉祥的杂宝和龟甲纹图案，无不表现出黔江和渝东南地区民族巨大的创造力和想象力。它们一是善于把自己的信仰揉进墓葬的石雕图案之中；二是善于把自己生活揉进墓葬的石雕图案之中；三是善于把吉祥图案揉进墓葬的石雕之中；四是善于把自己的民族文化揉进墓葬的石雕图案之中。这些说明黔江和渝东南武陵山人民极浪漫而又现实，也正是这样的习性才使他们有着自己独特的巨大的创造力和发展能力。从某种角度说，他们是把自己的生活、思想和理想表达放进墓葬装饰的石雕文化之中。作为民族来说，它是民族心声的表达，也是民族内在渴望和力量的表达，反映了一个时代辉煌的历史阶段所带给人们的文化和文明成果。这些震撼人心的作品，是清代渝东南少数民族地区人民的光辉历史篇章，它说明渝东南少数民族的创造力和想象力是无穷的。作为一个民族来说，它给我们带来了巨大的精神财富和物质财富。

综上所述，清代黔江墓葬石雕的大量运用，作为一种艺术和文化来说，有一个漫长的孕育、兴起、发展、繁荣的过程。到了清代晚期，它进入了一个发展的黄金期。这一时期，墓葬石雕文化盛极一时。究其原因，有着深刻的历史、文化、思想和时代根源。我们今天如何面对和审视这一历史文化现象是摆在国家、社会和文物工作者面前的重要课题。清代黔江墓葬石雕作为传统的精神和文化，应对其加以深入的研究，以充分发挥它的正面效应，使它为新时期中华民族的发展、进步、崛起服好务，以推动历史车轮滚滚向前。

参考文献

[1] 李华山，郭兆毓. 佛教在黔江的传播[M]//黔江土家族苗族自治县委员会文史资料委员会编. 黔江文史：第六辑. 1992：234-255.

[2]〔清〕冯世瀛，冉崇文. 酉阳直隶州总志[M]. 成都：巴蜀书社，2009：130.

[3] 谢世龙. 黔江县史概说[M]//黔江土家族苗族自治县委员会文史资料委员会编. 黔江文史：第六辑. 1992：75-84.

文物建筑类

论黔江张氏民居的建造文化及其价值

【摘　要】黔江张氏民居作为重庆市级文物保护单位，规模宏大、内涵丰富、功能齐全、特色突出，为渝东南地区和武陵山区的代表建筑和典型建筑。作者通过对它的建造文化和内涵特点及其价值进行分析、探索和考证，促使人们更多的认知和了解这一宝贵的文化遗产，以便为今后的保护和利用策略提供参考。

【关键词】黔江；张氏民居；文化；价值

　　黔江张氏民居作为地方和民族的规模宏大的历史建筑，特色十分突出，文化内涵丰富，功能设施齐全，四周环境优美，为渝东南地区近现代建筑的典型代表和武陵山区的精品之佳作，成为身处大山环抱之中的文化遗产和耀眼明珠。2009 年 12 月，重庆市人民政府定其为市级文物保护单位。

一、基本情况

　　张氏民居位于重庆市黔江区黄溪镇黄桥居委南 300 米处，始建于 1911 年，因原主人姓张而得名，坐东北向西南，占地 5 000 余平方米，建筑面积 3 417 平方米，房屋 108 间，民居由前厅、正厅、左右厢房、绣楼、碉楼、门楼、后花园、内外围墙、地下室、水牢、马厩、阶梯踏道、天井、水井、石拱桥、厕所等构成。呈复四合院布局，两楼一底木结构单檐悬山式屋顶，穿逗式梁架，青瓦盖顶。前左右厢房配以当地土家族建筑的构筑物吊脚楼。主体建筑以 5 个小天井为组合要素，把整个院落分隔成 5 个小四合院。前厅为主体建筑前端部分。5 柱 5 穿，面阔 7 间 31 米，进深 7.5 米，通高 2 楼 7.5 米。除底楼明间外，各房间均设有花窗，底楼中间的明间设有六合开的正大门，屋正壁上设神龛，供奉祖先神灵牌位。正厅是整个院落的核心部分，与前厅中间面阔 5 间的两端相对应，处于前厅的后侧，7 柱 6 穿，面阔 5 间 22.4 米，进深 6 间 8.4 米，通高 2 楼 7.5 米。正厅明间为堂屋，作为接待客人和商议重要家庭事项活动的重要场所，长 8 米，宽 4.5 米。堂屋西南面未安装板壁，呈敞开格局，与前厅内侧隔天井相望，厢房位于前、正厅的左右两侧，房间大小相对称而设，各侧厢房5柱5穿，面阔5间21.5米，进深2间6米，通高2楼7.3米，厢房相邻前厅的外稍间长9.25米，宽3米，其余厢房间大小一致，长3.06米，宽3米，二楼为张家家兵居住所用，除个别房间结构作了小的改动外，其整体布局与底楼大致相似，有房屋49间，绣楼为房屋主人女儿张恒茂卧室和做针绣活及玩耍之地，设在左厢房明间二楼的1间为绣房，在其三楼上面的为绣亭，二楼绣房为卧室，三楼绣亭即为第三层唯一的建筑物，有木楼梯转角而上，楼阁呈歇山式四角楼亭，长5.9米，宽4.4米，通高12.3米。四角悬廊，栏高0.8米，瓜顶柱，廊道宽0.9米。水波纹封檐板，无脊饰。碉楼4座，夯土筑成，设于四角。各碉楼分三层，每层各有两瞭望孔和两射击孔，使整个建筑融防御与居住于一体。前左碉楼长4.2米，宽3.9米，高7米；前右碉楼长4.9米，宽4.4米，高12米；后左碉楼长3.3米，宽2.4米，高4.5米；后右碉楼已毁，遗址长4.9米，宽4.3米。地下室分设在左右厢房的前底部，紧靠炮楼，呈曲尺形，单室面积40平方米，它也是吊脚楼的别样形式，其中右侧地下室设有水牢，水牢长4.1米，宽3.2米，深1.4米；天井5个，它们犹如用条石合围和铺就而成的五个水槽，前、正厅合围成的中间内天井面积最大，处于整个主体建筑的中心和核心位置，长12.75米、宽4.5米、深0.5米；前厅与左右厢房分别合围成大小、规格、形制一致的两个天井，天井长9米，宽2.75米，深0.3米；其余两个天井分别由正厅与左右厢房合围而成，同样大小、规格、形制一致，长3.25米、宽2.75米，深0.24米；处于同一平面的前、正厅与左右厢房围成的4个天井，处于两侧的前、后两天井之间有一间房屋隔断，因此5个天井均为独立的封闭形式。后花园位于民居的西北角，呈正方形状，面积104平方米。其内有鱼池一个和数十个雕刻精致的石花钵。花钵上种有各类奇珍异草和花卉，鱼池内置有构成山形的钟乳石，每个花钵上雕有精细的诗词妙句和纹饰。门楼位于前厅大门的正前方10米处，呈"八"字形，宽5.6米，高6.2米，庄重、气派、大方。内围墙长1400米、高2.5米、厚0.4米，条石基础，夯土筑成，青瓦盖顶，与四碉楼、门楼连接呈倒"凸"字形；外围墙建于张氏民居背后国芝岩山的山脊之上，现已毁，从残存的垣看，筑墙的片石基础夯土围墙约3000米。阶梯踏道4处，前厅踏道9级，门楼外第一踏道8级，第二踏道14级，第三踏道16级，这四部分踏道最宽者3.4米，最短长2.3米，其中第二踏道之上的朝门已毁，现仅存两石立柱。水井3个，处于紧邻主体建筑正厅后檐沟的外侧，左侧水井处于后厅的厨房附近，水井长1.6米、宽1.3米，深2.3米，水深2米。另两水井处于前个水井的右侧，现这个水井已干枯无水。两水井相距大约20米。

马厩 4 间，位于左侧前后碉楼之间，即左厢房的外侧，共有 52 平方米，是张氏民居附属的功能建筑之一。厕所位于主体建筑北面，紧靠内围墙，板石围砌成池，木结构栏，青瓦覆盖，建筑面积 84 平方米。石拱桥位于张氏民居正前院坝的东面，与主体建筑相距约 30 米，为东南西北走向，用石灰岩质条石砌成单孔桥，桥长 17.1 米，宽 4.6 米，高 7.5 米，跨度 8.5 米，拱高 4.5 米，桥面长 7.9 米，桥栏高 0.2 ～ 0.45 米，东北有踏道 7 级，紧接踏道左转有 8 级，西南面有踏道 7 级。

二、建造的文化特点和内涵

（1）独树一帜的设计原理和思维造就了渝东南地区这一宏伟建筑。

黔江张氏民居的设计原理是以多元化、多元素、多成因的交融结合的思维模式和思想作为指导。它尤以追求功能性、艺术性、民俗性和科学性四者见长，注重时空的变化和转换，人与环境的和谐和自然结合，物与物之间相互统筹和协调共生，景与物、物与人之间的调和衬映和利用关系，形成了一套有着原始审美意境、地域文化鲜明、民族特色浓郁、主次层次分明的建筑原理。它通过对这些复杂因素的提炼和升华，既达到整体上的水乳交融、浑然一体，又达到各建筑物又各有其特色的理想效果，在主要吸收黔江本土建筑和民族建筑规范及特色基础上，又不局限于这两个方面，同时在当时的社会环境和条件下，延伸出了一般民居建筑不具有的功能性建筑物，如碉楼、水牢和二楼家兵、底楼保丁、家丁用的房屋建筑等，这些均是时代环境条件下延伸出来的产物，融多种建筑文化和社会文化及时代文化于一体，在渝东南地区十分少见，它是渝东南地区民族建筑的典范代表之作。张氏民居正是把这些多种文化的基因和元素进行统筹和提炼出来的理念作为设计和建造的指导思想，其所形成的独特思维模式和理念造就了张氏民居这一独具特色和有着丰富文化内涵的建筑风貌。它既是渝东南地方的文化瑰宝，又是民族文化精华浓缩的载体之一。

从建筑的上面向下看，整个屋面呈"囍"字形，这点可看出在当时的社会条件下，整个房屋结构民俗文化色彩浓郁。再从张氏民居主体建筑的布局来看，房屋大致呈中轴线左右对称分布，又说明它继承了渝东南地区历史传统豪宅建筑的主要特征。又从它以木结构为主的建筑材料、房屋梁架结构、屋顶形式、四合院布局等元素的运用来看，说明它具有黔江本地乡土建筑的特色，总之，张氏民居表现了设计者非同凡响的设计理念。整个建筑井然有序，结构紧凑，各构成部件的设计十分考究；使建筑体的特色达到自然和谐的结合，其中所呈现的严谨风格和整体布局说明设计者有一个长时期的思考积淀，并作过详细的环境考察，同时自身有着良好的建筑创作基础，使整个建筑设计和处理未发现随意之处。

（2）建造地址的选择，反映了追求原始自然文化美和意境美的美学特征。

张氏民居素有"深山大宅门"之称。原主人张合卿并非黔江黄溪人氏，而是与黔江毗邻的彭水县人氏，以经商发家，黄溪相较黔江来说，处于黔江的极偏远地带的山区，生产生活条件极其恶劣，在中华人民共和国成立前可以说是民不聊生，为黔江最贫穷的乡镇之一。作为地方的一代富豪张合卿在建设大豪宅地址的选择上没有选在经济相对繁华的黔江县城或彭水县城中，是因为它看中了处在大山之中黄溪的优美生态环境，追求一种与世隔绝的原始自然意境的生活状态和条件。从另一角度讲，这种远离当时黔江地方政府的凡尘生活环境，地方政府也往往鞭长莫及，在无地方政府干扰和干扰较少的情况下，他又易在黄溪形成独霸一方的地方势力。张氏民居四周森林密布，大山环抱，其所在的黄溪集镇处在四周大山围成的一个盆地中，张氏民居位于国芝岩山山脚，面临黄溪河，溪水长流，它的背面松竹环抱。茂林修竹、依山傍水的优美自然生态环境是张氏民居的一大自然特色。据说国芝岩山上的松树是房屋主人张合卿从远在安徽的黄山带回的迎客松。这些情况均说明张氏民居建设的巨大投入和房屋主人对优美的原始自然环境的思想追求。从空中向下看，张氏民居为绵延大山之中和黄溪集镇的一个耀眼的明珠，犹如远离人世的世外桃源。追求所谓天人合一的自然和生活境界，这种物与人、物与景、人与景的相互融合、相互映衬的美轮美奂住宅环境和意境可以说正是张氏民居原主人的思想追求和生活方式的选择。恰如古代高士隐居深山的文化思想和生活方式的追求和选择一致无异，仅从这点看，张合卿更像一个古代高士中的文化人而并非商人，对这种原始自然优美环境的追求再现了张合卿的审美文化和思想特点以及内心追求。他既有超脱凡世的一面，又有掌控一方凡尘世事的思想寄托，通过二者的思想碰撞和结合达成了选定黄溪这一穷乡僻壤之地建设张氏豪宅。但笔者认为，黄溪的这种极富原始自然特色的生态环境才是张合卿择其建豪宅的最为重要的动因。这种思想文化不仅体现在地址的选择上，也体现在设计和建造工程中。如在影响建筑风格和形象的重要建筑物分量的五个天井的设计和安排就是把物和人融入自然的思想文化的体现和载体。

（3）精湛的工艺彰显了渝东南少数民族高超的营建技艺和建筑文化的特色。

我们知道，一座高水准、高质量的历史建筑除有着高水平的设计外，更离不开高超的建造工艺和建造能力，张氏民居就是这样一个有着高水平的历史建筑，它呈现出了黔江本土匠人高超建造的水准和能力。张氏民居作为极富代表性和典型性的木结构建筑，首先全用木结构之间全榫卯构造穿扣而成，不用一铁钉和铁铆，至今已越百余年而极少损脱之处，一方面足见当时在选材上的讲究，另一方面可见当时匠人的高超工艺与制作的水平和能力。尤其是这种有着二三层楼的建筑，榫卯制作是一个复杂的系统工程，也是一个最不易掌控的难点之一，稍有不慎，就材毁房倒。从建筑呈现出来的规范化特点可以看出工匠的娴熟技艺和严谨的态度。在房与房、角与角、柱与柱、梁与梁、板与板、枋与枋、檩与檩、椽与椽之间衔接处理得十分完美规整，远远高出一般民居建筑质量，表现出当时黔江匠人的木工工艺的最高水平和能力。再从地角石、后堡坎、天井四周的条石看，每处均制作、打磨得十分精细，其表打制为细纹面，呈现出来的精细制作质量给人一种规范化、条理化和明细化的感觉和享受。这种精细化的制作不仅局限在这两方面,更是体现在建筑的其他各个环节和过程，如正厅的六合门体，门缝衔接得十分吻合，上部分雕门花，下部分门板打磨得十分平整，各个细节和环节处理得是那样精细。如前厅和正厅、厢房的标准化、门楼的气派性、碉楼的实用化、地下室枪孔的功能性、围墙的封闭性、马厩的牢固性等这些均呈现出质朴、精致、细腻之美感，这些正说明了匠人精益求精的思想态度和求真务实的精神状态，打造出了黔江和黄溪历史上这一标志性的宏伟建筑。也再现了渝东南地区匠人在木结构建筑建造上积累的丰富经验和高水平的建造能力以及工艺特色。

（4）严谨的空间布局反映了它的功能性文化和时代文化特色。

张氏民居各单个建筑物、构筑物之间以及它们与整个建筑物的既相应相和又互为映衬和充补，即呈现出各种文化元素和色彩浑然一体，又有其鲜明的个性化特征，也就是说在大的基调和目标统一的基础上求得最大的异化性和风格特色。再现张氏民居文化内涵巨大包容性的一大特征。把物与物，景与物，景与景，人与物，人与景，人与人的关系处理得契合、井然、完整。把单基色调与整体色彩的照应和衬托的原理运用得十分巧然出色和臻化娴润。把空间布局严谨而不呆板，灵活的处理手法推向一个新的境界和高度。在布局上，设计者考虑了各单个建筑的功能特点和整个建筑体系与人的关系，同时也考虑到了各单个建筑风貌、风格特征与整个建筑协调统筹，即十分注重整体与局部变化之间的人文环境的科学性与艺术文化美感的结合。首先从主人及其家人的卧室房间分布看，主人张合卿及其家人均居住于正厅，张合卿卧室位于正厅左次间，与右次间大儿子张宪尧卧室均位于堂屋两边之内侧，而二儿子张宪模卧室位于张宪尧卧室的外侧，并且房间面积相对较小来看，表现出这样的安排反映了长幼、尊卑有序的时代家庭文化内涵，大儿子张宪尧在家中更受器重，地位要高于他兄弟张宪模，说明张合卿的家庭与中国当时许多富商一样，重视嫡长子的培养和教育，他们也往往成为家庭或家族事业的接掌者，也佐证了土家族的民族文化与地域文化除有着自己的特点和色彩外，其大方向是遵循汉族文化礼节和汉族伦理规范的事实。再从前厅的使用情况看，其中左内侧一间为张家裁缝的房间，右内侧一间为存放东西的杂房，左右中间、外侧4间为多人居住的家仆和长年的房间，其中左侧稍间为管家邓吉权的房间，右侧稍间为管家安正刚的房间。从这里可知邓吉权、安正刚二管家作为张家对内外日常事务的处理者和管理者，其住宅处于前厅正面左右侧的位置反映出了他们占据事前主动接访和出面处理日常事务的地位和作用。从他们的房间比其他下人的房间大许多的这点看。也进一步说明他们在张家所处的重要和特殊的地位和作用的事实。再从作为保丁住宅的厢房与地下室直接相通这点看，可说明它便于保丁实施轮流看守张氏民宅这一点职责，其原因是它可便捷保丁在地下室通过枪孔对来犯之敌的瞭望和射击，同时也利于实现对地下室水牢中人的看守。地下室建于左右厢房之下的布局安排是由它们各自承担的功能性和性质特点所决定的。处于主体建筑四角外的碉楼也同样取决于建筑物自身承担防守的功能性质。地下室对来犯之敌的防范仅能实现对正前方一个方向，显得防范十分单薄，碉楼的设立是为了防范来自主体建筑四周各个方位的来犯之敌。从整体上起到了防御的功能和作用。这样局布有利于碉楼之间相互呼应，在张氏民居单体建筑物中有着防御功能的还有内、外围墙，内外围墙的设立，一方面把张氏民居的主体建筑封闭在一个具有相对独立结构的建筑系统之内，反映了当时我国传统豪宅建筑封闭式的文化特点的共性基因和元素因子。天井、水井、后花园、马厩、门楼、石拱桥等的设立和布局均由各自功能性文化和建筑特色所决定和形成。天井的设立为了采光和融入自然带来的一种恬静、豁然开朗感受的需要。水井是为了提供张氏民居居住人员生活用水的需求，同时它也是张氏民居利用自然、崇尚自然的一大体现。后花园是休闲逸步的重要场所。马厩是喂马、养马的重要场地，它也进一步反映出了张氏民居原主人出门在外的交通工具。门楼是为了人员进出和装裱主人家势的身份、地位、气势的建筑物。石拱桥是把黄溪集镇与张氏民居连接起来，为进出张氏民居的必要通道。总之，这些建筑物的设立和建设及布局是由它们的各自功能文化自身的特色所形成。表现出了张氏民居作为当时的一个豪宅来说，功能的设施和建筑物十分齐全、完整。我们又从这些功能性建筑物的设立和利用情况来看，如碉楼、绣楼为时代文化下的产物，保丁居住的厢房和家兵居住的二楼则是时代条件和社会环境所赋给予它的特殊功能和作用。特别是具有防御功能的建筑物和构筑物的设立和存在证实武陵山区的渝东南地区匪患猖獗，盗贼横行，社会治安环境极差的时代社会现实。家兵、保丁、私设牢房、枪支的存在又说明当时黔江地方社会管理的混乱局面。这些均是特殊时代社会文化下的产物和象征之一。由此可窥见了那一时代社会文化的一个方面的侧影和现象。因此，张氏民居是一个掺杂了时代文化条件下的许多基因、元素和符号的熔炉和象征。

（5）建筑构件的细节，反映了它的地域文化和民族文化的融合特色。

张氏民居作为地方文化和民族文化融合的代表和经典之作，首先表现在整个形制、构造和材料三个方面。从形制上看，所采取的复四合院布局形式上看，它与黔江本地和世居的土家族的豪宅建筑有着一致性，即均与四角天井作为主轴，它与当地一般豪宅在天井数量和布局的最大区别是：普通豪宅仅有 1~2 个天井，布局相对较简单。而张氏民居在布局和结构上相对较繁复重叠。既大院中套小院，又院与院相连、房与房相接、门与门相应，柱与柱相衬，板与板相用，但它们均以地方豪宅的四合院构成要素作为基础单元。是吸收了和继承了地方豪宅建筑的基本元素和符号的产物，是地方建筑文化基础上经再创造后提炼和升华的产物。从构造上看，其地下室分设在左右厢房的前底部，它即是黔江土家族建筑物吊脚楼，这种封闭式的吊脚楼与一般三面敞开形式的吊脚楼的不同之处，在于用夯土把外侧三面封闭成地下室，在外侧夯土墙上设有多个用于射击的枪孔。其中右侧地下室设有水牢，这类吊脚楼和地下室的别样形式是民族建筑和地方实用建筑元素运用的特殊类型，反映了民族建筑符号和特殊功能利用的灵活结合，是地方文化与民族特色两种文化融合的载体。从材料上看，张氏民居由木、石、土、瓦构成。这点也可看出它与本地民族建筑所使用材料上的一致性和共同性。以木为主材料，兼以石、土、瓦。建筑的板壁、柱、枋、椽、梁等用木材料，基础、天井、堡坎、院坝用石，碉楼的墙体和内外围墙用夯土筑成，屋面用青瓦。这些材料与渝东南地区土家族在建筑上使用位置的分布和用途有相同性，其缘由是黔江地处武陵山区，森林覆盖率高，木材丰富，石、土、瓦的使用则是取决于建筑物的特性需要。张氏民居与本地其他建筑的这些共性特征和元素则说明它的基本建造思想和原理与渝东南地方乡土建筑和民族建筑具有一致性。它既来源于和反映了本土建筑、民族建筑特色，但又高于一般地方建筑和民族建筑的建造水平和原理，如绣楼的设立和安排，位于左厢房明间绣房之上的三楼绣亭，从这个第三层唯一的建筑物向外远望，一片山野风光和黄溪集镇尽收眼底，这里作为原房屋主人女儿张恒茂卧室和做针绣活及玩耍之地的绣楼格局可看出这里所花的财力之大，在建筑层次设计上远高于黔江当地一般豪建筑，它也印证了土家族富家女性在出嫁前日常也是以女工度日的传统习俗，也再一次说明黔江的少数民族和地方文化与汉族在这点上的共性和相通的地方。亦可见儒家的思想文化同样深刻影响着黔江这一少数民族地区，说明这是渝东南地区民族思想和文化发展的特性和结果。在建筑风格上，张氏民居同时也反映了武陵山土家族民居隽秀、幽雅、古朴的建筑风格和特色及其与其他地区的差异性。它既为区域建筑文化的象征，又是地方文化和民族文化元素的内涵高度提炼后再创造的物质载体，为一个融民族建筑艺术、民族建筑科学和民族建筑风格于一体的优秀建筑作品，同时也是地方文化、地方特色、地方风格的建筑佳作，为贯穿和融合了地方和民族多类复杂因素的组合体和精华。特别是把土家族追求的人和自然、物与自然融为一体的原始审美观念和审美思想的运用达到超凡脱俗的境界，让人们能通过它感受到地方建筑文化美和民族建筑文化美的双重效应。它既有画一般的质感美，又具有音乐一般的节奏美，诗词一般的韵律美。可将多种美的形式深深植入人的感悟和思想状态之中。张氏民居在这一特殊的地理环境下结合、融洽得是那么完美和动人，这些美的形式均可在地方文化和民族文化中找到原型、源流和基因。在规范中求奇、求新、求变化、求美，在险峻中求严谨、求规范、求方圆、求端庄。总之，张氏民居把地方文化与民族文化基因和元素的融合推向了一个新的高度和新的境界。

（6）装饰的风格特征，反映了渝东南地区雕刻艺术的特色和高超水平。

张氏民居的雕刻艺术和文化是建筑的一大亮点和特色。它主要包括以下几方面，其一是精妙绝伦的柱础石雕。在前厅正外侧有一段长 22.4 米，宽 1.6 米供行人通过和玩耍的廊道，廊道的外侧立柱下有四个雕工十分精湛的硕大石狮石象柱础，四个柱础为一对雕刻的石狮（一雄一雌）与一对石雕白象（一雄一雌），规格为 73×76×110 cm，它们由黔江本土匠人卓国福、卓国友、卓国兴、卓国欢兄弟四人经六年雕刻而成，充分说明这四个石雕柱础工程之巨大，用工之浩繁，耗时之久，为卓氏兄弟石工雕刻的代表作。这四个柱础内涵丰富、艺术构思新颖、造型组合别致、工艺技术精深、布局设计合理、审美意识独到。雕刻除主要的狮象外，还雕有双龙戏珠、双牛性春、山羊上树、猴捅马蜂窝、野鹿衔香草、驯狮人、驯象人、麒麟、兽面纹、荷叶、牡丹折技、水仙花、菊花、卷草、万字纹和杂宝纹等，它蕴含着丰富的民俗文化和地域文化特点，折射出民族心理、社会道德、建筑理念和艺术追求的时代风貌，堪称我国石雕艺术的精品。1988 年，曾将张氏民居四个柱础石狮、石象照片送阿尔及利亚展出，受到好评。1993 年，北京的有关专家在考察张氏民居柱础的石雕工艺之后，赞不绝口，认为具有较高的收藏价值、鉴赏价值和开发价值，可与北京故宫石雕艺术作品媲美。每当步入张氏民居门楼，四个硕大的柱础跃入眼帘，给人以强烈的视觉冲击力，使人不得不为此艺术造型和工艺所折服和震撼。它能给人以无限的遐想和瑰丽新奇的印象，它把整个张氏民居建筑的艺术形象和文化力度推向一个高潮。其二是雕工精细的花窗和内宅门，张氏民居原所有房间均设花窗，现仅少量花窗保存完整。特别是至今保存完好的前厅两间客房门框上的雕刻装饰图案与房间的花窗遥相辉映，相映成趣，别具风格，这些花窗和门的装饰艺术是张氏民居的一大特色，花窗和门的雕刻有动物题材图案。如犀牛望月、野鹿衔花、仙猴吃桃、双狮戏球、蝙蝠、松鼠、蝴蝶、游鱼等；有蔬菜水果类图案，如白菜、辣椒、石榴、寿桃、葡萄；有花草树木类图案，如牡丹、梅花、松树纹，雕刻工艺老道精细，题材丰富，生动形象，成为张氏民居一大亮点，也是张氏民居建筑艺术形象精华之一。其三是雕工相对粗犷的门楼。门楼粗犷的工艺和装饰显现了土家族大户人家住宅气势宏伟的风格和面貌。正前方门额雕有 18 个戏剧人物，门额底内侧雕有两凤凰装饰，青瓦门顶，门两侧由石柱和夯土砌成，门柱刻花草纹、兽面纹、万字纹等。从雕刻技法上看，采用的有圆雕、镂雕、阴雕、线雕、浮雕等多种技法，这些均反映黔江工匠的高超雕刻技法和多样的风格，亦可窥见黔江土家人木工雕刻和石工雕刻文化的强大实力和风格面貌特色。

（7）三大未解之谜，反映了它的神秘文化和极具科学性的文化特色。

张氏民居至今有三大谜团，有待后来者解谜，首先是地下排水系统之谜。张民居的地下排水设施设计十分巧妙，在前厅、门楼、围墙之间围成的院坝及五个天井地面上看不见任何排水道和地漏，但在大雨、暴雨天地表从不积水的现象，成为张氏民居的一个谜团。其中处于地下的排水系统是怎样设计而达到排水功能的效果，其排水构造有待后来者探索解谜。总之，排水系统的设计是十分具有科学性和隐蔽性的文化特点，见证了黔江人民的聪明才智和科学素养。其次是左侧水井的水位之谜。左侧水井处于紧邻主体建筑正厅后檐沟的外侧，左侧水井处于后厅的厨房附近，水井长 1.6 米、宽 1.3 米，深 2.3 米，水深 2 米，这个水井一年四季无论什么天气水位不变，成为张氏民居的又一大谜团，现这一水井还在使用中，证实了张居民居利用自然、崇尚自然，在地理选择上因地制宜的民族文化特征。再次是一石板上的图案和用途之谜，在正厅与右厢房围成的前天井内平铺着有一块长 1.5 米，宽 1 米，厚 0.25 米的长方体石块，石块上各个面打磨得十平整和光润，在其正面中间有一打磨得十分规整的浅圆凹槽，凹槽边缘向石块的四角雕有四条斜线，至今这块石上的图案以及块石用途无人能解答，成为张氏民居一大之谜。总之，张氏民居这三大谜充满着神秘色彩、文化和科学内容，也成为张氏民居巨大魅力文化内容之一。

三、价　值

1. 张氏民居具有很高的文物价值和研究价值

张氏民居作为黔江区境内一重点市级文物保护单位，距今已越百余年，它的建造年代正处于清末民初的交替之际，它作为渝东南和武陵山地区的典型和代表性建筑来说，它的设计、建造水平和风格及特色必然受那一特殊时代的政治、经济、社会、文化、民俗、民风和民情影响，反过来说，它同时也是彰显、反映和体现了这些内容。张氏民居作为历史遗产中的一朵奇葩和现象，它承载和蕴藏着丰富的历史文化信息和内容，是我们文物工作者研究的一个重要内容和对象，通过研究揭示、挖掘、透析出张氏民居的文化内涵和历史信息以及它们与建筑的因果和衔接关系。在研究工作中，必然分析、剖解、解析出张氏民居丰富历史内涵和信息，进一步展现出它的很高历史价值所在之处和内容。张氏民居的艺术价值主要表现在整体的布局和柱础、窗花、门花的雕刻等方面，建筑布局设计和装饰风格的点缀呈现出张氏民居质朴中透出的华丽，庄端中透出灵秀，规整中透出变化的艺术形象，尤其是精美的石雕、木雕展现了黔江工艺发展水平和质量，代表着渝东南地区那一时期的最高水平和水准，是研究黔江区乃至重庆的雕刻工艺发展的重要的和不可或缺的材料和对象。张氏民居的科学价值则主要表现为设计的原理和思想、建造工艺的处理、隐蔽性的排水系统以及结构的变化等方面，从科学研究的角度讲，通过对它们的考证、探索和分析可掌握、了解渝东南地区传统木结构的设计和建造的科学信息和工艺技术，对当今的类似建筑工程建设有着重要参考价值，同时它也是我们进一步认识清末民初建筑科学技术内容和水平的代表性作品之一。张氏民居作为具有很高的历史、艺术、科学等文物价值的一大宝库，我们应倍加珍惜它和保护它，让它在新的历史时期发挥独特的更大的有益的功效和作用。

2. 张氏民居有着很高的社会价值和开发价值

张氏民居作为黔江和渝东南地区近现代的历史标志性建筑，久负盛名，在社会各阶层具有一定知名度，特别是 2010 年元旦之夜两石象柱础被盗和追回

后，中央电视台和许多省市级地方电视台及其他媒体相继作了不同程度的专题
报道，张氏民居更名声大振。同时，它作为一个规模宏大、功能设计齐全、保
存相对完整、充满神秘色彩、木石雕工艺十分精湛、古色古香的文物建筑体系
来，是人们休闲度假游玩和观赏的重要人文景观，通过对它的打造，可增强黔
江和黄溪的社会知名度效应，塑造良好的地方形象和崭新的开放的社会面貌及
生态环境，为黔江和黄溪镇的经济发展和旅游开发服务，它在给人们提供美的
享受和感知的过程中，对提升人们的历史知识和民族文化知识有着潜移默化的
独特作用。在具体措施上，一方面它可与在同一公路线上的石会镇的区保单位
香山寺、斜岩寺、天子殿、真武观遗址、黑溪镇的区保单位土城汉墓、砖堡汉
墓、白石乡的区保单位柏荫桥、罗氏民宅、法隆寺遗址打造一条文物古迹游览
线；同时也可与石会镇的武陵山风景区和黄溪镇的黄后寨原始森林旅游开发结
合起来，打造一条融自然风景和人文景观为一体的旅游线路和旅游区。另一方
面可与中塘乡的区保单位黄丁山烈士墓、小南海镇的小南海风景区、小南海土
家族生态博物馆、黎水镇的区保单位黎大乡女子职业学校校址（现正在申报市
级文保单位）打造出又一条融自然风景与人文景观为一体的游览线路（在一条
公路线上）。因此，张氏民居有着很高的社会价值和开发价值。

　　3. 张氏民居有着很高的人文价值和民族价值

　　张氏民居从选址、设计和营造开始就赋予它丰富的人文理念和人文思想。
在选址上，张氏民居成功地契合地把建筑融入大自然和周围生态环境，成为天
地之间美景中的一大富有生机的点缀和耀眼之灵气所在，这种物与环境的关系，
其本质体现的是人与环境和自然融合的关系，把作为主色调的大自然与人创造
和生活起着点睛作用的物质文化相应相衬，赋予了自然一种新的灵气和生机。
另一方面也衬托出了人的灵感和超凡脱俗的自然美景。在设计上，张氏民居采
取了以朴实、隽永、幽雅为主的外观形象和风貌，把人赋予建筑的风格与飘逸、
幽静自然环境巧妙结合成一体，从主体建筑使用安排来说，它体现出了人与人、
人与物的关系特性，在房间的使用安排上体现出了人员组成和身份及地位，体
现出那一时代的人文思想和人文理念。一个具有层次和阶层分明的社会情况和
现象一一展现在世人面前。在营造上，地下室、碉楼、马厩相对较粗犷，主人
及其家人的房间相对宽大、精致，这是由于使用人的身份不同而呈现出的差异，
从这点看，同样展现出人与人之间的社会文化和关系。因此，张氏民居深刻反
映着时代的人文思想和价值理念。

　　张氏民居作为黔江和渝东南地区民族建筑的瑰宝之一，是我们研究民族建

筑文化、民族风俗文化、民族思想文化、民族历史文化、民族制度文化、民族发展文化、民族社会文化、民族经济的一个重要材料和实物。同时，现又被黔江这一少数民族地区保护和利用，为民族经济和社会发展提供动力和服务。因此，张氏民居具有很高的民族价值。

综上所述。张氏民居是黔江人民的巨大智慧、聪明才智和创造力的结晶。它的选址、设计和建造蕴含着丰富的时代地方文化和民族文化特色，作为具有特色、典型性和代表性的建筑来说，我们应倍加珍惜、保护，并利用这一宝贵的文化遗产，这也是国家、政府和文物部门及人民群众的重要职责和义务。

深山明珠：彰显地域文化和民族特色的黔江张氏民居

【摘　要】近现代建筑黔江张氏民居作为重庆市级文物保护单位，规模宏大，承载着丰富的地方文化和民族文化元素、色彩和基因。它是当时渝东南地区各区县建筑建造技术最高水准的代表和典范。作者通过对它的介绍和分析，深入了解它的基本情况及其内涵意义。

【关键词】地域；民族；文化；黔江；张氏民居

　　张氏民居位于重庆市黔江区黄溪镇黄桥居委南 300 米处，始建于 1911 年，因原主人姓张而得名，坐东北向西南，占地 5 000 多平方米，建筑面积 3 417 平方米，有房屋 108 间，由于规模宏大、建筑特色十分突出，文化内涵丰富，是渝东南地区近现代建筑的典型代表和武陵山区的精品之佳作，成为身处大山环抱之中文化遗产之耀眼明珠，2009 年 12 月，重庆市政府公布为市级文物保护单位。

　　张氏民居（图一）的设计以追求功能性、艺术性、民俗性和科学性四者见长，注重时空的变化和转换，人与环境的和谐和自然结合，物与物之间相互统筹和协调共生，景与物、物与人之间的调和衬映和利用关系，形成了一套有着原始审美意境、地域文化鲜明、民族特色浓郁、主次层次分明的建筑体系。建筑由前厅、正厅、左右厢房、地下室、水牢、绣楼、碉楼、门楼、马厩、阶梯踏道、后花园、内外围墙、天井、水井、石拱桥、厕所等组成，呈复四合院布局，两楼一底木结构单檐悬山式屋顶，穿逗式梁架，青瓦盖顶（图二），前左右厢房配以当地土家族建筑的构筑物吊脚楼，主体建筑以 5 个小天井为组合要素，把整个院落分隔成 5 个小四合院。从空中向下看屋面，整个屋盖呈双"喜"字形，这点可看出民俗吉祥文化色彩突出。再从张氏民居主体建筑布局来看，房屋大致呈中轴线左右对称分布，它对当地区域性传统建筑的木结构、房屋梁架类型、屋顶形式、四合院等元素的运用在彰显地域文化的过程中进行了升华和提高，表现出设计者非同凡想的设计理念。整个建筑布局井然，结构紧凑，各构成部分设计均十分考究，使建筑体的特色达到和谐自然的结合，其中所呈现的严谨风格风貌和整体布局说明设计者有一个长时期的思考积淀，并作过详细的环境考察，同时自身有着良好的建筑创作基础，使整个建筑设计和处理未发现随意之处。

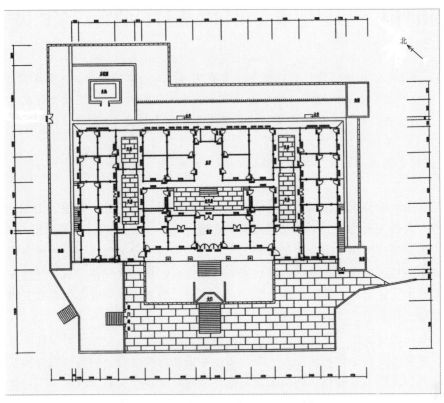

图一　张氏民居主体建筑底楼平面分布图

图二　张氏民居的屋面

前厅为主体建筑前端部分。5 柱 5 穿，面阔 7 间 31 米，进深 7.5 米，通高 2 楼 7.5 米。除底楼明间外，各房间均开有花窗，底楼中间的明间设有六合开的正大门，屋正壁上设神龛，供奉祖先神灵牌位。三合土地面，左右两端外侧次间 1 为就餐用的安席房，内侧次间 1 为客房；两端次间 2 的内、中、外两侧为 6 间，其中左内侧一间为张家裁缝的房间，右内侧一间为存放东西的杂房，左右中间、外侧 4 间为多人居住的家仆和长年的房间，其中左侧稍间为管家邓吉权的房间，右侧稍间为管家安正刚的房间。前厅的所有次间和稍间地面均为木地板，这是建造者考虑了保持房间干燥、干净和美观的功效之用。这些房间的安排既体现了各自特点，又表现出居住人的地位和主次关系。如管家房间比其他家仆和长年住居的房间大，并且家仆和长年为多人居住一个间，管家为 1 人居住 1 间，在前厅正外侧有一段长 22.4 米、宽 1.6 米供行人通过和玩耍的廊道，廊道（图三）的外侧立柱下有四个雕工十分精湛的硕大石狮石象柱础（图四），四个柱础为一对雕刻的石狮（一雄一雌）与一对石雕白象（一雄一雌），规格为 73 cm×76 cm×110 cm，它们由黔江本土匠人卓国福、卓国友、卓国兴、卓国欢兄弟四人经六年雕刻而成，这充分说明这四个石雕柱础工程之巨大，用工之浩繁、耗时之久。这四个柱础内涵丰富、艺术构思新颖、造型组合别致、工艺技术精深、布局设计合理、审美意识独到。雕刻除主要的狮象外，还雕有双龙戏珠、双牛性春、山羊上树、猴捅马蜂窝、野鹿衔香草、驯狮人、驯象人、麒麟、兽面纹、荷叶、牡丹折技、水仙花、菊花、卷草、万字纹和杂宝年等动植物，它蕴含着丰富的民俗文化和地域文化特点，折射出民族心理、社会道德、建筑理念和艺术追求的时代风貌，堪称我国石雕艺术的精品。1988 年，曾将张氏民居四个柱础石狮、石象照片送阿尔及利亚展出，受到好评。1993 年，北京的有关专家在考察张氏民居柱础的石雕工艺之后，赞不绝口，认为其具有较高的收藏价值、鉴赏价值和开发价值，可与北京故宫石雕艺术作品媲美。每当步入张氏民居门楼时，四个硕大的柱础跃入眼帘，给人以强烈的视觉冲击力，使人不得不为此艺术造型和工艺所折服和震撼。它能给人以无限的遐想和瑰丽新奇的印象，它把整个张氏民居建筑的艺术形象和文化力度推向一个高潮。

图三　前厅廊道

图四　石象

正厅是整个院落的核心部分，与前厅中间面阔 5 间的两端相对应，处于前厅的后侧，7 柱 6 穿，面阔 5 间 22.4 米，进深 6 间 8.4 米，通高 2 楼 7.5 米。明间为堂屋，作为接待等客人和商议重要家庭事项活动的重要场所，长 8 米，宽 4.5 米，堂屋西南面未安装板壁，呈敞开格局，与前厅内侧隔天井相望，内侧的左次间为房屋主人张合卿的卧室。外侧的左次间为主人张合卿存放贵重物品之地，左稍间为厨房；右侧的次间和稍间分别为房屋主人的大儿子张宪尧和二儿子张宪模的卧室和存放他们私有之物的房间。房屋主人张合卿卧室左次间与右次间大儿子张宪尧卧室均位于堂屋两边之内侧，而二儿子张宪模卧室位于张宪尧卧室的外侧，并且房间面积相对要小，这样的安排反映了长幼、尊卑有序的文化传统，表明大儿子张宪尧在家中更受器重，地位要高于他兄弟张宪模，说明张合卿的家庭与中国当时许多富商一样，重视嫡长子的培养和教育，他们也往往成为家庭或家族事业的接掌者。这也佐证了土家族的民族文化与地域文化除有着自己的特点和色彩外，在大方向是遵循汉族文化礼节和汉族伦理规范的事实。

厢房位于前、正厅的左右两侧，房间大小相对称而设，各侧厢房 5 柱 5 穿，面阔 5 间 21.5 米，进深 2 间 6 米，通高 2 楼 7.3 米，厢房相邻前厅的外稍间长 9.25 米、宽 3 米，其余厢房间大小一致，长 3.06 米、宽 3 米，其中后左侧厢房平行相邻的两间稍间为南方做豆腐和豆花的磨房，其余厢房为保丁房间。保丁是轮流看守、保护建筑和财产及家庭成员的家丁。从这里可以窥见房屋主人张合卿在一定区域内的家族势力和富甲一方的家庭实力，不愧为当时黔江地方势力的典型代表。

二楼为家兵居住所用，除个别房间结构作了小的改动外，其整体布局与底楼大致相似，有房屋 49 间，从这些房间数量可以看出张家的家兵人数众多，且有着不少数量的枪炮，势力强大，这些家兵在家是看守张家的房屋和财产，在外是作恶多端、欺压百姓的打手和追随者。同时也从正反两方面证实当时处于国家大环境下黔江地方政府对社会管理的混乱局面，也从另一角度反映了在一定历史条件下土家族富商文化的一个侧影。

绣楼为房屋主人女儿张恒茂卧室和做针绣活及玩耍之地，设在左厢房明间的二楼的 1 间为绣房，在其三楼上面为绣亭，二楼绣房为卧室，三楼绣亭（图五）即为第三层唯一的建筑物，有木楼梯转角而上，楼阁呈歇山式四角楼亭，长 5.9 米、宽 4.4 米、通高 12.3 米。四角悬廊，栏高 0.8 米，瓜顶柱，廊道宽 0.9 米。水波纹封檐板，无脊饰。从绣楼向外望，居高临下，一片片山野风光和黄溪集镇尽收眼底。这一建筑印证了土家族富家女性在出嫁前日常也是以做女工活度日的传统习俗，也再一次说明黔江的少数民族和地方文化与汉族在这点上的共性和相通的地方，亦可见儒家的思想文化同样深刻影响着黔江这一民族地区。

图五　绣亭

　　碉楼4座，夯土筑成，设于四角。分三层，每层各有两瞭望孔和两射击孔，使整个建筑融防御与居住于一体。前左碉楼长4.2米、宽3.9米、高7米，前右碉楼长4.9米、宽4.4米、高12米，后左碉楼长3.3米、宽2.4米、高4.5米，后左碉楼已毁，遗址长4.9米、宽4.3米。这些碉楼佐证了当时黔江地处武陵山区，匪患猖獗，治安极差，阶级矛盾突出，在中国这个大动荡大环境下地方的一个社会文化现象问题。

　　地下室分设在左右厢房的前底部，紧靠炮楼，呈曲尺形，单室面积40平方米，这也是吊脚楼的组成部分，这种封闭式的吊脚楼与一般三面敞开形式的吊楼的不同之处在于，其用夯土把外侧三面封闭成地下室，在外侧夯土墙上设有多个用于射击的枪孔。其中右侧地下室设有水牢，水牢长4.1米、宽3.2米、深1.4米，这类吊脚楼和地下室的别样形式是民族建筑和实用建筑元素运用的特殊类型，反映了民族建筑符号和特殊功能利用的灵活结合，是两种文化融合的载体。私设牢房的建筑物也再一次佐证了当时黔江社会管理的混乱局面。

　　天井五个，它们犹如用条石合围和铺就而成的一个四方四正的五个水槽，前、正厅合围成的中间内天井（图六）面积最大，处于整个主体建筑的中心和核心位置，长 12.75 米、宽 4.5 米、深 0.5 米，前厅与左右厢房分别合围成大小、规格、形制一致的两个天井（图七），天井长 9 米、宽 2.75 米、深 0.3 米，其余两个天井分别由正厅与左右厢房合围而成，同样大小、规格、形制一致，长 3.25 米、宽 2.75 米、深 0.24 米，处于同一平面的前、正厅与左右厢房围成的 4 个天井，处于两侧的前、后两天井之间有一间房屋隔断，因此 5 个天井均为封闭形式，5 个天井的周围边缘均由巨大的细纹条石砌成，其中最大的条石长 7 米、宽 0.4 米、厚 0.35 米，重达 2.3 吨，在没有任现代机械化工具的条件下，搬运和垒砌如此巨大的条石需要花费相当大的智慧、财力和人力才能完成，这项工程的难度可想而知。天井的池内地面铺就的条石之间接合得几乎没有缝隙，无论天下多大的雨，在不见其排水系统的情况下，天井池内却无积水。此一情况成为黔江张氏民居至今未解的一大谜。天井的设立，把张氏民居内宅与自然界融合在一起，站在天井旁一种恬静、祥和的心境油然而生，犹如人在美景画中一般，给人一种自然、物和人三者达到了完美结合的理想状态，这也反映出当时黔江上流社会所追求的生活环境和生活态度。

图六　中间内天井

图七　左前天井

　　张氏民居原所有房间均设花窗，现仅少量花窗保存完整。特别是至今保存完好的前厅两间客房门框上的雕刻装饰图案与房间的花窗遥相辉映（图八、九），相映成趣，别具风格。这些花窗和门的装饰艺术是张氏民居的一大特色，花窗和门的雕刻有动物题材图案，如犀牛望月、野鹿衔花、仙猴吃桃、双狮戏球、蝙蝠、松鼠、蝴蝶、游鱼等；有蔬菜水果类图案，如白菜、辣椒、石榴、寿桃、葡萄；有花草树木类图案，如牡丹、梅花、松树纹。这些图案雕刻工艺老道精细，题材丰富，生动形象（图十、十一、十二、十三、十四、十五），成为张氏民居一大亮点，它反映黔江工匠的高超雕刻技法，亦可窥见黔江土家木工雕刻文化的强大实力和风格面貌。

　　后花园位于民居的西北角，呈正方形状，面积104平方米。其内有鱼池一个和数十个雕刻精致的石花钵。花钵上种有各类奇珍异草和花卉，鱼池内置有构成山形的钟乳石，每个花钵上雕有精细的诗词妙句和纹饰，诗词有：竹映幽窗里、风吹影动摇、方名称君子、任意乐逍遥、皓月松间草、冰鸥水上浮、名称大夫志、耐久把寒留等；纹饰有万字纹、卷云纹、卷草纹、翠竹纹、菊花纹、松竹纹、梅花、兰花、飞鸟等，整个后花园给人宁静和奇趣之感，为建筑特色中点缀、耀眼之处，是专供休憩的场所，折射出黔江地方上流社会审美思想的文化情趣和文化特点。

图八　门与窗花图案遥相辉映（一）

图九　门与窗花图案遥相辉映（二）

图十　窗花图案（一）

图十一　窗花图案（二）

图十二　窗花图案（三）

图十三　窗花图案（四）

图十四　窗花图案（五）

图十五　窗花图案（六）

门楼（图十六）位于前厅大门的正前方 10 米处，呈"八"字形，宽 5.6 米，高 6.2 米。庄重、气派、大方，它复杂的工艺和装饰显现了土家族大户人家住宅气势宏伟的风格和面貌。正前方门额雕有 18 个戏剧人物，门额底内侧雕有两凤凰装饰，青瓦门顶，门两侧由石柱和夯土砌成，门柱刻花草纹、兽面纹、万家纹。夯土墙上，两边各设有两个射击孔。与门相连的两侧为夯土围墙。

图十六　门楼

内围墙长 1 400 米、高 2.5 米、厚 0.4 米，条石基础，夯土筑成，青瓦盖顶，与四炮楼、门楼连接呈倒"凸"字形；外围墙建于张氏民居后国子岩山脊之上，现已毁，从残存的垣看，为墙的片石基础，夯土围墙，约 3 000 米。围墙的设立使整个主体建筑处于封闭形式状态之中，这种封闭建筑形式不仅与传统豪宅建筑文化特点具有一致性，同时它也满足防御之需要。

阶梯踏道 4 处，前厅踏道 9 级，朝门外第一踏道 8 级，第二踏道 14 级，第三踏道 16 级，这三部分踏道最宽者 3.4 米，最短者长 2.3 米，其中第二踏道之上的朝门已毁，现仅存两石立柱。从这些缓缓而上的阶梯踏道和残存遗物中，同样可以感受到张氏民居建筑气势宏伟的文化特征和特点，为地方民族基因文化的重要象征之一。

水井3个，处于紧邻主体建筑正厅后檐沟的外侧，左侧水井处于后厅的厨房附近，水井长1.6米、宽1.3米、深2.3米，水深2米，这个水井一年四季无论什么天气水位不变，成为张氏民居的又一大谜团，现在这一水井还在使用中，这再次见证张氏民居建设善于利用自然，也进一步说明张居民居在地理选择上因地制宜的民族文化特征。另两井处于前个水井的右侧，现这个水井已干枯无水。两水井相距大约20米。

马厩4间，位于左侧前后碉楼之间，即左厢房的外侧，共有52平方米，是张氏民居功能的附属建筑物之一，为专供用于饲养马的场地，它再现了黔江富商们日常在外活动的生活方式和交通形式，为当时黔江民族文化和地方文化生活上的又一大特点。

石拱桥位于主体建筑前下方坝子的南面，距主体建筑约30米，为东南西北走向，由石灰岩质条石砌成单孔拱桥，横跨中井河，为当时进入张氏民居的必经之桥梁。桥长17.1米、宽4.6米、高7.5米，跨度8.5米，拱高4.5米。桥面长7.9米，桥面上有宽0.4米、高0.2～0.45米的桥栏。东北面有踏道7级，紧接踏道右转又有8级踏道；西南面有踏道8级，紧接踏道左转又有5级踏道。从桥梁结构、材料及其特点看，它反映了当时黔江作为山区的桥梁建筑文化和风格特点以及科学技术水平。

厕所位于主体建筑北面，紧靠内围墙，板石围砌成池，木结构厕栏，青瓦覆盖，建筑面积84平方米。厕所的建筑形式和风格保持了与整个民居文化风貌的相融性、协调性和一致性。

张民居的地下排水设施设计十分巧妙，在前厅、门楼、围墙之间的院坝及五个天井地面上看不见任何排水道和地漏，但在大雨、暴雨天地表从不积水，这成为张氏民居又一个谜团。其处于地下的排水系统是怎样设计而达到排水的目的，正待后来者探索解谜。总之，张氏民居排水系统的设计是十分具有科学性和隐蔽性的特点，见证了黔江人民的聪明才智和科学素养。

松竹环抱、茂林修竹的优美自然生态环境是张氏民居又一大特点。张氏民居背靠国子岩山，松竹常青，面临中井河，溪水长流，依山傍水，环境建设极富特色。国子岩山上的松树是房屋主人张合卿从安徽黄山带回的迎客松。这些情况均说明张氏民居建设的巨大投入和房屋主人的思想追求。也又一次再现了物与人、物与景、人与景的相互融合、相互映衬。

　　张氏民居建设规模和主人所拥有的众多家丁、家兵，佐证了房屋主人张合卿作为当时黔江第一大商人富甲一方，为当时黔江上流社会的主要成员之一。他所主持修建的张氏民居至今在渝东南地区仍远近闻名。当时落后的黔江山区交通十分不便，经济基础非常薄弱，在绝大多数民众连基本生活中的吃穿都成问题的情况下，张合卿却以雄厚的财力，经多年经营建成了这一功能齐全、独具特色和具有丰厚内涵且科学性的张氏民居建筑，在渝东南各区县之中是独一无二的。它与在生存线上挣扎的人民大众形成了鲜明的对比和反差。张氏民居的设计理念和建造水平代表了黔江当时的最高技术和质量，为一个地区建筑文化、艺术和科学浓缩的载体，彰显着土家族文化和地方文化的特色、风格和风貌。作为极具防御功能和色彩的张氏民居又进一步证实了当时匪盗猖獗的社会现实。再从张合卿众多家兵、家丁在外霸道横行角度看，他欺压一方百姓，自己又何尝不是一个残害一方之人，其势力在当时黔江居首位。至今还流传着他不给为他雕刻前厅廊道石狮、石象柱础的卓国福 卓国友、卓国兴、卓国欢四兄弟工钱，引起卓氏四兄弟不满，便在柱础下方不显眼处雕有双牛性春、山羊上树、猴通马蜂窝三个非吉祥图案，以此诅咒他的故事。这三个图案表现出卓氏兄弟复杂的心理状态和反抗精神，也印证张氏民居是当时黔江首富张合卿与老百姓的压迫与被压迫、剥削与被剥削社会关系的象征，为时代发展环境下和民族内部不均衡矛盾的产物。再从建筑自身看，张氏民居反映了黔江所在的渝东南地区富商奢侈骄逸的生活状态，同时也反映了武陵山土家族民居隽秀、幽雅、古朴的建筑风格和特色。该建筑功能区分合理，布局严谨，规范而变化，不但整体美，而且局部建筑上又有特色，它既为区域建筑文化的象征，又是地方文化和民族文化元素的内涵高度提炼后再创造的物质载体，为一个融民族建筑艺术、民族建筑科学和民族建筑风格于一体的优秀建筑作品。同时也是地方文化、地方特色、地方风格的建筑佳作，为贯穿和融合了地方和民族多类复杂因素的组合体和精华。特别是把土家族追求的人和自然、物与自然融为一体的原始审美观念和审美思想的运用达到超凡脱俗的境界，让人们能通过它感受到地方建筑文化美和民族建筑文化美的双重效应。它既有画一般的质感美，又具有音乐一般的节奏美和诗词一般的韵律美。多种美的形式深深地植入人的感悟和思想状态之中。张氏民居在这一特殊的地理环境下结合得是那么完美和动人，这些美的形式均可在地方文化和民族文化中找到原型、源流和基因。在规范中求奇、求新、求变化、求美，在险峻中求严谨、求规范、求方圆、求端庄。总之，张氏民居把地方文化与民族文化基因和元素的融合推向了一个新的高峰和新的境界。

黔江草圭堂的文化内涵及其价值

【摘　要】位于重庆市黔江区阿蓬江镇大坪村的市级文物保护单位草圭堂，为渝东南地区最具特色和代表性的古建筑之一，其作为国民党抗日将领李春晖故居和承载渝东南地区酉阳冉土司相关的历史建筑，内涵丰富，特点突出。本文从七个方面分析了它在建筑风格、布局、结构、装饰特色、雕刻内容等方面文化内涵、特点和三个方面的文物价值及旅游开发利用价值。

【关键词】黔江；草圭堂；内涵；价值

　　草圭堂，坐落于重庆市黔江区阿蓬江镇大坪村四组，2009 年前，地方文物部门列入一般文物点，后经市上多名专家和学者的考察论证，认为草圭堂具有十分重要的文物价值和研究价值。2009 年 12 月，重庆市人民政府定其为市级文物保护单位之一。笔者就此谈谈草圭堂的历史文化内涵及其价值，以就教于方家。

一、草圭堂的基本情况

　　草圭堂（图一、二）建于清道光末年。坐西向东，占地 3 900 平方米，建筑面积 1 499 平方米，为木石砖混合建筑群，单檐悬山式屋顶，穿逗式梁架，呈四合院布局，青瓦覆盖，主体为木结构，辅以部分砖石墙体，基础和围墙为石质，由前厅、后厅、厢房、院坝、台地、朝门、围墙、地下室、封火墙等组成。其中，前厅总 16 间，总面阔 88 米，进深 7.5 米，通高 5.3 米，分为左、中、右三段，每段由硬山式封火墙隔断；后厅（图三）总 15 间，总面阔 86 米，进深 11 米，通高 5.5 米，与前厅一样分为左、中、右三段，也由硬山式封火墙隔断。前厅的厢房 8 间，后厅的右侧厢房 4 间，左侧厢房已毁。院坝两个。朝门（图四）一个，位于前厅的院坝右侧，长 4.8 米，宽 5 米，高 4 米，呈"八"字形，门外有石阶踏道 12 级，门顶用青瓦覆盖，可防日晒雨淋。地下室 2 处，一处为前厅左段和厢房地下，共 5 间，共 400 平方米；另一处地下室为后厅厢

房地底下，有 2 间，共 70 平方米。围墙位于后厅背面，弧长约 500 米。封火墙
4 面，占地 360 平方米。该建筑也是国民党抗日将领李春晖的故居，2009 年 12
月，重庆市人民政府定其为第二批市级文物保护单位。

图一　草圭堂全景

图二　草圭堂柱础

图三　草圭堂后厅

图四　草圭堂朝门

二、草圭堂的文化内涵

（1）建筑风格独特，反映了既封闭又开放的文化特点。

草圭堂既有着中国古代家庭豪宅建筑的传统封闭性特征，同时又兼有开放性的特点。其封闭性表现为：前厅、后厅与左右厢房围成一个巨大的天井，面积 1035 平方米，这从某种角度说，也可以叫院坝，因为天井比前厅高 1.8 米，仅与前厅后檐相连，与其板壁相距 30 厘米，因此，前厅、后厅及后厅的左右厢房，形成了一个并不标准的四合院，具有封闭性。其开放性表现为：前厅及前厅的左右厢房，形成又一个院坝，造成一个对外敞开的格局，在院坝中，一片田园风光尽收眼底。这种独特风格的形成，是由地势、财力和审美观等多种原因造成的。首先，在地势上，草圭堂处于深基坪山坡的山脚，这里地势不平坦，分为几大块台地，因此主人也就依势而建。其次，在财力上，这么大的建筑体系，在当时肯定花钱不少，虽说主人财力雄厚，但也不是取之不尽、用之不竭的，需要计算经济成本，必然受到财力的影响，所以，主人并没将几块台地削平为同一个平面，再建房，这也是主人为了节约钱财。再次，与主人审美观有关，任何建筑风格会不自觉地受主人个人审美观和喜好的影响，因为在同一个地方修建豪宅，往往有多种风格可供选用，但建设者只能按主人的审美思想和意图进行设计，更有主人还直接参加这些工作，因此，主人的审美观对建筑风格的形成有着很大影响。这种建筑风格在我国古代历史上十分少见，它充实了我国古建筑风格的类型，十分值得文物部门和文物工作者保护和研究。

（2）布局严谨，结构合理，反映了它极具科学性的文化特点。

草圭堂与我国古代其他建筑一样，呈中轴线对称分布，其布局既沿袭了古建筑的一些特点，又有所突破。在结构上错落有致，合理且科学，规整而不死板，极富变化。各个部分会给人以不同的感受，但又浑然一体，在变化中求得统一。在前厅、后厅、厢房、院坝、门楼之间分布恰当：前厅作为子女的住所和接待客人的场所，后厅作为男女主人休息、供奉祖先和安眠之地，厢房作为客人休息和安眠的地方，门楼作为进出的必经之道，各自发挥着不同功能，给人一种有条不紊、明朗清晰的感觉。同时，也反映出在当时社会制度下，他们各自在家庭中的地位和与主人的关系。从建筑各自的功能和特点看，这种布局又有科学性的特点，既合理利用了空间，又注重时空的变换，为整个建筑体系起到了勾画轮廓的作用，因此，它具有科学性的文化特点。

（3）装饰独具特色，充分反映出时代的文化特点。

草圭堂的装饰主要有三个方面。① 封火墙的装饰。前、后厅匀分为左、中、右三段，每段之间用硬山式封火墙隔断，总共有 4 面封火墙，并随屋顶倾斜度的升高而升高，且比屋顶高出一米以上，分为几个不同阶梯，每一阶梯有一翘，上方边缘画有清代瓷器上相类似的常用波浪纹和卷草纹等图案。在阶沿处，每面封火墙开有一门，供行人通过，在门旁刻有花鸟禽兽等图案，有的颜色还未脱落，构图生动形象，分别具有不同的寓意。这四面封火墙是极具特色的部分，它不但具有防止火灾的功能，还有很好的装饰作用，起到画龙点睛的效果，一种原始的古朴风格陡然而生；② 三合土的装饰。在后厅右段的正厅地面，三合土地面见有残缺不全的卷草纹，这种卷草纹与清代瓷器上装饰的卷草纹风格基本一致，这种借鉴瓷器上的装饰用于地面是极为少见的，这一点对研究我们古代建筑地面装饰具有极为重要的作用。经推测，前后厅的所有房间都装饰有这种类似的三合土，只不过由于使用时间长久而大部分已遭到破坏，因此三合土上的装饰是一个新的文化特点。③ 神龛上的装饰。在后厅右段正房内设有一神龛，作为供奉祖先神灵的牌位，龛上方书"明德维馨""陇西堂"两排字，龛下方左右两侧，刻有"能人辈出尽绿时势造英雄由武德唐宗""瓜口云乃敢轻矩口箕裘徒艳庚同老子"两行字，在字两侧内雕有马、鹤、麒麟、鹿、卷草、祥云等图案，主次纹搭配恰当，结构紧密而精美，反映了清代雕刻的特点。这三部分的装饰自成一体，各具特色，在建筑不同部位起到不同的效果和作用，使得整个建筑看起来文化积淀厚重，反映出清代装饰风格在建筑上运用的时代特点。

（4）雕刻内容反映出民俗文化特征。

草圭堂的雕刻主要有两个方面，一是窗子（图五）的雕刻。前、后厅和厢房都设有前后窗子，多数窗饰已毁，但还保留有少部分完整的窗子，现保存完好的有卷草纹、小方格纹、几何纹、万字纹、寿字纹、蝙蝠纹等图案，种类繁多，雕工细腻精湛，构图奇妙，堪称一绝，这些装饰都取自于民俗题材，具有很强的民间色彩。二是柱础的雕刻。经统计，整个建筑的柱础有40余个，分布于前后两厅，比较有特点的是在前厅正房内的柱础11个，大小相同，尺寸为36 cm×37 cm×30 cm，其中，方形抱鼓式柱础2个，普通抱鼓式柱础7个，莲花瓣抱鼓式柱础2个，其他柱础雕有不同纹饰，或是人物故事，或是动植物，或是吉祥图案等。做到了精雕细琢，形态多样，内容丰富。这些题材充分反映出民族生活习俗与文化的社会特征。

图五　草圭堂窗花

（5）草圭堂环境幽静，反映出了一种深山隐居的文化特点。

草圭堂距国道公路319线和阿蓬江大约3公里，并比其高出400～450米。其位于几个山丘之间，依山傍水，房前有一小溪经过，四季流水不断，紧依小溪为农田，背靠深基坪山坡，青山绿水，环境幽静，具备了古代高士隐居山林的环境特点。

（6）草圭堂在一定程度上反映了古代世族文化的传承与思想。

据草圭堂创建人李念武的墓志铭记载："公讳武派、念武字发源，先世为有唐支子，安史作乱从明皇，皇幸蜀未□，归后随驸马冉□宣尉司州，因□之面，越众元明代，有遗迹可致，□为明末乱时失去，因朝康熙年间，司恰向住州西之鼓潭，宣慰以草圭塘①故十里地，易今州治旧业，初来为文公，披荆斩棘，遂家于此"。由此可知，草圭堂为唐朝皇室后裔居所，其主人为古代世族之后，在当时称李念武为文公，可见李念武在当时也是具有一定社会地位和影响之人，因此，该建筑在一定程度上体现了古代世族传承的思想和观念。

（7）草圭堂是国民党抗日将领李永端故居。

李永端，字春晖，1900 年出生于黔江区阿蓬江镇大坪村四组草圭堂。李永端早年曾读书十年，深钻经史，后曾在国民党川军二十军第一师任上尉副，复任营长、副团长等职，二十军改为四十三军后，李在该军历任团长、副旅长、参谋长、副师长、副军长，后调往上海吴淞口驻防。日军进驻上海，上海驻军奋起还击，李部与日军激战七天七夜后，退到江西上饶休整，此时李改任四十三军军械处处长。1943 年，李在上饶与日军作战中阵亡，享年 43 岁。李永端一生忧国忧民，勤奋好学，坚持抗日，他所写诗句"极目家何在，烽烟四处侵"充分表达了他这一博大胸怀，他出生于草圭堂，并在此度过了童年和少年时期，这里作为他的故居，也是抗战文化的组成部分之一。

三、价 值

草圭堂既是重要的古建筑，又是抗日将领故居，它除具有文物的历史、艺术、科学的三大价值外，还有教育、观光等价值。

（1）草圭堂是研究古代世族和土司的思想和文化的重要实物材料。这一建筑群历史悠久，距今一百七十年，并与古代世族和土司有着不可分割的联系，是我们研究古代贵族思想和文化发展的重要实物材料，具有重要的历史价值。

（2）草圭堂是研究区域性代表建筑的重要实物材料。这一建筑群雄伟壮观、风格古色古香、布局合理、结构井然、设计独到、雕工精细，是渝东南古建筑最高建造水平的代表之一，具有较高艺术、科学价值。

（3）草圭堂作为国民党抗日将领李永端的故居，为今天的我们特别是青少年提供了爱国主义教育的素材。在抗战中，他带领部队多次与日军作战，立下不朽战功，直到血洒战场，英勇牺牲。因此，草圭堂具有教育价值和纪

---

① 草圭塘：即草圭堂所在地。

念意义。

（4）草圭堂有着较高的旅游观光价值。这里青山绿水，环境幽静，风景如画、交通方便，现在村道公路从其左边穿过。配合附近 6 公里外的濯水古镇建设，加以开发利用，会是人们休闲、度假的好去处。

草圭堂作为在历史长河中遗留下来的宝贵文化遗产，实属不易，需要政府、文物部门和社会花大力气保护好。

浅谈濯水古镇老街清代建筑群的社会背景及其价值

【摘　要】濯水古镇因其悠久的历史、灿烂的文化和繁荣的经济成为明清时期武陵山区的一颗璀璨明珠。作为国家级历史文化名镇之一，在其老街的清代建筑群是我国古镇历史、经济、文化的一个缩影和写照。它产生的社会背景和所具有的价值极具时代特色和典型特点，值得我们进行深入的探讨和研究。

【关键词】濯水古镇；清代；建筑群；社会背景；价值

　　濯水古镇位于重庆市黔江城南 26 千米处的阿蓬江畔——重庆市黔江区濯水镇濯水居委四组，国道公路 319 线横贯镇中央。2014 年 2 月，国家住房城乡建设部和国家文物局定其为中国历史文化名镇。因其悠久的历史、灿烂的文化、繁荣的社会经济而成为明清时期武陵山区的一颗璀璨明珠。时至今日，古镇老街还散布着许多历史遗迹和遗物的重要文化遗存。在这些遗存中，尤以老街清代建筑群最具特色。它是黔江区第三次全国文物普查中新发现的重要文物点，2014 年 6 月，被公布为区级文物保护单位，2019 年 2 月，被重庆市人民政府定其为市级文物保护单位。笔者现就其孕育、引导和建设的社会背景及其价值作一探索，以就教于方家。

一、基本情况

　　濯水古镇老街清代建筑群是由樊家大院、龚家抱厅、光顺号、汪家作坊、余家大院、汪本善旧居 6 座院落组成。这些院落建于清代，主体为木结构，辅以砖石，为抬梁或穿逗式梁架，歇山式屋顶，小青瓦覆盖。其中，樊家大院（图一、二）建筑面积 386 平方米，三进两天井，院内的两个过厅与两个天井和街道相通，大院南北两边有马头墙；街面的凉厅与正院相连；它除是樊家的宅第外，也曾是古镇第一所义学讲堂的场所。龚家抱厅（图三）建筑面积 400 平方米，全木结构，四合院，四层。临街为一层，其下两层，沿江岸建杆栏式廊道的吊脚楼接地，底层呈开放式。最具特色的是在过厅上端建歇山式屋顶，形成

"抱厅"。光顺号（图四、五）建筑面积 880 平方米，三进三天井，共三层，各进之间用青砖墙体分隔，石质门洞相连，而二、三进之间则无门，而建一片室内平地。独特的建筑格局在院内形成一条很长的通道。通道采光良好，左右两厢建阁楼。内院二、三层共设七段栏杆式廊道，具有典型的会馆式商号特征。廊道饰人物、虫鱼、花鸟、八宝、博古及几何图案，木雕纹饰均不涂漆，而通过高品质的木材色泽和自然纹理使细部更显生动质朴。该建筑是清代濯水"十大号口"之一，也是濯水古镇第一大传统民居建筑。汪家作坊（图六、七）建筑面积 680 平方米，四进三天井，布局类似光顺号，空间显得更为灵活而富于变化。汪本善旧居（图八、九、十）建筑面积 760 平方米，是我国著名有机地球化学家汪本善的旧居，四合院，五层吊脚楼建筑。平街层内，四面有栏杆式廊道相围。临江，二进两层为栏杆式廊道吊脚楼，天井处于街面之下一层，每层有石阶相通。该建筑是古镇上唯一一栋有封火墙的临街五层吊脚楼，也是镇上目前最高的吊脚楼，号称"濯水第一楼"。余家大院（图十一、十二）为清代进士余公安的宅第，建筑面积 800 平方米，三进五天井，除中轴线三个天井外，靠南面封火墙有两个天井。整座宅第共 90 根立柱、68 座雕花柱磉、183 朵雕花窗、33 扇门，夹泥墙是其建筑特色之一。这六大清代建筑中，余家大院与樊家大院相距最远，约 120 米，汪家作坊与汪本善旧居相距最近，互为街道对面，仅距 2~3 米。其中，龚家抱厅和汪本善旧居位于老街外侧西面，其余 4 处建筑位于老街内侧东面，6 大建筑体形成一个错落有致，相互呼应和照应的有机建筑群落。

图一　樊家大院跨街过厅

图二　樊家大院前厅

图三　龚家抱厅冲天楼

图四　光顺号大门

图五　光顺号宅内局部及天井

图六　汪家作坊大门及内景

图七　汪家作坊天井（局部）

图八　汪本善旧居大门

图九　汪本善旧居后厅

图十　汪本善旧居部分楼层和吊脚楼

图十一　余家大院前厅

图十二　余家大院大门

二、孕育、引导、建设濯水古镇老街清代建筑群的社会背景

濯水古镇，位于阿蓬江畔。阿蓬江为乌江支流，出口为酉阳县龚滩镇南侧。元、明、清时期，濯水隶属酉阳州，为酉阳宣慰使冉土司辖地，初称"白鹤坝"。明清时期，湖南、湖北、广东、广西商人来到濯水定居，开设商号，逐渐形成了商贸市场。著名的有"茂生园""宜宾栈""光顺号""同顺治"等商号，与多个染房、酿房、刺绣坊等手工业作坊，同时，吸引了上海、宁波、厦门、广州、南京、武汉等地的客商，他们将山外的风琴、口琴、自鸣钟、汽灯、手摇留声机等洋货带到了濯水，转而将濯水的蚕丝、桐油、茶、漆等产品远销山外。清末，还有日本人来此经商，把"光顺号"的生漆和"同顺治"的药材销往日本。清代后期，该地已成为川东南驿道、商道、盐道的必经之路，商贾云集，店铺鳞次栉比。商贸的发达，促进了当地与外界的物资交流，创造了最为繁盛的历史，甚至已居于同时期的黔江县城之上，与酉阳龙潭、龚滩合称"酉阳三大名镇"[1]。由6大院落组成的濯水古镇老街清代建筑群，为当时濯水古镇的一个最高水准和层次的庞大建筑群，它的孕育、营造和建设是以那时古镇强劲的经济力量和社会动力作为支撑后盾，是时代和社会发展环境造就了这一富有历史文化内涵和极具艺术特色的清代建筑群，它与古镇的宏观社会历史背景有着莫大关联。

濯水古镇老街清代建筑群的诞生和滋养还离不开当时濯水古镇的社会人文环境。6大建筑体分属于清代古镇上名噪一时的樊、汪、龚、余四大家族，四大家族垄断了濯水的店铺、水运、作坊、商业、手工业及军火等行业，古镇上流传着一首民谣："樊家的锭子、汪家的银子、龚家的杆子，余家的顶子"。矗立于老街的清代建筑群是这四大家族遗留下来的重要文化遗产，是它们兴旺发达和辉煌的象征，承载着他们那一段段传奇般的历史和故事。据考证，在清代樊家由于连续几代女主人都遭遇守寡的经历，她们细心地照顾老人，经营生意，哺育孩子[2]，至今在樊家大院里，还保存着两张清朝封赐的贞节匾"云争霞蔚""桂馥兰芬"。鉴于此，樊家的男人们往往很小就能独立，练就一身武功，以保护自己和家人，于是才有了"樊家的锭子"之说。濯水人说的锭子，指的是捏紧的拳头。清乾隆初年，江西南方的一场洪灾，导致了汪姓一脉的迁徙，他们来濯水定居，并迅速发展壮大起来。他们秉承"以诚代人，忠孝为先"的祖训，在濯水近代工商业发展中有着极为重要的影响。在不到两百年的时间里，濯水街上就有近半以上为汪姓人家。他们经营着多种土特产品加工业，迅速发财致富，仅榨油作坊就有三个[3]，镇上的人们用"汪家的

银子"来形容汪家的富有。以前只要一提到龚姓，镇上的人们都有几分惧色，因为龚家是镇上唯一拥有枪支的大家族，他们贩卖鸦片，走私军火，在镇上有着很大的影响力，并形成了强大的地方武装。"濯河坝袍哥会"就是以龚家为中心集结、扩张的，连民国时期的土匪都惧怕他们几分。他们以"袍哥会"组织为名，在镇上收取保护费，维持地方秩序，解决了许多政府都难以解决的问题，在当地有很高的威望。同时，也为地方提供保护，维护着古商道的运输安全，后来还参加过"保路运动"[4]。余家是书香之家，饱读诗书的余公安中了进士之后，皇帝赐给他顶戴花翎，赐给她夫人凤冠霞帔，现存赐匾一块。他还有两兄一弟，即老大余公文、老二余公学、老四余公邦，取其名字的最后一个字组合起来就成了"文学安邦"，极具文化色彩。濯水古镇老街清代建筑就是这四大家族在自身建设和相互斗争与合作中建立起来的物质载体，承载着濯水古镇各种社会关系和社会构成的实际状况，反映着当时濯水的社会根基和社会基础，彰显着各自家族的势力、力量、财富和特色。正是在这种交织、错综、复杂的社会背景的基础上，孕育、引导、建设、滋养了独具特色的濯水古镇老街清代建筑群。

三、价 值

笔者对濯水古镇老街清代建筑群进行了实地考察，从整体看来，它具有以下六大价值。

（1）建筑群承载的丰厚历史文化是濯水古镇辉煌历史的见证。

濯水老街清代建筑群有着丰富的历史与文化渊源。余家大院是清乾隆进士余公安的宅第，人们用"一门三进士，四代五尚书"来描述余家人才辈出的情况。我国著名有机地球化学家汪本善的旧居也在六大建筑之列。他从小生活于此，接受父母的教育和培养，该旧居具有纪念意义。光顺号是经营生漆和药材的商号，为清代活跃在濯水古镇的十大号口之一。汪家作坊是濯水古镇最大的利用传统方式榨油和卖油之场所。樊家大院除为樊氏家族的宅第外，清光绪三十年，也是古镇开设的第一所义学讲堂的场所，比黔江城区最早的三台书院还早三年（1905）。该院龚家抱厅也是古镇大户人家的豪宅之一。它们见证了濯水古镇的历史变迁和经济社会的繁荣。总之，它们反映了在当时社会发展的大背景下，濯水古镇的经济、社会、政治、历史和文化发展状况。这些正是我国历史文化名镇的厚重文化底蕴的闪光点，是古代濯水人民留给我们的宝贵财富和文化遗产。

（2）清代建筑群是濯水古镇老街院落中的精华，是古镇风韵和特色的典型代表。

清代建筑群在濯水古镇老街众多传统院落中具有典型性、代表性和时代性的特点，是濯水古镇老街建筑群的精华和精粹，在整体上集中反映了濯水古镇老街建筑的古朴、庄重、典雅、灵巧的风韵和建筑风格，可把参观者带入一种历史的沧桑、凝重的文化氛围之中。质朴的板壁纹理，飞檐高翘的屋角，青瓦覆盖的屋面，纹饰多样的花窗，硕大圆滑的柱头，轻灵精巧的栏杆，精美的石雕柱础，朴实无华的马头墙，正是濯水古镇老街历史风貌的真实写照。在这些建筑构件中，主体材料的木质纹理和精雕各种图案的花窗及门呈现的是自然、典雅、精致之美；四棱八角的房屋造型和线条简洁流畅的栏杆展现的是庄重、灵巧之美；清一色的屋面、飞翘的屋角、形式多样的脊饰，陈旧的马头墙体及其边饰图案反映的是沧桑、古朴之美。总之，六大建筑高度浓缩了濯水古镇的艺术美感形式和时代文化特点。虽各个建筑体存在着不同的侧重点，也有着较大的差异之处，但均由相同性质的建筑构件组成，整体给人的审美感受是一致的。它们是濯水古镇最具特色和最具历史风貌特征的典型范例和杰出代表。

（3）清代建筑群设计灵活、构思严谨、工艺精湛，是渝东南历史上最高建造成就之一。

在结构和布局上，濯水古镇老街清代建筑群的时空设计由于富于变化而显得灵活，呈现出多种类型的建筑形式。除龚家抱厅为一个天井外，其余5大建筑均建有多个天井，设计天井的目的，一是为了采光，二是为了追求结构空间的灵活与变化以及静谧的生活环境。设计者根据占地大小和主人生活需要与财力而定，在数量和规模上，天井的设计大小、多少不一；在布局上，天井大多建在建筑体的中轴线上，形成不同纵深环境和条件；从与房屋组合的方式上看，有的为三进两天井，有的为三进三天井，有的为四进三天井，有的为三进五天井；从楼层来看，有的天井两侧为楼房，有的为平房，楼房正面多设有廊道和栏杆。这些充分反映了这六大建筑体在形式设计上采取了多样化的灵活处理。如龚家抱厅临街平层之下两层沿江面，采用吊脚接地，内部环境十分通透，建筑物当中建一冲天楼，其目的在于采光。这种抱厅式的干栏建筑，造型别致，做工精细，空间布局独树一帜，极具研究价值和欣赏价值。汪本善旧居依河岸坡地而建，室内与地形结合，中庭产生了丰富的空间变化，灵活地解决了交通与采光。檐廊空间与庭院天井之间以通敞的过道、穿廊直接相连，形成宅院四通八达的交通系统，极好地体现了山地民居建筑的风貌特色。总之，清代建筑群的空间布局极富韵律感和节奏感，呈现出多姿多彩、异彩纷呈的建筑形式，给人的感觉是十分的严谨和考究，说明设计者特别注重布局的空间美感与生活环境多样化需求的结合，达到了艺术与现实和谐统筹的一致性。从总体上把握住了作为地方古镇不同类型的房屋建造原理。

在工艺上，最突出和最具特色的是木刻的花窗、门板和石雕柱础。其雕刻工艺十分精湛，木雕的题材可分为四类：一类是鲤鱼跳龙门、喜鹊登梅、仙鹤点水、野鹿衔草、仙猴摘桃等寓意不同的喜庆、祥瑞的题材；二类为植物、花卉题材，主要有松、梅、竹、荷、兰、菊、牡丹、芭蕉、向日葵、水仙、玫瑰纹等；三类为反映时代文化的博古纹和吉祥纹图案的杂宝等题材；四类为单纯的动物图案，如龙与麒麟等纹饰。柱础上的石雕题材相对简单一些，以芭蕉图案最多。这些题材来源于民间民俗文化内容，松、竹、梅并称"岁寒三友"，一方面是玉洁冰清、傲立霜雪的象征，另一方面又有常青不老、旺盛生命力的寓意；菊花象征高洁情操，坚贞不屈；牡丹象征富贵、吉祥、繁荣、幸福；水仙象征友谊、幸福、吉祥；玫瑰象征爱情和真挚纯洁的爱；向日葵象征美好、温暖；芭蕉象征团结友谊。龙是民族和皇权的象征；麒麟是祥瑞之兽。民间艺人们匠心独运，技艺高超，以写实的手法使图案惟妙惟肖、栩栩如生，让一幅幅精致而独到的艺术品跃然于建筑体上。其中既有高浮雕又有浅浮雕，既有透雕又有圆雕，既有阴刻又有线雕，采用了多种雕刻手法，其技法的运用是根据不同题材的需要而定。这些雕刻作品的艺术美感之强、文化积淀之深、地方特色之浓郁一一展现在世人面前，让人深深感受到艺术的巧妙运用，与其所赋予建筑体的深厚的文化力度。历史文化的呈现又给艺术符号带来了强大的生命力。这种历史文化与艺术相互依存和共存一体的作用现象，在濯水古镇建筑群中得到非同一般的体现和展示，是艺术美和历史文化美的巧妙结合和高度统一。

（4）地方特色的构筑物与徽派传统建筑风格的融合，为濯水古代人民对不同建筑文化的利用和尝试的历史见证。

濯水古镇老街沿河岸侧的建筑群外侧均为土家族地方特色构筑物——吊脚楼。参差不齐的木柱矗立于斜坡，顶着楼房，吊脚楼的特点展露无遗。这种山区地方建筑构造的吊脚楼与徽派建筑风格的四角小天井、马头墙、小青瓦的搭配和结合，使濯水古镇老街建筑群让人产生了别样的感觉和特色，开辟了新的风格和特点。它既有地方山区建筑的粗犷特征，又有徽派建筑自然得体、精致、细腻的风格写照；既有地方山区建筑的刚劲挺拔之美，又有徽派建筑严谨、简洁、雅致的风范；既有地方山区建筑淳朴深沉的艺术美感，又有徽派建筑的灵活、变幻无穷的特色；既有山区建筑的结构特点，又有徽派建筑的构造特征。这两种不同风格揉捏在一起赋予了建筑体更多的复杂性和文化的包容性、多面性、多样性，使得地方民族构筑物和徽派传统建筑物得以进一步的升华和发展。在这之中，地方民族建筑成功地吸纳了徽派传统建筑元素，塑造了整个古镇老街新的形象，赋予了建筑体新的生命力和活力，是宁静与宣泄两种相反的感情元素和色彩的映衬与平衡，人置身其中，一种富有多种特色的小镇文化生活氛围便荡然于胸间，这也是濯水古镇建筑与其他地方建筑的差异之所在。独特的建筑风格、风貌也正是它的巨大魅力所在，让人悠悠回味其中。总之，它见证了古代濯水人民对不同地方建筑文化的利用和有益的尝试。

（5）独特的生态环境孕育、滋生了原始、纯朴的市井文化和多彩的民间文化，彰显了濯水古镇的巨大魅力。

濯水古镇老街长约 1 000 米，宽 3 ~ 4 米，街两侧是参差林立排列的商铺、商馆、客栈、作坊和民宅。除汪本善旧居、龚家抱厅位于街外侧外，其余四大建筑位于内侧。从街头望街尾，一条几度弯折的街市从两旁质朴的木楼房横穿而过，不短不长，楼层也不是太高，既没有大街大巷的繁华，又不像小村一样的宁静，这些均是孕育市井文化和生活环境的最佳条件。清代建筑群作为老街的有机组成部分，曾是濯水古镇诸多井市文化和市民生活的重要场所和载体，从建筑体可感悟到濯水古镇市井文化的特点和内容。其中的遐想和快乐唯有当局者才能体会和感受得到。作为民间文化的一种类型的市井文化在濯水古镇曾得到一度的繁荣和昌盛。其原因在于浓郁的小镇环境决定了人们生活方式的取舍和选择。这种古代滋生的市井文化的原始生态环境正是我们文物工作者保护的重要内容和对象。因此，保护好濯水古镇生态环境也就是保护了我们的历史文化及其传统的生活方式。

（6）依山傍水，建筑风格与环境的和谐共存，反映了古人崇尚自然的人文理念。

濯水古镇西侧是水流清澈的阿蓬江，在古代阿蓬江是濯水与外界通商和交流的重要通道。河对岸是耕地和民宅，再往西与阳鹊山坡相望，东面是通往酉阳的宽阔公路（现为国道 319 线）和森林密布的五佛岭山脉。加上婀娜多姿的濯水古镇和周围民宅的点缀，好似一幅气壮河山的山水画卷。群楼林立的古镇在山水映衬下显得格外妩媚动人，古镇建筑群很自然地融入山水风光之中，达到了与环境和谐共存、物景交融、自然天成的效果。这源于古镇建筑风格的选择和取舍，周围山水在粗野中透出秀丽和灵气，恰好与原始、古朴、典雅的古镇建筑群的风格风貌具有一致性。清代建筑群作为古镇群楼的佼佼者，更是融入周围环境的典型杰作。它们反映了古人崇尚自然、服从自然、融入自然的先进人文理念，把人与自然、人与环境、物与环境的融合思想推到了登峰造极的地步。

总之，濯水古镇老街清代建筑群作为国家级历史文化名镇——濯水古镇的重要组成部分，虽仅为实体的构筑物和建筑物的组合体。但承载着时代和地方发展的社会背景和历史背景，凝聚了丰富的传统建筑艺术文化、历史文化和民间文化，有着很高的历史、艺术和科学价值。2007 年，黔江区政府启动濯水古镇的维修和恢复建设工程，濯水古镇老街清代建筑群有幸得到了修缮保护。百尺竿头，更进一步，我们这代人还得继续加强对这一宝贵的文物建筑群的保护，使之长久地完整地留存下去，也是国家和社会赋予我们的神圣职责和义务。

参考文献

[1] 重庆市黔江区文化广电新闻出版局编. 重庆市黔江区第三次全国文物普查成果专辑[M]. 香港：中国图书出版社，2012：93-94.

[2] 樊氏族谱[Z]. 1912：51.

[3] 汪氏族谱[Z]. 1908：22.

[4] 龚氏族谱[Z]. 1923：24.

[5] 余氏族谱[Z]. 1910：36.

墓志和石雕类

杨夫人墓志与渝东南土司文化

【摘　要】渝东南地区的冉维屏土司妻杨夫人葬于现黔江濯水镇泉门村三组筒车坝官陵山东坡，其墓志反映了渝东南的土司制度文化、婚姻文化、思想文化、承袭文化、葬俗文化的重要内容，是一份不可多得的宝贵资料，具有重要研究价值。

【关键词】杨夫人；墓志；渝东南；土司；文化

官陵墓群位于黔江区濯水镇泉门村三组筒车坝官陵山东坡，主墓系明代酉阳冉氏十九世土司、授怀远将军（从三品）、亚中大夫冉维屏（号眉坡）妻杨氏墓。它是黔江区目前发现的唯一可信的酉阳冉氏土司家族墓群。2009 年 12 月，重庆市人民政府定其为市级文物保护单位。现将清同治《冉氏家谱》卷二《坟茔录》载《祖妣杨夫人墓志》（以下简称《墓志》）录于后：

太夫人之讳某字某，酉阳宣抚使先将军眉坡公之元配也。父讳胜业，初为司中权事，以战功授指挥使职。夫人生而秀颖，性质贞淑，当诸女伴鱼队问进退，笑言独见别异。笄年，适先将军。将军姬媵盈庭，夫人以贞静幽闲，入辅内政，端化一身，刑于四国，偕先将军绍修鸿业，袭封恭人。穆宗末，先将军服勤王事，进封怀远将军，加封淑人。至今皇帝在位，西南逆首，敢行煽乱，马湖既靖，九丝再扰。先将军赴檄，召于行营，托司务闲内，为剿为战，功施烂马。以忠以贞，臣职尽焉。于是，进阶上护军，赐绣狮服一袭，淑人进封夫人。先将军薨，冢嗣御龙缵祀，八年不禄，令将军嗣服彩斑娱乐，鼎养尊荣。家国政务，清净面一。虽复不疑母贤乎，反可以不问，敬姜德，粹劳逸，可以无言矣。而太夫人则兢兢然励勉之，曰："我先人积功累德，守土于兹，尔今膺重寄，当孝以作忠，斯无忝于先志也。"今将军敬承兹训，夙夜在心，从击夜郎，迅驱丑类。疏闻，敕赐飞鱼服色。宗族内外，交为夫人荣焉。然不知其母仪上下四十余年，相先将军也。敬恭为励翼之资，教两将军也。忠孝成继述之美，尤为不可及也。夫人疾之日，司民焚香吁天，愿以身代者万计。升退之日，如丧考妣，当万历辛亥年（1611）七月初六日，生嘉靖丙午年（1546）九月二十七日，寿六十有六，以今丁未十月二十八日，卜司治先王里之桐车坝，迁殡官焉。愈参忝通家，兼督三藩军务，昔以将军勋绩，奏闻加封，因走使至滇来谢，并附夫人行状，予嘉将军之孝，因以征夫人之贤，所愧铅椠久荒，未足以扬淑懿于万一耳。钦差巡抚云南都御史通家眷生曹愈参顿首拜撰。

皇明天启五年（1625）中春月二十八日吉旦立。

碑两侧题名：

钦差总督四川军务督理粮饷兼巡抚四川等处地方、兵部左侍郎兼右金都御史朱燮元，巡抚四川监察御史吴尚默，左布政史文颁、右布政史詹尔达，四川等处提刑按察使司陈龙光，分巡上下川东道副使姚祚端，分守上下川东道参政闵孟德、重庆府知府余新民、同知赵道忠、通判高谊、推官李必连，黔江县知县梁大用、典史熊全，黔江守御千户所掌印指挥史、本司督工儒学教授王之藩，经历司邢维谷。[1]

现主墓除墓碑不见外，墓体保存完整。杨夫人《墓志》填补了这一空白，为我们研究土司制度和土司文化提供了重要文字资料。

土司制度是元、明与清初封建王朝在西南少数民族地区推行的一种政治制度，委当地的少数民族首领以土官职衔，管理所辖地的内部事务，土司可以世袭。土司制度对当地的政治、经济、军事、文化和生活都有着重大的影响。据《四川新志》载：明代酉阳宣慰司辖境"东至湖南永顺府龙山界二百里，西至彭水县界二百里，南至贵州思南府印江县界一百八十里，北至黔江县界一百一十里，东南至秀山县界一百二十五里，西南至贵州沿河界二百五十里，东北至湖北施南府来凤县界二百八十里，西北至黔江县界二百里"，涵盖今渝东南的酉阳土家族苗族自治全部、黔江区南部，领平茶、邑梅、石耶、地坝4长官司（均在今秀山自治县境），土地广袤。杨夫人《墓志》的内容，反映了渝东南土司在制度文化、婚姻文化与思想文化等方面诸多特点。笔者就此做一探讨。

其一，从酉阳土司与中央王朝的关系来看制度文化。据《冉氏家谱》记载："公讳维屏，字氏逸卿，号眉坡，宗易公嫡次子，宗易公行遁，携之以行，假寓于万县倪天官处……—十八年，既闻公音耗，乃迎归，奏闻袭职……公袭职凡二十余年，万历年二十四年薨。"[2]说明冉维屏是奏闻袭职的。任职期间，朝廷曾多次征调，立功后，受到朝廷敕封："穆宗末，先将军服勤王事，进封怀远将军……马湖既靖，九丝再扰。先将军赴檄……进阶上护军"；又据《冉氏家谱·逸卿公（即眉坡公）传》载："神宗万历十七年又献楠木二十，价逾三千。工部议，应加从三品服，以为土官输诚之功。十八年二月，得旨授怀远将军、亚中大夫，赐绣狮服色。"[3]眉坡薨，子御龙承袭，"从击夜郎……疏闻，敕赐飞鱼服色。"

说明酉阳土司与封建王朝的关系十分密切，这主要表现在：（一）土司承袭须奏闻朝廷；（二）土司须向朝廷纳贡，万历十七年输楠木二十即是。土司所贡乃方物，而朝廷回赠则是封官晋爵，金银彩帛，其价值远远高于所贡之物。这样一来，土司便愿意纳贡称臣；（三）服从朝廷征调；（四）土司有功，接受朝廷封敕；（五）朝廷在封赐土司时，亦封赐其夫人。即如《墓志》所载，太夫人先是因"偕先将军绍修鸿业，袭封恭人"；其次是"穆宗末，先将军服勤王事，进封怀远将军"时，"加封淑人"；再是先将军进阶上护军时，又由"淑人进封夫人"。说明朝廷在敕封土司时，亦承认其妻在辅政、教子等方面的功绩。此种制度既实现了封建王朝对少数民族的控制，又达到了"以夷制夷"的目的。

其二，从《墓志》看土司的婚姻文化。太夫人"酉阳宣抚使先将军眉坡公之元配"，"父讳胜业，初为司中权事，以战功授指挥使职。"可见，太夫人乃"将军元配"，其父也是一名土官。"将军姬媵盈庭"，指将军有妻妾与陪嫁美女多人。土司在其领地为"土王"，可以一夫多妻。查酉阳冉氏土司谱系，冉维屏先祖冉舜臣、冉仪等多与湘西彭氏土司联姻；冉廷辅、冉云等多与秀山、贵州杨氏土司联姻，如果再查湘西彭氏土司谱系、鹤峰田氏土司谱系，就会发现武陵土司相互联姻是极为普遍的现象。《冉土司白氏夫人墓志》就记载了眉坡公为其子跃龙选媳，选的就是占据酉水一带的白总管之妹。武陵相邻土司相互联姻，其目的有二：一是为了边境的安宁，二是为了联合起来对付外族来犯。一位土司有多名妻妾，则联姻的范围更加广泛，联合起来势力便显得更为强大。生活在武陵山区的土家先民就是在相互联姻、相互建立军事同盟的基础上逐渐形成共同语言、共同经济生活、共同文化特质的民族共同体。与土官的联姻是为了巩固自己的统治；与相邻土司联姻是为了睦边与利于建立军事同盟以对付来犯者，从这个角度来看，土司的婚姻便是政治的延续。

固然，土司择偶与择媳的条件也还有若干别的因素，比如相貌、人品、智慧、能力等。《墓志》云："夫人生而秀颖，性质贞淑，当诸女伴鱼队问进退，笑言独见别异。""将军姬媵盈庭，夫人以贞静幽闲，入辅内政，端化一身，刑于四国，偕先将军绍修鸿业"，将军薨，太夫人兢兢然励勉其承袭土司之职的御龙"孝以作忠，斯无忝于先志"，所有这些都表明，在妻妾与陪嫁的众多美女中，杨夫人的深沉文雅独树一帜，辅佐处理家庭事务与忠于国事之志，成为四周土司夫人的典范，反映出她在外貌、智慧、品行、能力、志向各方面都非常出众。自元代实行土司制度以来，土司在其辖地有着至高无上的地位和权力，有着"土皇帝"之称，在择偶上，特别是元配夫人的挑选上有着严格的要求和条件。它体现了土司的择偶思想和文化，反映了武陵地区土司的婚姻观、家庭观和价值观。

其三，从《墓志》来看，土司时期的思想文化是：推崇孔孟之道，讲究"忠孝一体，以忠为先"。这主要表现在以下几个方面。

（1）忠君效国，是土司时期思想文化的首要内容。

《墓志》云："穆宗末，先将军服勤王事，进封怀远将军，加封淑人，至今皇帝在位，西南逆酋，敢行煽乱，马湖既靖，九丝再扰，先将军赴檄。召于行营，托司务闲内，为剿为战，功施烂马，以忠以贞，臣职尽焉。"可知土司冉维屏尽心竭力为皇上做事，为朝廷出力，方被敕封为怀远将军。他曾两次带领土兵替皇上平定内乱，为皇上和朝廷分忧尽忠，坚守自己的职责，这是朝廷在思想上推行儒家文化、实行孔孟之道的印证和体现，也是中央政权和土司之间相互利用、各取所需的结果。一方面朝廷为笼络少数民族首领以达到"以夷制夷"之目的，另一方面土司又通过朝廷认可使自己的统治合法化。政治与思想文化是相互紧密联系的两个领域，相辅相成，土司文化包含着政治元素，土司政治容纳着文化因子，思想文化是为政治服务的根基和核心内容。儒家思想文化正顺应了土司和中央王朝的这种政治环境需求，它是历史发展的必然选择。究其原因：一是土司推崇儒家文化符合中央王朝的思想文化主流，较易形成共同的思想和意识形态，有利于相互接受对方。二是土司臣服于中央王朝，理应忠君效国，若不服从中央政权，必然受到强大的中央王朝剿杀，偏居一隅的弱小渝东南土司政权将无力对抗。三是推行儒家思想和文化，也有利于民族内部力量效仿，形成有利于土司政权的稳固，符合土司政权政治思想工作的需要。土司推行儒家思想文化教化土民，除有着浓郁的政治色彩外，也与汉文化的传播、渗透、影响分不开。其结果体现了中华传统文化的核心，体现中华民族是一个统一的整体。

（2）尽孝是中华文化中重视德行修养的重要内容和条件。

为父母尽孝道是中华民族的传统美德。土司作为中华民族的一分子，也在大力推行儒家的孝道思想和文化。《墓志》文"先将军薨，冢嗣御龙缵祀，八年不禄，令将军嗣服彩斑娱乐，鼎养尊荣。家国政务，清净面一"。可知冉维屏死后，其子御龙袭承了土司爵位，八年不要薪俸，并以此行为作为为其父死后尽孝道的一种形式，专心致力于家庭和国家事务。这种从父母生前延续到死后尽孝道的行为实在令人感动，这也正是中华民族儒家思想文化的巨大魅力所在。土司将儒家的孝道思想推崇达到了顶峰，成了做人为官的原则与衡量人的基本道德和行为的准则。由此可见，儒家思想对土司文化有着深远而广泛的影响。

（3）为国尽忠和为父母长辈尽孝作为土司思想文化的两大基石，相辅相成，互为补充，讲究忠孝一体，以忠为先。

据《墓志》载"而太夫人则兢兢然励勉之，曰：'我先人积功累德，守土于兹，尔今膺重寄，当孝以作忠，斯无忝于先志也。'""不知其母仪上下四十余年，相先将军也，敬恭为励翼之资，教两将军也，忠孝成继述之美"。杨夫人用先辈的功劳和德行事迹教育下一代，对他们寄予厚望。教育孩子要为父母长辈尽孝的动力化作为皇上和朝廷效忠的力量。杨夫人做了四十余年女性的典范和表率，辅佐丈夫冉维屏执政，培养了两个出色的将军儿子，她的忠孝事迹和行为得到了大家的赞美。充分反映了忠孝作为儒家思想的核心内容，在土司文化中有着崇高地位，这种土司文化发源于汉民族主流的儒家思想，使其统治得以一代一代地传承下去。儒家思想文化的丰富内涵和精神力量正适合土司历史和社会发展的政治背景。它是土司在管辖境内实现大一统思想和意识形态的产物，也是社会历史发展的产物，在一定时期对于推动社会的和谐稳定有着不可忽视的积极作用。

（4）在承袭文化上，按血源亲疏、长幼辈分确定人选。

据《左传》记载："国之大事，在祀与戎"，祭祀活动是由皇帝或地方最高官职的人主持和执行。《墓志》云："先将军薨，冢嗣御龙缵祀"，可知冉御龙继承土司爵位。经查《冉氏家谱》，冉维屏共娶有一妻两妾，十三个儿子，冉御龙为杨夫人生，作为嫡长子身份世袭了土司爵位。反映了渝东南土司承袭文化的重要特点和内容。明王朝对各土司世袭有严格的规定："洪武二十七年（1394），令土官无子，许弟袭；洪武三十年（1397），又令土官无子，许弟袭，而其妻或婿为信服，许令一人袭"，并且还规定继承者必须年满18周岁，从冉氏土司历代的承袭上看，一般是由嫡长子、嫡次子继承，无子改由弟承。这是渝东南冉氏土司家族在符合中央王朝规定的前提下，结合家族实际情况的细化规范，并不越制。同时，明王朝还规定袭替之际要去朝廷受职，同时还要求子女要入学，进行汉化教育，不入学者不能袭。这些规定都极大地影响着渝东南土司的承袭文化。它深深扎根于渝东南土司的思想和观念之中，笔者认为渝东南这些土司承袭文化的形成有三大原因：一是嫡长子、嫡次子和兄弟跟土司有着亲密的血缘关系和辈分关系，符合中华民族正统的传统思想和文化；二是承袭者相对年龄较大，社会阅历丰富，处事更加成熟稳重，对实现、掌控土司职能更具经验、知识和能力；三是这种土司制度文化的形成有利于避免为争袭土司爵位，相互争斗残杀；四是有利于明确重点栽培对象，使其从小就接受各类知识和政治文化的教育，提高执政能力。因此，渝东南土司承袭文化除有着中央王朝规定的共性外，还有着自己独有的特点和文化内涵。

（5）在葬俗文化上，悼念规格层次高，参与人数众多，折射出官场的关系网络和世俗化特点。

杨夫人既是十九世土司冉维屏之妻，又是二十世土司冉御龙之亲母，先后被当朝皇帝袭封为恭人、淑人、夫人，可见她地位高，身份特殊，是冉氏家族的荣耀和象征之一，她的后事受到冉氏家族的高度重视和大力操办。据杨夫人《墓志》最后三段记载，墓志撰写由钦差巡抚云南都御史通家眷生曹愈执笔。参与杨夫人的丧事活动的有：钦差总督、兵部左侍郎；巡抚四川监察御史、左布政史、右布政史；四川等处提刑按察使、川东道副史、川东道参政；重庆府知府等17名重要官员。说明杨夫人的丧葬规格高，参与的朝廷命官多，同时也反映了渝东南冉土司家族复杂的官场网络和浓厚的世俗化特点，为我们研究渝东南土司贵族的社会地位和影响力提供了重要的实物材料。

土司制度是中华民族社会历史发展到一定程度出现的特殊政治现象，并由此产生了富有特色的丰富多彩的土司文化，这些文化对社会稳定、经济发展、历史进步起到过积极作用。到了后期，它又有着腐朽、不适应、阻碍社会发展的反动本质。杨夫人《墓志》所反映出的渝东南土司文化仅是几个小的方面，不可能以一概全。但作为土司文化的组成部分，渝东南土司文化对我们今天的民族政策和民族发展也有着若干启示。

参考文献

[1] 四川黔江地区民族事务委员会. 川东南少数民族史料辑[M]. 成都：四川民族出版社，1996：298-230.

[2] 四川黔江地区民族事务委员会. 川东南少数民族史料辑[M]. 成都：四川民族出版社，1996：286-287.

[3] 四川黔江地区民族事务委员会. 川东南少数民族史料辑[M]. 成都：四川民族出版社，1996：287.

构思瑰丽奇幻 雕刻工艺精湛

——黔江张氏民居柱础的石雕艺术

【摘　要】位于重庆市黔江区黄溪镇街上的市级文物保护单位张氏民居前厅廊
道的四个柱础，为雕刻的一对石狮和一对石象，其工艺精湛，造型完
美，堪称我国石雕艺术的精品。本文分析了它们在材质、构图、雕刻
技艺、题材类型、布局变化、艺术风格等七个方面的艺术价值；阐述
了在重庆同类石雕作品中的重要地位和代表性。

【关键词】黔江；张氏民居；柱础；石雕；艺术

　　张氏民居（以下简称"民居"）坐落在重庆市黔江区黄溪镇街上东北角，距
黔江城 68 公里，因原房主姓张而得名。民居始建于 1911 年，占地面积约 5 000
平方米，建筑面积约 3 714 平方米，整个院落呈复四合院建筑，坐东向西，一
楼一底木结构，单檐悬山式屋顶，穿斗式梁架，配以吊脚楼，由前厅、正厅、
左右厢房、门楼、绣楼、碉楼、地下室、阶梯踏道、水井、内外围墙、花园、
石拱桥等组成，共有房屋 108 间，大小天井 5 个，水井 3 口、鱼池 1 口，为当
今渝东南保存最为完好的土家族民居建筑。2009 年 12 月，重庆市人民政府定
其为市级文物保护单位。其建筑构件中最具特色和亮点的当属前厅廊道的四个
柱础。四个柱础为一对雕刻的石狮（一雄一雌）与一对石雕白象（一雄一雌），
其工艺之精湛、造型之完美，堪称我国石雕艺术的精品。今天，它已成为黄溪
人民心目中的"重器"和骄傲。2011 年元旦之夜，两个石象柱础被盗之后，黄
溪人情绪波动。2011 年 2 月，黔江区公安局将柱础追回之后，黄溪人放鞭炮迎
接，其场面十分隆重。这四个柱础因雕工精妙绝伦，具有很高的艺术价值和浓
郁的民俗色彩，重庆市文物专家组鉴定为国家三级文物。

一、柱础石雕的内容

　　四个柱础大小相对一致，规格为 73 cm × 76 cm × 110 cm，大致呈长方体，
但由于雕刻存在凹凸状态，各部分尺寸不完全一致。中间雄雌二石狮柱础（图

一、二），由上而下可分为四个部分：第一部分以石狮造型为主体，高 50 cm。右侧雌狮作怒吼状，舌在口外；背和身各饰 5 层包裹的荷叶和 1 层下翻卷的荷叶，荷叶上雕有两幼狮崽。左侧雄狮睁大炯炯有神的双眼，作悠然自得之态，原口内衔有一石珠，后因遭他人破坏而脱落。在面腭下雕有一驯狮人，驯狮人的头部已被破坏而无存。狮背和身各饰 3 层包裹的荷叶和 1 层下翻卷的荷叶，荷叶背面雕有零星水草。雌雄二狮脚下均再辅荷叶与绸带。第二部分为两层台阶，共高 9 cm，各层高 4.5 cm，均为素面；第三部分高 30 cm，主要饰万字纹、云纹、如意纹等；第四部分高 21 cm，可分为两层，右雌狮柱础的这两层均为素面左雄狮柱础第一层为卷草纹，第二层两层为素面。外侧两石象（图三、四）；自上而下亦可分为四个部分，其中第一部分以石象造型为主体，高 52 cm，在石象背上辅有若隐若现的龙纹、麒麟、牛头、牡丹花和牡丹叶等。在其下为 2 层翻卷的荷叶，上层荷叶背面雕有杂宝纹，其中左侧雄象的正面为驯象人和镂雕绸带；右侧雌象正面为小象和镂雕绸带。第二部分为石象与基座衔接处，高 8 cm，素面。第三部分高 31 cm，主体纹饰为龟甲纹，其中右侧雄象柱础辅有水牛性春、山羊上树、猴捅马蜂窝、野鹿衔香草、兽面纹和卷草纹等。左侧雌象辅有牡丹的折技等植物。第四部分高 19 cm，可分为两层，第一层为万字纹和卷草纹，第二层为素面。

图一　雌狮柱础

图二　雄狮柱础

图三　雄象柱础

图四　雌象柱础

二、艺术价值

步入民居大门，四个硕大的柱础便跃入眼帘，给人以强烈的视觉冲击力，使人不得不为此艺术造型所震撼，不得不为此高超的工艺技巧所折服。其雕刻的内容看似一般题材，然仔细观赏，却给人高于一般的感觉。这主要源于匠人构思独特，想象丰富，布局得当，组合新颖，赋予了动植物新的生命力，把普通的动植物变得不普通，能给人无限的遐想和瑰丽新奇的印象。这些都是匠人独特思维所喷发出来的火花。当然，工匠创作的灵感源自哪里，我们今天已无法追溯，但我们可以探索这四大柱础雕刻工艺和构思上的精妙之处。

据考，张居民居柱础石雕由黔江本土匠人卓国福、卓国友、卓国兴、卓国欢兄弟四人经六年雕刻而成，这充分说明这四个石雕柱础工程之巨大、用工之浩繁、耗时之久。笔者认为，这一宏幅巨制具有七个方面的艺术价值。

（1）石材考究，为石雕艺术创作创造了良好的条件，也充分地展现了材料的质地美。

张氏民居前厅廊道柱础所用石材为灰白色，质地细腻，软硬适度。灰白色调，冷暖适中，适合雕刻表现大多数动植物和其他各类图案，应用性极广，为匠人的大胆构思和各类题材的运用提供了先决条件，也为匠人的创作提供了广阔天地。由于石材质地极为细腻，毫无杂质，它犹如玉质一般的纯洁、官窑瓷器一般的滋润，使艺术品富有灵性，能给人以天然美的享受。加上石材软硬适度，从软的方面来看，它能保证匠人的雕刻技艺运用自如，保证雕刻艺术的效果。从硬的方面来看，它可以使艺术品越千百年而无损，给人以极为精致的感觉。据当地一些资深石匠讲，这种石材应是经海水长期浸泡过，现已越百年，却无丝毫风化迹象，使原状保存如初。据考，黔江境内并无此类优质石材，它应从远方运来。石材具有的色泽、质地、软硬三大要素为进行高质量、高水平、高层次的雕刻艺术创作打下了坚实的基础。

（2）构图生动奇异。作者超越了一般石狮石象的构图，独辟蹊径，创造出了这一艺术精品，其主体构图与辅助构图无一不反映出作者丰富的想象力与创造才能。

从布局和石雕的状态来看，石狮和石象的正面位于石座的斜对角线上，这样有着更大的纵深空间，也更符合狮和象两种动物形体的整体展示，说明工匠构思之独特。两石狮中，右侧雌狮的怒吼状与左侧雄狮口含石珠的祥和神态遥相呼应，形成鲜明的反差。雌狮两眼怒目圆睁，雄狮双眼慈祥专注，将其不同的情态展现得淋漓尽致。狮背上饰荷叶的设计有三大效果：一是避免了构图的单一性；二是增强了修饰性，使工艺品顿增几分艺术感，符合人们求新求异求变的心态；三是上下呼应，作者在石狮的上下装饰荷叶，以求平稳呼应之感。荷叶上再露出与柱的接触平面；荷叶呈翻卷状，显示其动态感，使人看起来更加真实。狮身上面和狮脚下面都是荷叶，这两种动植物的结合在工艺美术中本就少见，加上荷叶下镂空的飘带好似在表演。它与山野中的凶恶之狮的表情形成巨大的反差，这种反差和不协调的巧妙利用和处理将观赏者带入一种超凡脱俗的艺术境界之中，这正是制作者匠心独运之处，也是匠人对艺术审美的把握、提炼和升华。其下为两层台素面，恰好似音乐演奏结束后的停留，等待奏响下一首曲子。其下饰以万字纹和卷草纹，把人带入了另一种节奏和审美的世界。它与上面的石狮及其荷叶装饰协调和谐，相得益彰，这是匠人再一次成功利用两种不同艺术意境的结合。

外侧一雄一雌两座石象柱础，右侧雌象微微双眼闭目，神态静谧祥和，鼻下有一小石象张着嘴，显出与大石象戏耍之态。小象脚下是镂空的绸带，呈凌空飘飞之状；左侧雄象鼻下为一驯象人。驯象人身缠绸飘，一手顶着象鼻。两象的不同状态，既考虑了性别特点，又考虑了动态变化，显得协调和谐，给人以平衡之感。同时，象身用两巨大重叠的荷叶代替，这种别出心裁的构思让人为之一振，同时，它又与两石狮的风格保持了一致。两石象柱础其余纹饰基本一致，象背是一立柱，柱下方柱础侧面饰龙纹、麒麟、水牛、牡丹花、牡丹叶和蕉叶，繁纹密布，与清代家具的装饰风格十分接近。体现一种紧密、繁复的艺术风貌。其下与石狮柱础一样，为两层台素面，素面以下饰布帕，犹如一张桌布铺在桌上。布上主纹为四瓣一蕊花朵，布边饰卷草纹，给人以清爽、淡雅之感。四角饰兽面纹，给人以庄重神秘之感。布与兽面的空白处饰水仙花、兰草纹等，加上水牛性春、山羊上树、猴捅马蜂窝等民间认为不吉祥的图案，反映出匠人创作心态的复杂性。总体来说，石象柱础的创作理念是多元的，将如此多的元素糅合在一起并做到统一协调，实属不易。我们不得不为匠人们高超统筹的艺术手法感到惊讶。

（3）雕刻技艺高超，技法多样，使此一佳作成为石雕工艺品中的上乘之作。

张氏民居柱础雕工圆润，磨制精细，雕刻技法多样化，匠人对每一种雕刻技法都掌握得非常娴熟，达到炉火纯青的地步，且见不到一处败笔，可见其用工之深。石雕艺术不会一次成形，而是层层递进的。古人雕刻往往不用图纸，然整体构图是跃然于心的。这只有胸有成竹与技艺娴熟的匠人方能将心中的立体造型一步步化作物质的实体。四个柱础的雕刻采用了圆雕、镂雕、阴雕、线雕、浮雕等多种技法：圆雕的象鼻与象的腹下部，使大象形神兼备；镂雕的绸带与荷叶局部线条流畅，绸带的飘逸感与荷叶的翻卷状自然传神；阴雕的荷叶颈脉与线雕的狮头上毛发和兽面纹的毛发等细腻逼真，惟妙惟肖；浮雕的柱础基座的四周图案自然规整。可以说，工匠们老道深厚的雕刻技艺使四座柱础雕刻的每一个部位都是那么精妙绝伦，巧夺天工，不愧为石雕艺术的上乘之作。

（4）与民俗文化相结合，吉祥题材与非吉祥内容并存，反映了工匠创作的复杂心理状态，为不可多见的民俗雕刻艺术珍品。

这四个柱础的雕刻内容取材于民俗文化，与民间文化相联系是这四个柱础雕刻内容的一大特色。在我国传统民族文化中，狮子一方面有子孙昌盛、世代为官的寓意，另一方面有趋吉避凶、镇宅守户的说法，为吉祥之物；象则有太平有象、吉祥如意、出将入相等寓意和说法；龙是神异动物，为民族精神的象征；麒麟是仁慈祥和的象征，民间称"祥瑞之兽""吉祥神兽"，主太平、长寿；牛是勇气、勤劳、吃苦的代表；牡丹象征富贵；兰花象征美好、高洁、纯朴、贤德、贤贞、俊雅。杂宝表示吉祥；这里特别要指出的是，多处选取荷叶这一题材作为主纹饰之一，其意有三：一是取其寓"出淤泥而不染"；二是工匠或房主信仰佛教，荷叶与莲花有相关性，莲花乃佛教圣洁之物，匠人认为莲花不便设计表现，而用荷叶替代；三是从审美角度出发，出于艺术的需要。除众多吉祥雕刻内容外，出人意料的是有三个不吉祥的图案，它们雕刻在右侧雌象基座下方不太引人注目处，图案较小。这三个图案分别是：水牛性春、山羊上树、猴捅马蜂窝。水牛性春是不雅行为，有人说寓原房主人生活不检点；山羊上树因羊是不可能上树的，寓办不到的事情；猴捅马蜂窝是危险行为，寓猴会被马蜂蜇。据说是因张姓房主人对待工匠苛刻，只管吃、住，不给工钱，引起工匠卓氏兄弟的不满，为诅咒张而雕上去的。这反映了工匠创作时的复杂心理状态。总之，两种切然相反的民俗文化题材出现在同一雕塑作品中十分罕见，反映匠人内心的冲突和挣扎，也进一步暴露了卓氏兄弟们不愿受剥削的反抗精神，是不可多得的民俗雕刻作品之一。

（5）整体动静相衬，对称协调，规整而富有变化，展现了石雕艺术的造型美。

这四个柱础的石雕体现了中国雕塑中重视对称美与协调美的特点，在构思和设计上都充分考虑了这一元素。柱础雕刻的对称，并非呆板运用，而是灵活处理。无论是雄雌二狮的变化与对应，还是雄雌二象的变化与对应都能给人以平衡、规整的感觉，即总体对称而局部又富有变化。如两石狮的口部变化：雄狮口含珠子，神态安详；雌狮口伸舌头，作怒吼状；狮背的荷叶层数表现为雌狮的荷叶相对较小而层数多，雄狮的荷叶较大层数较少。再如两石象鼻下的变化：雄象鼻下是站立的驯象人，雌象鼻下是戏耍的小象，驯象人与小象大小基本一致，这里包括对称和变化原理的利用。石狮、石象和驯兽人的一静一动相互映衬。动态美与静态美相烘托，提高了艺术欣赏价值。其对称美的运用还体现在两石狮与两石象基本呈斜对角线对称造型，四基座的形制基本一致等多个方面。再从四柱础安放的位置来看，两狮一左一右，两象一置于狮左一置于狮右，两两对应，对称而协调。

（6）艺术风格大气华丽、繁复重叠、生动形象，以写实为主，兼有写意，反映作者擅长两种艺术表现手法的融合。

张氏民居的四个石雕柱础，朴实中透出华丽，规范中求险峻，灵活多变，大气豪迈，一以贯之，既有表现狮子张扬的一面，又有不失象内敛温和的风格写照。匠人把狮与象的神态表现得酣畅淋漓，荷叶的形态自然逼真，具有大写实的风范。然而，作者并不局限于写实，在组合设计上又增添了许多寓意深刻、意境独特的思想内容，如用荷叶替代象身等实与意的结合，体现了匠人的创新意识、创新水平和对艺术的理解。在绝大多数辅助纹饰中的动植物则以写实为主，少量为写意，写实的有龙、麒麟、牛、羊、兰花、水仙花等，写意的有牡丹花及部分卷草纹等，写实与写意同时使用，交互补充，在同一雕塑作品中并不多见。说明匠人擅长多种艺术表现手法，取长补短，融会贯通。在形式上，繁衍重生，叠叠加加，如每一柱础的荷叶有较大的比重，表现出荷叶在构图中所占的重要位置。狮背和象背上烦琐叠加的图案也体现了这一艺术特点。

（7）艺术性与实用性相结合，即在保证实用的基础上进行巧妙的艺术创作，是实用性与艺术性统一的典范之作。

柱础位于房柱之下，要承受房盖与上端梁坊的重力，因此，柱础的实用性要求很高，必须首先在保证它的承重量需要的同时再进行艺术创作，因此柱础的雕刻创作要比别的雕刻艺术多一重约束机制，这就为创作艺术品增加了难度。张氏民居这四个柱础不但艺术性发挥到了极致，艺术性与实用的结合也发挥到了极致，既充分展现了艺术美，同时又具有实用性。石狮和石象背上的短柱都是为实用性而设，在其上进行动植物雕刻就是为艺术表达的需要。这样安排，石狮、石象看起不至于单调和一般化，同时又满足了承重接触面的需要。石狮和石象的腹下部有很大的空当，挖掘很深，这是为艺术的需要，但挖掘到什么程度又要满足承重的需求，这就要求匠人既要掌握柱础相应承受力的基础知识，又要具有深厚的柱础雕刻经验和水平。同时，为保证其相应的承受度，匠人还巧妙地利用狮和象的两腿来增加其承受力。可以说，这四个柱础是实用性与艺术性结合的典范。

三、张氏民居柱础的石雕艺术在重庆同类作品中有着突出的地位和代表性

1988年，张氏民居四个柱础石狮、石象照片在阿尔及利亚展出，受到好评。1993年，北京的有关专家在考察张氏民居柱础的石雕工艺之后，赞不绝口，认为其具有较高的收藏价值、鉴赏价值和开发价值，部分石雕可与北京故宫石雕艺术作品媲美。但由于黔江张氏民居柱础作为文物，年代较近，因此，市文物专家组在定级时确定的级别不是很高，但它的艺术价值却得到了充分的肯定和赞赏。他们指出，这四个工艺精湛的柱础在重庆是首屈一指的，是出类拔萃的，艺术价值高，含量金也高。

总之，张氏民居柱础石雕艺术构思新颖、造型组合别致、工艺技术精深、布局设计合理、审美意识独到，蕴含着丰富的民俗文化和地域文化特点，折射出民族心理、社会道德、建筑理念和艺术追求的时代风貌特征，在重庆工艺美术中占有一席之地，是重庆柱础石雕最高水平的代表作之一。对它的研究和探讨，对当今雕塑艺术的发展有十分重要的借鉴作用和启示意义。

历史文化名镇类

从文物看濯水古镇的历史底蕴和文化特色

【摘　要】濯水古镇作为渝东南和武陵山区一颗璀璨明珠，文物资源丰富。这里有巴文化、汉代和明清的墓葬文化、宋代的制陶文化、明清的土司文化与革命时期的红色文化等历史遗存。笔者对产生这些文化的自然环境、社会经济环境、人文环境的分析和思考，能使人们认识濯水古镇的历史底蕴和文化特色，旨在为古镇文化资源的保护、管理和利用提供参考。

【关键词】文物；濯水；古镇；底蕴；文化

2014 年 2 月，国家住房和城乡建设部、国家文物局将重庆市黔江区濯水镇列入中国历史文化名镇。濯水镇位于黔江南部，距黔江城 26 公里，是一座古老、典雅、富有土家族特色的古镇。濯水在明清时期经济繁荣，水陆交通发达，社会文化快速发展。悠久的历史、丰厚的文化积淀、繁荣的经济使濯水镇成为渝东南一颗璀璨的明珠。上千年历史文化传承奠定的文化底蕴，成为濯水镇新时代开发、弘扬优秀传统文化的源泉和社会基础，成为渝东南古镇文化的投射和缩影。

一、濯水镇发展脉络与文物概况

濯水镇背靠秀丽的五佛山脉，东邻马喇镇，南连阿蓬江镇，西接金溪镇、水市乡，北接冯家街道，辖区面积 114 平方公里，人口 27 402 人，耕地面积 28 260 亩，其中田 4910 亩，土 23 350 亩。阿蓬江从古镇西侧缓缓流过。阿蓬江乃乌江支流，发源于湖北利川市，在渝东南南面的酉阳县龚滩镇南侧汇入乌江。国道 319 线沿从集镇中央横穿而过。古镇背面有渝怀铁路和渝湘高速公路。濯水码头是古时濯水镇社会经济发展的支点，也是濯水镇古时与外界联系的重要渠道。

濯水古镇初名"白鹤坝"，民国改称"濯河坝"。濯水，禹贡梁州之域。唐代，濯水属思州武夷郡，后思州武夷郡改名思州。元、明、清时期，濯水隶酉阳州，为酉阳宣慰使冉土司辖地。商周及其以前濯水为蛮夷之地，不通汉话，用绳索打结记事，借贷刻木为契。[1]唐末宋初，濯水古镇的商业和手工业作坊发展起来。[2]清雍正十三年（1735）"改土归流"以后，濯水古镇经济文化得到飞速发展。据《酉阳州志》载，濯河坝场距酉阳县210里[3]，常有湖南、湖北、广东、广西商人到濯水开设商号，逐渐形成商贸市场。著名的商号有"茂生园""宜宾栈""光顺号""同顺治"等，染房、酿房、刺绣坊等手工业作坊遍及街市，上海、宁波、厦门、广州、南京、武汉等地客商将山外的风琴、口琴、自鸣钟、汽灯、手摇留声机等洋货带到濯水，转而将濯水的蚕丝、桐油、生漆、茶叶、皮革等土特产品远销山外。清末，有日本人来此经商，把"光顺号"的生漆和"同顺治"的药材销往日本。清代后期，濯水古镇成为川东南驿道、商道、盐道的必经之处，商贾云集、店铺鳞次栉比，促进了当地与外界的物资交流，其繁盛的程度居于同时期黔江县城之上，与酉阳龙潭、龚滩合称"酉阳三大名镇"[4]。1952年7月，濯水镇划入黔江县，为今黔江区辖地。濯水镇是土家族地区历史上最具开放和文化交流意义的商贸集镇。

濯水古镇的文化遗物，最早可追溯到战国时期。濯水出土的战国时期可移动文物有3件，其中国家三级文物两件，一般文物一件。据考古发掘和全国第三次文物普查登记，濯水境内有不可移动文物32处，按级别分，市级文物保护单位1处，区级文物保护单位9处，未定级文物点22处；按类型分，古遗址4处，古建筑9处，古墓葬17处，近现代史迹和代表性建筑2处；按朝代分，汉代1处，唐宋至明清文化遗址2处，宋代1处，明代1处，清代25处，民国2处。它们为泉孔汉墓（汉代）、麻柳嘴遗址（唐宋至明清）、夏家坝遗址（唐宋至明清）、石鸡坨陶窑遗址（宋代）、官陵墓葬群（明代）、樊家大院（清代）、龚家抱厅（清代）、光顺号（清代）、汪家作坊（清代）、余家大院（清代）、汪本善旧居（清代）、马鞍山舍利塔（清代）、洗墨桥（清代）、陈家湾拱桥（清代）、黄泥坨红军纪念地（民国）、石鸡坨龙窑（民国）和15处未定级清代墓葬。这些文物和文化遗址彰显濯水古镇的历史底蕴和文化特色，是濯水古镇的宝贵财富和文化遗产，也是地方民族历史和文化的象征性标志。

二、历史底蕴和文化特色

本文论及的历史底蕴和文化特色，是从文物的视角来探讨的，并不包括非物质文化遗产、历史事件、历史人物和民风民俗等方面所呈现的历史底蕴和文化特色。

其一，从濯水出土的青铜文物来看，具有巴文化与楚文化交融的特征，显示着濯水古镇辉煌文明孕育的原始基础及其强劲的文化动力。

1990 年，濯水镇乌杨居委出土战国时期青铜甬钟 2 件（图一、二），是濯水镇至今发现的最早的文明遗物。两件甬钟无旋，下端无干，用于挂系的横柱位于甬部内空上端，具有典型巴文化甬钟的特征。青铜甬钟作为品阶较高的文物，表示濯水镇附近已有人类活动，也说明濯水古镇的形成与人口聚集有关联。以青铜甬钟为标志的巴文化实物，展示着濯水古镇的早期文明。汉代，濯水土著人虽不通汉语、不识汉文，但并未影响他们与外界的经济、文化联系。事实上，春秋战国时期，濯水地属楚国。[5]具有巴文化特征的青铜甬钟出土，正是巴文化对楚地文明渗透和交流的历史依据。同时，也展示了濯水土著民的创造力和聪明才智。黔江其他地方出土的巴文化青铜錞于、甬钟、钲、洗、釜等器物也可以佐证这一观点。人口的聚集是孕育千年濯水辉煌的原始基础和条件。任何一个事物的发展，都有一个前期积累的过程。濯水古镇的形成、孕育和发展，离不开古代在濯水生活的人们创造的文明成果及其在历史进程中所隐含的力量，巴文化是其沉淀下来最为重要的历史基因之一。

图一　濯水出土的甬钟一　　　　　图二　濯水出土的甬钟二

其二，从濯水发掘的汉代墓葬来看，昭示着濯水古镇文明发展潜在的社会历史因素的累积。"事死如事生"的墓葬文化催生汉代濯水的厚葬之风。

1978 年在濯水镇白杨村洋田出土汉代墓砖 1 件（图三），说明附近曾有过汉墓葬存在。2001 年 10 月至 11 月，黔江区文物管理所对位于濯水镇濯水居委五组的泉孔汉墓进行抢救性发掘，此墓于 20 世纪 80 年代发现，第二次全国文物普查载入《中国文物地图册》。通过发掘，其墓葬形制呈"凸"字形，出土器物有墓砖、墙砖、券顶砖、铺地砖、五铢钱、纺轮（图四）、陶片等。这给研究阿蓬江流域汉代经济文化状况和发展脉络提供了极为宝贵的考古学材料。汉代，濯水属荆州武陵郡酉阳县辖地。当时一般平民墓葬建设的豪华程度已超越濯水以后的其他时代。从墓葬甬道的随葬品来看，与全国其他许多地方的葬俗具有一致性。地处偏远山区的濯水，人类的生存环境极其恶劣，但从它烧制的各种类型的火砖与建设的墓葬质量看，表明濯水的社会经济已经得到进一步的发展，人口也进一步聚集。厚葬之风的葬俗文化只有在社会、经济、文化大发展大繁荣时期，边远地区才有条件得以盛行。从出土文物看，濯水与全国一样，经济文化的发展和进步是明显和巨大的，它暗示濯水古镇文明起源的潜在因素得到进一步的积累和发展。具体来说，五铢钱的出土，说明那时有着把流通的货币作为随葬品的习俗；纺轮的出土，说明有将生产用具作为随葬品的习俗；陶片的出土，说明濯水在汉代有将陶器制品用于明器的习俗。总之，这一切说明，汉代的厚葬文化在濯水一般平民墓葬中得到体现，表明汉代"事葬如事生"葬俗文化的兴起和传播的广泛性。佐证汉代的发展和繁荣是全面而广泛的，波及中华大地的各个角落。再从墓葬的形制看，它与汉民族生活地区葬俗没有太大区别，随葬品类型相类似，充分说明濯水作为少数民族聚居地也深受汉民族思想文化的渗透和影响，也佐证了汉代实行大一统集权政策的巨大力量和巨大作用，昭示着濯水古镇经济、文化发展的酝酿过程进入了一个新的历史时期。

图三　洋田出土的汉砖

图四　泉孔汉墓出土的纺轮

　　其三，从宋代的陶文化看，濯水古镇陶器制作工艺和烧造水平已相当高，表示古镇经济的全面发展和文化繁荣已开始起步,并进入一个全新的发展时期。

　　在濯水镇三门居委六组阿蓬江左岸的半山坡碗渣地发现宋代陶窑遗址，文物名为石鸡坨陶窑遗址，为黔江区首批重点文物保护单位。遗址西向阿蓬江，东为凤凰山，从阿蓬江到山后有道路通过遗址，附近出产制陶原料黏土，这也是陶器窑址设在这里的原因所在。遗址面积约 2 000 平方米，地表荒地内有大量陶片（图五）。文化层厚约 2 米，有 4 层，第 2 和第 4 层有大量陶片，以高温灰陶片和夹沙陶片为主，多厚胎，饰粗弦纹，施半青釉，可辨器型多为罐、钵、碗、碟等，具有宋代陶器的典型特征，对研究宋代陶器在阿蓬江流域的制作工艺、销售市场以及社会经济状况具有重要价值。从出土的陶片看，制作工艺较高，吸水性在陶器中相对较低，陶质坚硬，烧造技艺达到较高水平，时代特征突出，说明制陶手工业的发展进入一个全新的阶段。在遗址以下约 300 米处的阿蓬江右岸，是濯水由南向北的第三个码头，离濯水集镇仅 3000 ~ 4000 米，烧造的陶器可通过水路运至濯水古镇销售，也可运至龚滩古镇销售，通过龚滩又可销到更远的地方。陆路可运至南面的酉阳、秀山县城和北面的黔江、彭水县城销售。总之，这些为石鸡坨陶窑的快速发展和质量的提高提供了条件和社会基础。无论从实物还是销售渠道看，均反映濯水制陶手工业的发展达到了一个较高的水平。从文化层堆积的厚度和规模看，生产量十分巨大，几乎可以满足当时渝东南大部分地区的陶器需求，可以说在渝东南地区首屈一指。这一时期濯水隶属酉阳羁縻州，声势浩大的制陶业的兴盛和繁荣必然带动古镇其他各行业的发展和进步，也必将使社会、经济、文化迈向一个新台阶，创造出濯水发展的第一次辉煌。制陶业的发达是其中最为重要的推动力和引领力量。同样，它也会带动整个酉阳羁縻州的社会、经济、文化活动发展，并使之继续沿着人类文明的道路大步迈进。濯水以制陶文化为主的手工业的快速兴起和发展造就了濯水继续发展的历史文化和经济基础。

图五　石鸡土出的宋代陶片

其四，从明代代表性墓葬看，反映酉阳冉土司特有墓葬建设文化和葬俗文化，成为渝东南土司势力和土司文化发展的重要历史依据和独特的民族文化。

位于濯水镇蒲花居委十二组筒车坝官陵山东坡的官陵墓群（图六），为市级文物保护单位。主墓系明代酉阳冉氏十九世土司、怀远将军（从三品）、亚中大夫冉维屏（号眉坡）妻杨氏墓。始建于明代，墓体呈圆形，它是迄今为止所发现的唯一可信的渝东南地区酉阳冉氏土司家族墓群。土司制度是元、明与清初封建王朝在西南少数民族地区推行的一种政治制度，委当地的少数民族首领以土官职衔，管理所辖地的内部事务，土司可以世袭。土司制度对当地的政治、经济、军事、文化和生活都有着重大的影响。现主墓墓体保存完整。主墓前除有一尊残损的石马外，墓碑、石亭、石牛、石羊等都已损毁。主墓左右两侧为金童玉女陪葬墓。从曾经的遗物可对土司豪华奢侈葬俗有一个大致的了解。它有点像帝王陵墓前置石青龙、石白虎，排场很大，不仅有动物石雕像，还有活人殉葬习俗。官陵墓群在 1987 年第二次全国文物普查时，周围有 60～70 个明、清时期冉氏家族后裔墓葬，保存至今的有 10 余个，说明冉氏家族看中了这块风水宝地，并有着群葬的习俗，墓群前的居民皆为冉氏家族后裔，一直延续至今。

据说，当时冉氏后人迁居于此，就是为了看守杨氏主墓。从《冉氏族谱》记载的《杨夫人墓志》来看，它反映了渝东南土司家族墓葬的一些重要的历史文化内容，为研究土司制度和土司文化提供了重要的文字资料，也为渝东南土司家族墓葬的考古提供了重要补充依据。通过《杨夫人墓志铭》还可以看出酉阳土司与中央王朝相互利用的密切关系及其制度机制，它折射出土司一夫多妻的婚姻文化和家庭关系，同时反映了土司推崇孔孟之道，讲究"忠孝一体，以忠为先"的思想文化以及按血缘亲疏、长幼辈分确定人选的世袭文化。另外还反映了悼念规格层次高、参与人数多、世俗化的丧葬文化和酉阳冉土司家族复杂的官场关系网络特点。[6]这些均表达着渝东南土司制度和土司文化及沉淀下来的厚重的历史底蕴。同时，它也代表着明清时期酉阳冉土司在濯水的巨大社会影响和思想文化统治。

图六　官陵墓群主墓

其五，从濯水古镇老街清代建筑群来看，地方特色的构筑物与徽派传统建筑风格的融合，成为濯水古代不同建筑文化尝试利用的历史见证。

濯水古镇老街有六大清代建筑群，即樊家大院（图七）、龚家抱厅（图八）、光顺号（图九）、汪家作坊（图十）、余家大院（图十一）、汪本善旧居（图十二）6大院落。今6个院落均列入区级文物保护单位，黔江区文物管理所已将其整体申报市级文物保护单位，并已通过专家的最后审定，待市政府最后公布。这六大清代建筑院落主体为木结构，辅以砖石，抬梁或穿逗式梁架，歇山式屋顶，小青瓦覆盖。其中，樊家大院建筑面积386平方米，三进两天井，院内两个过厅与两个天井和街道相通，大院南北两边有马头墙；街面的凉厅与正院相连；尤其是过街式的凉厅建筑极为少见，它除属樊家宅第外，也是古镇第一处义学讲堂，比同时期黔江最早的三台书院还早三年。龚家抱厅建筑面积 400 平方米，全木结构，四合院，四层。临街为一层，其下两层，沿江岸建有土家特色风格的杆栏式廊道，吊脚楼接地，底层呈开放式。最具特色的是在过厅上端建歇山式屋顶，形成"抱厅"。其特点是屋当中有一用于采光的冲天楼，对于雨水的流向设计极为科学合理。光顺号建筑面积 880 平方米，三进三天井，共三层，各进之间用青砖墙体分隔，石质门洞相连，二、三进之间则无门，而建一片室内平地。独特的建筑格局在院内形成一条很长的通道。通道采光良好，左右两厢建阁楼。内院二、三层共设七段栏杆式廊道，具有典型的会馆式商号特征。廊道饰人物、虫鱼、花鸟、八宝、博古及几何图案，木雕纹饰均不涂漆，而通过高品质木材的色泽和自然纹理使细部更显生动质朴。该建筑是清代濯水"十大号口"之一，也是濯水古镇第一大传统民居建筑。汪家作坊建筑面积 680 平方米，四进三天井，布局类似光顺号，空间显得更为灵活而富于变化。汪本善旧居建筑面积 760 平方米，是我国著名有机地球化学家汪本善旧居，依河岸坡地而建，室内与地形结合，中庭产生丰富的空间变化，灵活解决交通与采光。檐廊空间与庭院天井之间，以通敞的过道、穿廊直接相连，形成宅院四通八达的交通系统，极好地体现了土家山地民居建筑的风貌。汪本善的旧居，四合院，五层吊脚楼建筑。平街层内，四面有栏杆式廊道相围。临江，二进两层为栏杆式廊道吊脚楼，天井处于街面之下一层，每层有石阶相通。该建筑是古镇上唯一一栋有封火墙的临街五层吊脚楼，也是镇上目前最高的吊脚楼，号称"濯水第一楼"。余家大院为清代进士余公安的宅第。建筑面积 800 平方米，三进五天井，除中轴线三个天井外，靠南面封火墙有两个天井。整座宅第共 90 根立柱、68 座雕花柱磴、183 朵雕花窗、33 扇门，夹泥墙是其建筑特色之一，豪华装饰彰显官宦人家的大气和气度非凡的建筑特色。这六大清代建筑中，余家大院与樊家大院相距最远，约 120 米，汪家作坊与汪本善旧居相距最近，互为街道对面，仅距 2~3 米。其中，龚家抱厅和汪本善旧居位于老街外侧西面，其余 4 处建筑位于老街内侧东面，6 大建筑体形成一个错落有致、相互呼应的有机建筑群落。反映清代濯水古镇社会发展和经济繁荣达到历史上的顶峰。在这 6 大清代建筑群中，山区地方建筑构造的吊脚楼与徽派建筑风格的四角小天井、马头墙、小青瓦的搭配和结合，使濯水古镇老街建筑群让人产生别样感觉，开辟了新的风格和特点。它既有山区地方建筑的粗犷特征，又有徽派建筑自然得体、精致、细腻的风格写照；既有山区地方建筑刚劲挺拔之美，又有徽派建筑严谨、雅致的风范特征；既有山区地方建筑淳朴深沉的艺术美感，又有徽派建筑灵活变幻的特色；既有山区建筑的结构特点，又有徽派建筑的构造特征。这两种不同风格揉捏在一起，赋予建筑体更大的复杂性和文化的包容性、多面性、多样性，使得地方民族构筑物和徽派传统建筑物得以进一步的升华和发展。这是地方建筑成功吸纳徽派传统建筑元素，塑造古镇老街的新形象，赋予建筑体新的生命力和活力，是宁静与宣泄两种相反的感情元素和色彩的映衬与平衡。人置身其中，富有特色的小镇文化荡然胸间，这也是濯水古镇建筑与其他地方建筑的差异之处。独特的建筑风貌也正是古镇巨大魅力之所在。总之，它见证了古代濯水对不同地方建筑文化的利用和有益尝试。同时，这 6 大清代建筑群为当时濯水古镇建筑的最高水准，并构成庞大的院落体系，它的孕育、营造和建设是以当时古镇强劲的经济力量和社会动力作为支撑的，是时代和社会发展环境造就这一富有历史文化内涵和极具艺术特色的清代建筑群，它与古镇的宏观社会历史背景有着莫大关联，是一代又一代濯水人在大无畏的历史进程中凭借着聪明才智和创造力的积淀稳健发展的结晶。它赋予古镇经济发展天然的文化成分和力度[7]。

图七　樊家大院跨街过厅

图八　龚家抱厅冲天楼

图九　光顺号大门

图十　汪家作坊天井（局部）

图十一　余家大院大门

图十二　汪本善旧居部分楼层和吊脚楼

其六，从清代寺塔建筑和遗址看，折射濯水古镇佛教文化发展达到了前所未有的高度。

濯水镇蒲花居委灵应寺遗址（图十三）是区级文物保护单位，为黔江境内保存的清代最为完整、最为丰富的寺庙遗址，面积1 200平方米，南北长50米，东西宽25米。虽规模不是很大，但它反映了古代武陵山区寺庙建筑的格局和布局。遗址东面是陡坡，南、北、西三面为石质围墙，现残存围墙、山门、正殿及前后殿的基础、柱础，特别是山门的存在反映武陵山区寺庙建设特点，现黔江境内的斜岩寺、香山寺、真武观（为佛道融合的宗教建筑）均建有山门，还有"讲道德"神龛1个，震撼人心的"天理良心"碑1通。其碑位于前殿，呈长方形，宽0.82米、高1.16米、厚0.11米。楷书阴刻"天理良心"四个大字，另刻："大清光绪十四年十月初八吉旦立"。说明当时的僧人们不仅遵守佛教文化的至善和对神灵的敬畏的心理，同时，还把一般民众的道德底线联系起来，"天理良心"作为普通民众不可逾越的道德底线，朴质的人们坚守着这样一条做人处世的原则，灵应寺的僧人们在佛教文化传播中，也遵循世人认可的做人道理、原则、禁忌。这反映了灵应寺与众不同的独到的佛教文化。另有天井2个、水井1口、明心台1座、石质消防水缸1口、地下室1个。这些说明灵应寺有完整的设施设备，僧人们消防安全意识强。遗址边缘四周用块石砌成围墙，厚约 0.5 米、高 1.2～2 米。山门位于遗址南端，用灰岩质条石砌成，通高 3.5 米，宽 6 米，门洞顶呈弧形，厚 1.6 米，高 2.7 米，宽 1.8 米。门额楷书阴刻"玉灵山"，门柱刻楹联"玉宇无尘望去皆松风水月，灵山有路游来尽圣域贤关"，反映佛教圣地的超凡作用和佛文化意境。石质仿经幢呈正方体，三层一顶，层层内收，通高 3.8 米，底座边长 1.42 米。从它的结构和形制看，反映佛教建筑与一般建筑的差异性及其文化特色。其形制与佛教的塔相类似。明心台东面雕刻静瓶观音、执佛尘观音及荷花、祥云纹。在明心台的北面供奉两尊大肚罗汉像。这些浮雕图案作为佛教要素，展现佛教文化特色。同时刻有："非是肚皮大凡事看得淡，世间多少人不为我罗汉""明心台叙""卓哉此台，妙景天开，清清泉水，涤去尘埃，借兹明心，好入蓬莱""光绪十三年小阳月施州逸士李少白题"及序文。第一句说明了多少人不像以罗汉为代表的佛教文化遇事想得开。第二句刻画了佛教的理想意境，为佛教文化传播之语。从序文可知，灵应寺正殿原建有化炉 1 座、右首耳房 1 间、前后亭阁各 1 座。水井位于明心台南侧，井沿用正方形石板砌成，边长 0.7 米。"讲道德"神龛位于遗址东南角，石质，长方体，宽 0.8 米，长 0.6 米，刻："你去求慈悲，我来有感应"等文字。消防水缸位于第二个天井内，石质，长方体，长 2.4 米、宽 1.83 米、高 0.95 米。地下室又称地下罗汉堂，位于后殿，洞口正方形，边长 0.7 米，洞深 2.5 米。腹部为圆形，分左右 2 室，原供有罗汉造像及小神像。总之，这些遗物、雕刻、楹联和装饰无处不反映出佛教文化的本质和特色。灵应寺遗址作为保存完整、内容丰富的遗迹，反映了濯水深厚的佛教历史文化积淀和渝东南寺庙建筑特色。

图十三　灵应寺遗址

在濯水遗留下来的还有与佛教文化相关的一处未定级的田野文物，它为马鞍山舍利塔，俗称和尚坟。建于清代，位于黔江区濯水镇双龙村四组，共2座，这两座舍利塔规模较大，两者相距1.3米，其中M1为石质八角形结构，塔刹已毁，仅剩3层，通高2.8米，正方形素面基座，边长2.4米，高0.8米。塔身阴刻："圆寂恩施上识下空字常智老和尚之塔""生于嘉庆辛酉""死于咸丰任子"等文字。M2为石质五重檐八角攒尖顶，层层上收，通高4.85米，正方形素面基座，边长1.5米，高0.55米。塔身阴刻："圆寂恩施云修齐乘老和尚之塔位"，"生于道光八年"等文字。这两处舍利塔规模较大，舍利塔主人的位阶相应较高，这两座舍利塔同时也见证了濯水和尚坟有别于民间墓葬的文化特色和形制。

从以上两处文物可以窥见清代濯水古镇佛教文化的广泛传播和发展，与清代黔江佛教的兴盛和繁荣相印证[8]，也进一步佐证当时濯水存在着大量的信仰佛教的民众。

其七，从清代濯水的石拱桥看，反映了黔江和渝东南的桥梁建造技术和桥梁外在风貌的文化特色。

建于道光年间（1821——1850）的濯水镇乌杨居委三组洗墨桥（图十四）为首批区级重点文物保护单位。桥为东南—西北走向，横跨龙洞河，石质单孔拱桥，全长17.5米、高5米。拱高4.1米，跨度6米。桥面用石板铺就，长7.5米，宽3.42米。桥栏为长方形条石，高为0.43米。桥两端各有阶梯踏道14级，级长4.7米，宽0.2米，高0.18米。拱顶正中楷书阴刻"洗墨桥"3字，字径0.2米，字距0.03米。1934年5月，中国工农红军第三军从马喇湖出发进军彭水时通过此桥。洗墨桥造型美观、古朴、大气。此类石拱桥在黔江未定级文物中有30多处，如北部黎水镇青龙桥、黄腊坝拱桥，黄溪镇青云桥、詹家河拱桥，中部沙坝乡桥面滩拱桥，南部鹅池镇五福桥、水市乡杯子洞拱桥等，几乎全区均有分布。濯水洗墨桥建造工艺精良，整体风貌保存完整，营造技艺和外观形式在这类桥梁中具有代表性和典型性，反映渝东南桥梁建造水平和外在风貌特色，对研究古代桥梁建筑工艺和交通建设及经济发展都具有比较重要的价值。

图十四　洗墨桥

其八，从红色革命遗迹看，彰显濯水古镇具有渝东南革命老区有机组成部分的历史积淀和红色文化特征。

濯水镇白杨居委三组（即濯水镇街左侧河边）红军渡（图十五），系 1934 年中国工农红军第三军于此渡河前往彭水县城的渡口，现存黔江县（今黔江区）委立的"红军革命纪念碑"1 通，坐西南向东北 45°，通高 1.85 米，碑高 1.4 米，宽 1.55 米，厚 0.28 米，基座长 1.7 米，高 0.45 米、宽 0.61 米，占地 9 平方米，阴刻"红军革命纪念地（黄泥坨）"几个大字。1982 年原黔江县政府将此渡口列入重点文物保护单位，现为黔江区一般文物点。它再现了红军留下的历史足迹，同时也是一段史实的见证。其所展现出来的红色文化和红色革命精神至今具有无限魅力。

图十五　红军革命纪念地（黄泥坨）

其九，从清代墓葬看，反映濯水古镇以血缘关系为纽带的墓葬特色和丰富雕刻形式的装饰文化及其与墓葬建在一起的贞节文化，突显濯水古镇清代墓葬建设的历史观念，彰显了传统基因带来的文化因子和文化形式。

濯水古镇的墓葬文化与社会文化有着千丝万缕的联系。清代，濯水古镇的宗族文化十分兴盛，以婚姻和血缘为纽带形成的宗族观念在墓葬建设和形制中得以凸显和表达，如濯水镇蒲花居委遇度坪王氏合葬墓（图十六），条石围成长方形封土堆，正面仿木结构四重檐三墓室五人葬，浮雕狮子、龙、凤、鹿、罗汉等纹饰。中间碑阴刻："清叔师王公讳明芳字回春老大人之墓""光绪二十五年（1899）己亥岁孟秋月二十八日西蜀友生黄向□□学书吉立"。左为光绪二十五年王明全、王刘氏夫妻合葬墓，右为光绪二十二年（1896）王在中、王雨亭兄弟二人合葬墓[9]。墓前有条石砌成的拜台，规模较大，形制完整，是黔江区少有的大规模家族墓葬，它反映了宗族文化对墓葬建设理念的影响力。濯水古镇的墓葬文化深刻反映了宗族文化的传统基因和特色，成为濯水古镇社会浓厚的传统宗族文化的缩影和投射，也是社会思想和文化在墓葬建设上凝聚的一个点和一种表达方式，揭示了宗族文化已经延伸人死后的各个层面，再现了中华民族深厚的传统基因和民族特色。再从它的雕刻题材看，为一般民间吉祥的动物纹和与佛教文化有关的罗汉像，反映清代濯水古镇佛教文化对地方民族的巨大影响力。再如位于濯水白杨居委的李仕旺墓葬，雕刻有戏曲人物、宝剑、龙纹等图案，反映墓葬文化将人们的娱乐喜好、宗教信仰和民族象征纹饰作为装饰的内容。从濯水乌杨居委的李天德合葬墓和白杨居委文广子洞罗樊氏墓的正前方均立有贞节牌坊看，将贞节牌坊建在墓体前面，作为一个组合体来说，为渝东南民族地区的一大创举，具有突出的社会习俗和思想文化象征。

图十六　麻柳嘴遗址局部

其十，从唐宋至明清的聚落遗址看，见证阿蓬江流域和濯水古镇的聚落形态和历史文化信息。

位于濯水白杨居委的麻柳嘴遗址（图十七）和夏家坝遗址（图十八），均分布在阿蓬江域流的一级台地上。由于两处遗址未经发掘，其文化面貌不清，但从钻探的情况来看，文化堆积层厚重，其中麻柳嘴遗址厚1.1米，面积约1 000平方米，夏家坝遗址厚1.2米，面积1 000平方米，应是历史文化信息丰富的聚落遗址，为研究濯水古镇古代的文化面貌、经济形态、文化形态、民族习俗以及社会演变均具有重要价值。

图十七　夏家坝遗址局部

三、解析这些文物资源产生的地理环境、人文环境、社会环境、经济环境等因素，会进一步认识千年濯水古镇的历史底蕴和文化特色的基础和条件

1. 地理环境

濯水古镇地处阿江流域的重要河口，好似河流线条上的一颗珍珠。河流转到这里突然开阔，河里渔产丰富，河两侧地势平坦，左侧为濯水集镇，右侧土地肥沃，聚居着若干农户。集镇背面为大山，右侧为绵延的山丘和山脉，印证古人逐水而居的生活习俗。古时候科技不发达，人们生活生产离不开水，近水以取其利。同时，在农耕经济科技含量不高的情况下，人们还需要渔业经济和狩猎经济作为补充。同时，它北面可达黔江县城，南面可通酉阳县城，两县经济的辐射影响，成为濯水社会经济发展的依托。它既是酉阳城和黔江城的连接点，又是两城南来北往客商休憩交流的最佳处所。濯水古镇正是在这样的地理环境中形成和发展的。这也是濯水古镇商贾经济比较发达、历史底蕴比较丰厚、文化特色较为突出的地理环境因素。也正是这样的地理环境和条件造就了濯水古镇的千年文明和辉煌。其实，濯水古镇的文物资源也是这种自然地理环境的产物，并以此作为其前提条件。

2. 社会文化环境

濯水镇作为山区的一个小社会，人由三、六、九等组成，人流者有之，不入流者也有之；文人雅士有之，地痞流氓亦有之；官宦人家有之，落魄人家亦有之；富商家族有之，讨饭为生者亦有之；爱国者有之，盼天下大乱者有之。这里既出过 1950 年第一个弃暗投明、从台湾架机起义、投奔大陆的爱国人士徐廷泽，又有红三军政委万涛夫人冉启秀用一生的等待谱写了一曲凄美的爱情故事。作为濯水的两个杰出人物，成为濯水历史上两个闪光的亮点。濯水人大多以经商为主，亦有各种生存之道的群体，麻雀虽小，五脏俱全，经商难免有尔虞我诈之人，但大多数商人还是以"天理良心"作为座右铭，竖立于老街的"天理良心碑"代表濯水人的经商之道，"天理良心"文化成为濯水打造旅游业的一块金字招牌，并建成"天理良心"文化展览馆。展览馆陈列品体现了濯水商贾文化的本质及其传统理念。说直白点，千年濯水古镇形成了以诚信作为经商盈利依托的社会主流文化，它也正是濯水社会各项社会事业得以长久发展和繁荣的社会动力。对于任何一个稳定发展的社会来说，健康的社会文化环境是必不可少的，正是这种健康的社会商贾文化和为人处事之道造就了濯水古镇长期的兴盛和繁荣。当然，它与国家的社会环境和所处的地理环境也有着密切关系。但作为人的方面来说，最终还是人创造历史和社会环境。人对一个地方的发展起着决定性的作用。唐代和宋代的古驿道、古盐道经过濯水，为濯水古镇商贾文化的萌芽，加之频繁的文化交流和便利的水陆交通，使濯水成为商贾如云、店肆林立的古镇。更为重要的是，这里无论是商号、小摊，还是赶集的民众，都秉承"天理良心"训条，共同构筑起濯水古镇的商业繁荣和深入血脉的价值观念。千百年来，濯水人以遵循这样的价值理念为荣，这与汪氏家族秉承"以诚待人，忠孝为先"的祖训相通，本质一致。在这种文化引导下，延伸出濯水质朴的码头文化和手工工艺作坊文化以及以血缘为纽带的家族文化，这是形成濯水在明清形成多元社会文化环境的原因，同时它也是濯水社会经济文化发展进入一个新的发展阶段的里程碑。一直以来，濯水人所秉承的诚信经营的信条和理念，正是推动濯水商业经济繁荣发展的奥秘和原动力，也是社会文化和社会环境所赖以依存的基础和条件。同时，它为社会各行业发展所提供的正能量是巨大的，它奠定了濯水人以"天理良心"为核心的价值观。濯水古镇文物资源就是这种商业文化孕育、发展、产生的智慧结晶。也是较渝东南其他地方文物资源丰富的原因。在这样的社会文化环境，从战国至两汉，从唐宋、明清至民国历代文物从未间断，具有其连续性。从这个角度来说，濯水古镇的文物反映了丰富的商业文化底蕴。"天理良心"碑就是这种商业文化的见证物。

3. 社会人文环境

清代濯水古镇有樊、汪、龚、余四大家族。濯水古镇老街的六大清代建建筑群皆分属四大家族。同时，四大家族也垄断了濯水的店铺、水运、作坊、商业、手工业及其军火等行业，古镇世代流传着一首民谣："樊家的锭子、汪家的银子、龚家的杆子，余家的顶子"。矗立于老街的清代建筑群是这四大家族遗留下来的重要文化遗产，是濯水兴旺发达和辉煌的象征，也承载着一段传奇般的历史和故事。据考，清代，樊家由于连续几代女主人都有守寡的经历，她们细心照顾老人，经营生意，哺育孩子，至今樊家大院里还保存着两张清廷所赐的贞节匾"云争霞蔚""桂馥兰芬"。鉴于此，樊家的男人往往很小就能独立，练就一身武功，以保护自己和家人，于是有了"樊家的锭子"之说。濯水人说的锭子，指的是捏紧的拳头。清乾隆初年，江西南风一场洪灾，导致汪姓一脉迁到濯水定居。汪姓人秉承"以诚代人，忠孝为先"祖训，在濯水近代工商业发展中有着极为重要的影响。在不到两百年的时间里，濯水街上就有近半以上为汪姓人家。他们经营着多种土特产品加工，迅速发财致富，仅榨油作坊就有三个，镇上的人们用"汪家的银子"来形容汪家的富有。以前，只要一提到龚姓，镇上的人们都有几分惧色，因为龚家是镇上唯一拥有枪支的大家族，他们贩卖鸦片，走私军火，在镇上有着很大的影响力，并形成了强大的地方武装。"濯河坝袍哥会"就是以龚家为中心集结、扩张的，连民国时期的土匪都惧怕他们几分。他们以"袍哥会"组织为名，在镇上收取保护费，维持地方秩序，解决了许多政府都难以解决的问题，在当地有很高的威望。同时，也为地方提供保护，维护着古商道的运输安全，后来还参加过"保路运动"。余家是书香之家，饱读诗书的余公安中了进士之后，皇帝赐给他顶戴花翎，赐给她夫人凤冠霞帔，现存赐匾一块。他还有两兄一弟，即老大余公文、老二余公学、老四余公邦，取其名字的最后一个字组合起来就成了"文学安邦"，极具文化色彩。人们用"一门三进士，四代五尚书"来形容余氏家族人才辈出。濯水古镇老街清代建筑就是这四大家族在自身建设和相互斗争与合作中建立起来的物质载体，承载着濯水古镇各种社会关系和社会构成的实际状况，反映着当时濯水的社会根基和社会基础，彰显着各自家族的力量、财富和特色。正是在这种交织、错综、复杂的社会背景，孕育、引导、建设、滋养了独具特色的濯水古镇老街清代建筑群。因此，濯水古镇在历史上是集一个官宦文化、商贾文化、市井文化等多种文化于一体的小社会。[10]

4. 经济环境

濯水镇自设立以来，就是介于酉阳和黔江之间的历史重镇，历届县令和县长都十分重视它的发展和建设，这成为濯水古镇经济繁荣和社会发展进步的重要助推力。在政府推动下，优越经济环境主要表现在以下几个方面：一是根据小镇人口多、密度大的特点，着力发展商业和手工业经济。二是根据往来人口众多、交通便利等特点，着力发展对外贸易、饮食、客栈服务业和码头经济。三是根据民众生存发展需求的特点，着力发展教育和医疗卫生事业。这三大事业和产业的长期发展奠定了濯水的经济基础。在历史上，无论隶属酉阳，还是隶属黔江，其财政税收在一个县所占的比重都比较大。因此，濯水镇在所在县的乡镇中所处的地位也比较高，可以说起到领头羊的作用。特别是明清酉阳冉土司管辖时期，濯水古镇经济得以长足进步，成为濯水古镇经济社会发展最为繁荣的鼎盛时期，遥遥领先所在县的其他乡镇。虽濯水古镇的发展离不开国家大的社会经济背景，但作为一个偏远的小镇来说，社会经济发展的独立性又相对其他地方较强。正是这样的特点，濯水在明清时期经济社会才得以长久的发展，保持强劲的发展势头。从以上提到的樊、龚、汪、余四大家族看，也说明濯水社会构成的复杂性，由此延伸出濯水人的多种生存之道，除主流的商贾经济外，又有其经济发展多面性的特点。正是在这样的经济环境下，有利于产生出不同经济文化的融合，它们相互作用，相互渗透，形成了小镇经济文化的整体性、多样性和融洽性。同时，濯水古镇的经济环境还有着地方性的特点，茶叶、生漆和药材等土特产成为对外贸易的经济载体，通过便利的水陆交通运到山外的大中小城市，再将山外的日用品运往濯水，形成了濯水经济的地方特色。在明清时期这种常态化的经济交往一直很发达，销路畅通，经济社会的发展成为那一时的主旋律。从这里可看出，濯水经济的发展是天时、地利、人和诸因素综合作用的结果，得益于独特的自然资源，得益于濯水社会发展的稳定性，得益于良好经济形态的形成，得益于社会大众的聪明才智和创造力。经济基础决定上层建筑，正是有了发达的经济基础才有了繁荣的文化产生，才会出现濯水丰富的文化遗产，如清代的汪家作坊和光顺号、宋代的石鸡坨陶窑、民国的石鸡坨龙陶就是其经济发展最直接的见证物。麻柳嘴和夏家坝遗址则间接说明这一点。经济的发展造成人口聚集。这些文物从文化的角度来说，反映了濯水各个层面和各环节的历史底蕴和文化特色。

5. 民众性格特征

历史是人民创造的，文物同样是人民创造的。濯水古镇的兴盛和繁荣除与濯水人的勤劳、智慧有关外，它还与濯水人的大胆、精明、深沉、善良和柔和的性格有着莫大的关联。时至今日，濯水人的这一性格在黔江仍赫赫有名，这种性格是在历史的浪潮中孕育出来的，是在濯水清秀的山水和传统文化中孕育出来的，是在商海的沉浮中孕育出来的。商业经济有着自身的规律，我们知道商业经济的发展和商机有稍纵即逝的特点，需要胆大、沉稳和精明的洞察力和敢为人先的精神才能把握商机。濯水人的性格特点正适应这种商海弄潮儿的性格。这也正是濯水自古小商业经济发达的原因所在，同样，这一性格特点还孕育出健康的商贾文化和社会文化环境，濯水古镇才能从古镇早期的小商业经济孕育出店肆林立的局面，才能逐步建立起健康的商贾文化和商业经济的地位。可以说，正是濯水人的性格创造了它特有的商贾文化和发达的小商业经济。正是这种性格推动着濯水古镇经济、社会、文化的发展。最初，这种适应商海摸爬滚打的性格是由社会生活所需培育出来的，然后一代又一代传承至今。在这里，商人的精明和"天理良心"实现了有机结合，商人的大胆和坚韧不拔的精神实现了有机结合，传统的美德和沉稳的性格实现了有机结合。从而形成濯水人的地方民族性格特征。俗话说，性格决定命运，同样也可以说，濯水人的性格决定着濯水经济文化发展方向和成效。从某种程度来说，濯水的商贾文化和商贾经济的发展也是由濯水人的性格特点决定的。文物资源的性质、品阶和多寡一样与濯水人这种性格有着莫大关联。人的主观亦作用于事物的创造，有什么样的性格就能发挥什么样的主观作用。文物资源的产生也不例外，如洗墨桥和陈家拱桥的严谨、端庄、大气就反映了濯水人沉稳、精明的性格特点。老街六大古建筑群的灵秀映衬出濯水人的坚韧、包容、柔和的性格特点。总之，濯水人富有创造性的性格为人杰地灵的濯水书写出厚重的历史，也给古镇文化遗产打下了人的个性化烙印。

综上所述，濯水作为巴楚文化之屏障，千百年来，留下许多宝贵的物质文化遗产。这些遗产是我们认识古镇历史底蕴和文化特色的重要物质依据。作为边屯第一要镇，其文物也反映了濯水古镇的历史进程和文化特色。我们应该利用它的文化特质和推动社会历史前进的正能量，尤其是它所蕴含的精神力量，作为新时期地方文化建设的动力和源泉。它也正是我们今天打造濯水古镇旅游业的重要资源与文化基因。

参考文献

[1] 陈彤. 遇见濯水[M]. 成都：西南交通大学出版社，2017：7-8.

[2] 刘永峰. 黔江·黔江[M]. 重庆：重庆出版社，2016：63.

[3] 冯世瀛，冉崇文. 酉阳直隶州总志[M]. 成都：巴蜀书社，2009：87.

[4] 重庆市黔江区文化广电新闻出版局. 重庆市黔江区第三次全国文物普查成果专辑[M]. 香港：中国图书出版社，2012：93-94.

[5] 陈彤. 遇见濯水[M]. 成都：西南交通大学出版社，2017：7.

[6] 彭一峰. 杨夫人墓志与渝东南土司文化[J]. 重庆历史与文化，2012（02）：20-23.

[7] 彭一峰. 浅谈濯水老街清代建筑群的社会背景及其价值[M]//长江文明（第21辑）. 重庆：重庆大学出版社，2016：60-66.

[8] 彭一峰. 初探清代黔江佛教文化的兴盛与繁荣[M]//长江文明（第 18 辑）.重庆：重庆大学出版社，2014：40-46.

[9] 彭一峰. 清代黔江墓葬的类型和外观形制研究[M]//长江文明（第 30 辑）.吉林：吉林文史出版社，2018：41.

[10] 彭一峰. 浅谈濯水老街清代建筑群的社会背景及其价值[M]//长江文明（第21辑）. 重庆：重庆大学出版社，2016：61-64.

青铜器类

黔江区文物管理所收藏青铜器的文化特征及
其所蕴含的社会经济文化信息

【摘　要】从战国至两汉是渝东南青铜文化大发展阶段，地处渝东南核心区的黔江，无论青铜出土器和青铜传世器，均是渝东南青铜器的代表之作。通过对这些青铜器的分析，可窥见渝东南青铜文化的概貌、特征及其所蕴含的社会、经济、文化信息。

【关键词】黔江；青铜器；社会；经济；文化；信息

　　青铜文化是我国历史长河中一颗璀璨的明珠，它不光展现了金属冶炼和铸造技术的高超，更为重要的是它标志着华夏民族从石器和陶器时代迈向了第一个金属器广泛使用的时代，是我国文明史上一个质的飞跃。商、周时期的黔江，属巴国之域，乃蛮夷之地。黔江地处渝东南的核心地带。黔江国有馆藏的青铜器，无论出土的还是传世的，其文化符号都带有明显的中原文化特征和巴文化特征，不失为渝东南的代表之作。从数量上看，黔江国有馆藏青铜器位居渝东南 1 区 4 自治县国有馆藏青铜器之首，它们珍藏在黔江区文物管理所，共 19件。按使用类型可分为 5 类，其中乐器类 7 件，包括錞于 2 件，甬钟 3 件、钲 2 件；日常生活用器 12 件，包括量器（酒器）锤 2 件、炊器釜 4 件、水器洗 5件、食器碗 1 件。按级别分，一级文物 2 件、三级文物 12 件、一般文物件 3件、未定级的 2 件。虽数量不多，但可窥见黔江青铜文化的概貌和特征，发现其所传递的社会、经济、文化信息。

一、黔江国有馆藏青铜器基本情况

（一）乐器类

1. 錞　于

规格按底（cm）×高（cm）的形式标注。

一式：立形虎钮；丰肩、深腹、直腹、肩部以下内收；呈灰黑色。规格为21 cm×54 cm。（图一、二）

图一　立形虎钮 1　　　　图二　立形虎钮 2

二式：立形虎钮；鼓肩，直腹，底为椭圆形，呈黑灰色。规格为 27 cm×45 cm。（图三）

图三　立形虎钮 3

一式相较二式修长，二式相较一式粗短。

2. 甬　钟

规格按通宽（cm）×通高（cm）的形式标注。

一式：甬内空，其内有一横系，平舞部，钲部双面铸 36 颗"枚"，铣部凹呈弧线。两件规格分别为 19 cm×40 cm、7 cm×13.8 cm。（图四、五、六）

图四　甬钟 1（正视图）　　　图五　甬钟 1（顶视图）

图六　甬钟 2

二式：甬内空，其内有一横系，钲部前后共有 48 颗枚，分 4 组，铣部弧形。规格为 25 cm × 46 cm。（图七）

图七　甬钟 3

3. 钲

规格按通宽（cm）× 通高（cm）标注。

钲体内壁铸竖线四条，口沿内折和四竖线交汇于四乳丁，柄身铸竖线 16 条。两件的规格分别为 25 cm × 46 cm、23 cm × 39 cm。（图八、九、十、十一）

图八　钲　　　　　　　　　　　图九　钲首顶

图十　钲　　　　　　　　　　图十一　钲首顶

（二）日常生活用器类

1. 量器锺

规格按底径（cm）×口径（cm）×通高（cm）。

敞口、直沿、长颈，直腹，喇叭状高圈足，黑灰色。两件规格分别为 22cm ×12cm×37cm、13cm×19cm×30cm。（图十二、十三、十四）

图十二　锺（一）　　　　　图十三　锺（二）

图十四　锤颈

2. 炊器釜

规格按底径（cm）×口径（cm）×通高（cm）标注。22 cm×12 cm×37 cm。

敞口、直沿、直腹、平底、颈内收。四件的规格分别为 32 cm×33 cm×113 cm、30 cm×35 cm×101 cm、29 cm×32 cm×27 cm、28 cm×29 cm×24 cm。（图十五、十六、十七、十八）

图十五　釜（一）

图十六　釜（二）

图十七　釜（三）

图十八　釜（四）

3．水器 洗

规格按底径（cm）×口径（cm）×通高（cm）标注。

敞口、折沿、腹微鼓、平底。五件的规格分别为 24cm×38cm×18cm、43cm ×25cm×22cm、18cm×28cm×13cm、12cm×21cm×7cm、16cm×18cm×8cm。（图十九、二十、二十一、二十二、二十三、二十四、二十五）

图十九　洗（一）

图二十　洗（一）

图二十一　洗（二）

图二十二　洗（二）

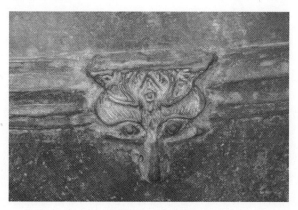

图二十三　洗肩

图二十四　洗（三）　　　　　　　　图二十五　洗（三）

4. 食器碗

规格按底径（cm）×口径（cm）×通高（cm）的形式标注。

敞口、直腹、平底。

规格为 10 cm × 17 cm × 7 cm。（图二十六、二十七）

图二十六　碗　　　　　　　　　　图二十七　碗底部

二、黔江青铜器的文化特征及其蕴含的社会经济文化信息

　　巴渝地区的青铜时代较中原地区晚。中原地区早在二里头文化中就有夏代青铜器出土，大量青铜器物主要集中在商和西周两个时期。青铜器权威专家马承源编著的教材《中国青铜器》一书，将成、渝两地的青铜时代上限定为战国时期，可见巴渝地区的青铜时代较中原晚许多。同时，就总体而言，巴渝地区绝大多数青铜器的制作水平也不及中原青铜的高，器物的精美程度也相对差一

些。在类型上，也未达到中原青铜器物的多样性程度。从社会流散和国有馆藏青铜器物看，总体数量远远落后于中原青铜器。客观来看，虽说巴渝青铜文明比中原相对要逊一筹，但仍不失为中华民族辉煌文明历史中一颗亮丽的明珠。黔江国有馆藏青铜器的概貌是渝东南青铜器的缩影和投影。黔江青铜器也是巴渝青铜文化史上不可或缺的组成部分。这些青铜器也是我们研究渝东南文明史的重要实物材料和物质见证。

据不完全统计，全国各地出土的錞于有 150 余件，出土地以长江流域与华南、西南地区为主，山东、陕西也有个别发现。时代最早为春秋，盛行于战国和西汉前期。《国语·晋语》载："战以錞于、丁宁，儆其民也"；《国语·吴语》载："王乃秉枹，亲就鸣钟鼓，丁宁、錞于、振铎，勇怯尽应"。庚午錞于铭文有"用享以孝，子子孙孙永宝鼓之"[1]，说明它的功用有三，一是军乐器，二是祭祀乐器，三是祭祀宴乐器。其源流和族属，学界虽有争议，但一般认为，在我国，錞于是由东向西、由北向南传播的。黔江出土的虎钮錞于和龙纹虎钮錞于两件均被重庆市文物专家鉴定为汉代，一级文物。据《周礼·地官·鼓人》载："以金和鼓"。郑玄注："錞，錞于也。圜如碓头，大上小下。乐作，鸣之与鼓相和"[2]。说明它与鼓配合使用于军事和祭祀活动。学界一般将带虎钮的錞于认定为巴式乐器。巴人崇虎，白虎成为巴人的图腾和族徽。武陵山区生活的巴人主要是廪君种。宋代乐史的《太平寰宇记·四夷·徼内南蛮》"廪君"条云："廪君种，不知何代，初有巴、樊、覃、相、郑五姓，皆出于武落钟离山，其山有赤黑二穴，巴氏之子生于赤穴，四姓之子皆生于黑穴。未有君长，共立巴氏子务相，是为廪君，从夷水下至盐阳，廪君于是居乎夷城，四姓皆臣之。今巴梁间诸巴民皆是……廪君死，魂魄化为白虎，巴人以虎饮人血，遂以人祠焉。"[3]人祀习俗被五代以后以武陵山区的巴人后裔为主体而形成的土家族承袭了下来。清代王鳞飞等修，冯世瀛、冉崇文纂，同治二年（1863）刻本《增修酉阳直隶州总志·祠庙志·俗祀》"樊将军庙"条云："在在敬事，杀人亦献首于其庙……闻楚徼外保靖、石柱、酉阳诸土官皆然。"并注"庙在州北之马喇湖……相传土司以前有用童男女致祭者。"[4]马喇湖，即今黔江区马喇镇。说明以虎为钮是巴人精神和族徽的标志性特征，即虎钮錞于与巴人的内在联系。錞于盖上铸有仿商、周中原青铜器常有的饕餮纹（即兽面纹）组成的纹饰符号。笔者将其视为组成符号，而不直接认为是饕餮纹（即兽面纹），是因中原青铜器上的饕餮兽面纹，或像牛、或像马、或像羊、或像虎、或像象等动物，均有眼睛这种代表性符号，而这件龙纹虎钮錞于上的饕餮兽面纹无眼睛，亦不像什么动物，仅像是中原商周青铜器上兽纹组成符号的再组合，但这并不影响它见证巴渝青铜器的来源是中原文化传播和传承的结果。錞于盖上所饰的龙纹，龙身有鳞、脚等基本形态，呈飞升状，头部简写，其他各部位完整。它已脱离最初形态的龙纹，标志汉代黔江龙纹的形态已基本成熟，与成熟期的龙纹特征大体一致。盖上所铸的由大小几个圆圈组成的葫芦纹饰与炼丹有关。黔江产丹，汉代在黔江设丹兴县，说明黔江的丹砂业十分发达；葫芦是装丹药的容器，说明生产与文化的关系。据史料记载：黔江史上第一个女实业家巴寡妇清在黔江这一带开采炼丹用的丹砂，因财力雄厚曾资助秦始皇修长城。在其盖上还有代表吉祥之意的"回"字纹，其"回"字纹应是中原商、周青铜器的云雷纹发展而来。它与元、明、清时期瓷器上的"回"字纹略有不同。这件錞于上的"回"字纹是封闭的，而元、明、清瓷器上的"回"字纹往往不完全封闭，"回"字与"回"字之间是连接在一起的。不封闭"回"字纹应是封闭"回"字纹的发展形态。可以说，它们之间在文化血脉上是一脉相承的。弦纹则是青铜器上常见的纹饰，龙纹虎钮錞于盖所铸的几道弦纹就是一种明证，它对器物会产生装饰效果。在虎钮尾巴的下方有一个既像蝌蚪又像蛇的纹饰，现有三种说法，第一种说它是象征子孙绵延的蝌蚪吉祥纹饰；第二种说法它为蝌蚪文，但作者苦于对古文字了解不足，还待有识之士解惑。第三种说法它是巴人的图腾之一的巴蛇图案。笔者更赞成第三种说法，从整个纹饰看，其因头后面代表尾巴的线条较长，并转了两三道弯，从这一点来说，它更像一条蛇纹，而非蝌蚪纹饰和蝌蚪文，加之，巴人除崇白虎外，巴蛇也为巴人的族徽和图腾之一，从这种说法的角度看，即巴人把两种图腾铸于同一种物器上，也更进一步相互印证了这件錞于为巴人的器物。虽秦汉统一后，巴文化开始融入华夏文化共同体，但这时的巴人及其后裔在青铜器上仍然保留着自己的特色文化内容，说明这时巴人在融入华夏共同体过程中，强烈的巴文化基因仍然传承着，影响着社会经济文化发展。《黔江文史》刊发的《黔江县史概说》载，东汉时期的汉光武帝刘秀遣李嵩、马成讨蛮，建武二十四年路过丹兴（今黔江），在黔江石会镇工农乡一带扎过营，在九里坡立碑宣军威[5]。除此之外，汉代黔江未有大的战事。那么，黔江出土的两件虎钮錞于更多是用于祭祀活动和宗庙宴请，即在非战争中使用的可能性更大。作为乐器来说，錞于不是一种主要追求优美音乐美感的乐器，而是以靠音质音量的恢宏气势来渲染氛围见长的乐器，这也正是战争和祭祀活动所要求达到的效果。其打击的方法是将双手掌不断拍击虎钮侧的盖体，与盖下方筒形铜壁之间产生共鸣提高音量，使之产生强烈的节奏感。这样，既可以指挥士兵进退和鼓舞士气，也可在祭祀活动中烘托气氛。《左传》云："国之大事，在祀与戎"，即在古代战事和祭祀是国家最重要的两件大事。由此也可见錞于在地方政权上所扮角色的重要性。

　　黔江区出土的 3 件甬钟均为三级文物，其中巴式甬钟 2 件，为战国时期的乐器；楚式甬钟 1 件，为战国至秦汉时期乐器。巴式甬钟无旋，甬部下无干，用于挂系的横柱位于甬部内空上端，枚布局于钲部最上端部分，枚上下之间无中原青铜器云雷纹或兽面纹装饰，具有典型的巴式甬钟特征。楚式甬钟的枚较巴式甬钟长，但又达不到春秋以前中原青铜甬钟的一般长度。中原青铜甬钟的枚，春秋（包含春秋）之前一般较长，战国（包含战国）以后相对较短，巴地青铜器较中原青铜器出现和发展的时代相对较晚，因此，巴式青铜甬钟制作的时间也相对晚些。巴式青铜甬钟是在模仿中原青铜甬钟的基础上形成了自己的独特风格。战国以前，中原青铜钟多为甬钟，一般情况下枚也较长。战国（包含战国）以后多为钮钟，枚一般较短。因此，巴渝青铜钟，包括巴式甬钟枚的长短多是模仿战国（包含战国）以后中原相类似的器物，由数个或数十个甬钟或钮钟组成一套编钟。黔江出土的巴式甬钟和楚式甬钟都不是以整套组合形式出现，因此，无法演奏出一首完整的乐曲。用木棒撞击鼓部和鼓侧部能奏出两个不同的音调，清脆而悠长。编钟作为宫廷乐器，尤其是楚式甬钟两面，各有枚四排，比一般巴式甬钟和中原甬钟三排枚多出一排。这种两面各有四排枚的甬钟为楚式甬钟的代表性器物，甬部同样无干和旋。这件楚式甬钟在黔江蓬东乡出土，也见证它脱胎于中原文化，为中原青铜器向楚式青铜器过渡时期的产物，也是黔江作为巴楚文化交汇处的物质见证。黔江不是商周时期巴国都城，这 4 件宫廷乐器的出现应是流传到当地的外来之物。可见古时诸侯国之间的物质交流也是较为频繁的。或者因诸侯国之间为争夺土地和人力相互征战将一个诸侯国文物带入另一个诸侯国，或者因相互交流而将文化器物赠予另一诸侯国。公元前 276 年，秦归还楚江南地，黔江属于楚国。公元 223 年秦灭楚，黔江又属秦国。在这几十年里，黔江本巴国地，却时而属楚，时而属巴，时而属秦[6]。在黔江出土的宫廷乐器编钟组件的甬钟，既有巴式，又有楚式，佐证了黔江这一段动荡的历史。

　　黔江国有馆藏的两件青铜钲，一件是蚕纹钲，一件是鱼纹钲。均为三级文物。钲的口向上，有柄，器身接近巴式甬钟，但无甬钟的枚，较甬钟的钲部要圆些。鱼纹钲是在柄首面铸三条鱼的骨架，嘴和眼比较明显，嘴与尾相连，形成环形图案。这种特殊的鱼骨架纹在古代器物上并不常见，它说明战国时期黔江的渔业经济较为发达。黔江有阿蓬江、黔江河、细沙河等河流，又有八面山、仰头山、灰千梁子等大山，渔猎经济是当时的基本生活方式。蚕纹钲柄首饰两个蚕纹，是黔江迄今为止发现的最早使用蚕纹的器物，说明当时黔江已有蚕桑业，也说明黔江的气候和土壤适合发展蚕桑经济，时至今日蚕桑仍是黔江部分乡镇的支柱产业。从这两件器物的纹饰可看出黔江经济的主要构成是渔猎和蚕桑。蚕纹钲的柄首还饰有两个不封口的像阿拉伯数字的"8"字符号。笔者认为，这两个符号并不是现代阿拉伯字数字中的"8"，因战国时期阿拉伯数字尚未传入我国，这两个符号像阿拉伯数字"8"仅是一个巧合。从传统文化的角度来看，有三种可能：一是早期龙纹的雏形，即卷形龙纹造型，与早期陶器和中原青铜龙纹类似。二是代表2个圆圈，由中原青铜器云雷纹演变而来，有吉祥之意，具有民间民俗文化性质。三是一种装饰符号，起着美化器物的功效。按古人思维，这种因素可能性不大。总之，两钲的纹饰都显示出它与中原青铜文化的关系，又有着自身地方经济文化的特点。

黔江区文物管理所收藏的2件青铜锺为东汉时期的器物。今人将"鐘"和"锺"写成"钟"，事实上，古代的"锺"与"钟"是两种不同功用的器具。古代的"钟"是一种乐器，"锺"则是量具和盛酒器。许慎《说文解字》云："锺，酒器也。"《通志》云："酒十锺、米十二囊，牛十头。"也说明锺是盛酒的容器，与"钟"的功用不同。又据《左传·昭公三年》载："豆、区、釜、锺，四升为豆，各自其四以登于釜，釜十为锺"[7]说明它是一种量具。黔江区文物管理所藏的锺，一件颈部铸有"益寿延年"四个字，文字介于篆体与隶书之间，即有的笔画为篆字体，有的笔画为隶字体，说明这时的汉字字体已从秦朝时流行的篆体朝着汉隶方向发展，隶书又未完全脱离篆书的影响，对于研究古文字的演变发展具有一定意义。从文字的含意看，"益寿延年"是一个追求长寿的吉祥用语，说明健康长寿是人类的永恒主题。"益寿延年"四字铸造在酒器上，或因古人认为饮酒有益健康。从器物的功能又说明酿酒业在黔江已经产生，并得到良好发展。另一件锺的颈部铸有写意的仙鹤和鱼纹，肩部铸有两个对称的怒目圆睁的虎首。寓长寿的神鸟仙鹤的出现，说明东汉时期黔江已经有道教传入，它与前面提到的錞于盖上的葫芦都是道教常用的文化符号。虎首则与錞于的虎钮一样，是巴人的标志性符号，说明为巴人所制。

黔江区文物管理所馆藏的4件青铜炊器釜为汉代作品，其功用相当于现代的鼎罐。4件青铜釜除器身有三道弦纹外，无其他纹饰，较同时代的陶质釜各有优劣。青铜釜的优点有二，一是加热快，二是不易损坏。从数量来看，黔江出土和传世的釜不多，说明它的普及程度不高，应是大户人家才用得起的器物，代表黔江上流社会的用具。同时，青铜釜象征黔江炊具也迈向了青铜时代。

黔江区文物管理所藏的汉代青铜水器洗有5件，其中3件内底铸有鱼纹，3件器身肩部铸有两个象征精灵伶俐的对称狐首，在这之中，又有2件内底铸有款识。其款识，一件为"富贵昌宜侯王"6字汉隶体吉语，且在"富贵昌宜侯王"6字款识左右两侧各有一条鱼。青铜器铸狐首者较少，它的出现可能与武陵山区多狐狸有关。这里的"昌宜"不是人名或称谓，"宜"当"适宜"解，意思是富贵对王侯有好处。还有一件青铜洗内底铸有"大吉羊宜侯王"6字汉隶款识。"羊"与"祥"是通假字，意为大吉祥对王侯有好处。这两器的款识都有祝福性吉语，说明汉代人相互祝福使用吉语是一个普遍现象。

黔江区文物管理所藏青铜食器碗1件，通体素面。青铜碗不像陶瓷碗那么常见，说明它远未达到普及的程度，这在当时应是一种稀有之物。由于碗的需求量大，而青铜在当时是一种贵金属，造价远高于陶器制作的碗，当时民间仍以陶瓷碗为主。青铜碗不过是黔江青铜文化的一个点缀。

三、结 语

传统文化传播的一般路径是：全国文化核心区向四周的区域文化中心传播，再由区域文化中心向四周传播。最后一级总要打上上两级文化的烙印。它往往保留着第一级文化的内核（基本造型及其功能），有着第二级文化的标志，到了第三级，又会加入当地的文化特色，一级一级都会打上自身文化的印记。只要打上了自身印记，就会发生变化。然无论怎样变化，无论是錞于、甬钟，还是钲，作为乐器的功用始终没有变，基本造型也始终没有变。錞于传到巴国，主要是改钮为虎钮；传到黔江，饕餮纹发生了变化，由有眼的兽面纹，变成了无眼的不像任何一种实体兽的饕餮纹。

一个国家核心区域的文化传到不同的区域文化中心会加上当地人民群众的创造而形成不同的区域文化特色，青铜文化亦不例外。华夏民族青铜文化的核心区是中原文化，中原青铜文化传到不同的地域，就形成了不同地域的青铜文化特色。我国有冀、辽、吉及内蒙古东部地区青铜文化特色，晋北、陕北及内蒙古河套地区的青铜文化特色，滇、黔地区的青铜文化特色。这些不同地域的青铜文化特色都是在中原青铜文化的基础上发展起来的。

新文化和新器物的产生不是偶然的，一种新文化往往是在多元文化的作用下产生和发展的。影响其发展的，既有上一级文化，也有平行层文化，即平行层的相互交流、相互作用也会影响其发展和变化。如楚式和巴式甬钟均无干和旋的这一共同特征，则说明是它们相互影响、相互渗透和相互作用形成的结果，或者是一种文化汲取另一种文化形成的。多元文化产生多元进步，单元文化也可能产生多元进步。就其上一级与平行层影响作用的大小而言，往往是上一级文化发挥着主导的和决定性的作用。我们以青铜文化为例，中原青铜文化对各个地方青铜文化的影响大，起着主导的决定性作用，其他各地方文化之间的相互影响较小。巴式青铜器和楚式青铜器都是在中原青铜文化的影响下创造出来的器物，然而，这些器物却有差异。我们可以说，它们所走的是自己青铜文化发展的道路。同理，黔江属巴地，它的青铜器必然会打上巴文化的烙印而成为巴式青铜器的组成部分。

一个地方的文化与它的历史相关联。如果我们将渝东北青铜器和黔江青铜器的类型做一比较，就会发现，渝东北青铜器多兵器，黔江青铜器无兵器。这说明渝东北青铜文化时期多战事，渝东南黔江青铜文化时期无战事或少战事，或无大的战事。这一信息对于我们研究渝东北和黔江的地方史具有重要价值。

任何事物的变化都不是无缘无故的，都是社会的产物、时代的产物，都是社会需要、生产生活需要和人们追求的目标的反映。文化是上层建筑，是经济基础和社会生活的反映，也是人们的价值观和追求目标的反映。作为渝东南核心地区的黔江，因盛产丹砂、炼丹业发达，汉代因此而设丹兴县。青铜器上出现了蚕纹、鱼骨架纹，保留了饕餮纹，反映黔江青铜时代的经济主要有炼丹业、蚕桑业、渔猎三大经济业态。此外，青铜器上的狐仙纹、仙鹤纹，反映了当时当地人追求成仙和追求健康长寿的思想观念，而这些观念又是道教的修炼目标，说明黔江的青铜时代已有道教传入。

黔江青铜器已经形成了完整的体系。这个体系包括青铜器的类型、器型、功能、特征、纹饰、款识和文字等综合性的文化体征、文化面貌和文化系统，反映了我国的地方文明都是中华民族文明史上的重要组成部分。地方文明是在中华文明的主导下产生和发展的。下一级文明始终承袭着上一级文明的基因，是时代基因、地方文化基因和民族发展基因相互碰撞、相互融合、相互吸收和相互妥协的文化再生体。这个再生体始终以华夏文明为主旋律，决定着地方文明发展的规律和形式。黔江国有馆藏青铜器反映了古代武陵山偏远山区第一个金属时代的文化特色与文化底蕴，它的到来具有划时代的意义，为中华民族的发展史上增添了光彩的一页。

参考文献

[1] 马承源. 中国青铜器[M]. 上海：上海古籍出版社，1988：296.

[2] 马承源. 中国青铜器[M]. 上海：上海古籍出版社，1988：299.

[3] 四川省黔江地区民族事务委编. 川东南少数民族史料辑[M]. 成都：四川民族出版社，1995：93.

[4] 四川省黔江地区民族事务委编. 川东南少数民族史料辑[M]. 成都：四川民族出版社，1995：182.

[5] 谢世龙. 黔江县史概说[M]//重庆黔江文史资料委员会. 黔江文史（第六辑），1992：36.

[6] 谢世龙. 黔江县史概说[M]//重庆黔江文史资料委员会. 黔江文史（第六辑），1992：25.

[7] 于弢. 中国古钟史话[M]. 北京：中国旅游出版社，1999：101-102.

从黔江区文物管理所珍藏的一件青铜虎钮錞于看巴人图腾文化演变

【摘　要】巴人的图腾文化源远流长。重庆市黔江区文物管理所珍藏一件青铜乐器虎钮錞于饰有巴蛇图腾和龙图腾两个纹饰，巴蛇代表汉代巴人原始图腾文化的回光返照，虎钮代表廪君时期白虎图腾的发展历史，龙纹则是巴人走向华夏民族共同体的象征。巴人图腾文化演变有其政治、经济、文化、社会和精神方面的成因，它在汉代图腾文化中有其自身的社会功能。

【关键词】黔江；虎钮錞于；图腾；演变

巴人是一个多部落原始氏族体，其图腾信仰与族徽的演变发展在学术界有着若干争议。这些争议至今影响着我们对巴人图腾文化的深层次判断。笔者认为，重庆市黔江区文物管理所珍藏的一件青铜虎钮錞于可以帮助我们厘清学术争议中的一些问题。与此同时，我们也可从中认识巴人图腾文化的演变所带来的巨大影响力和传承力。并在此过程中，我们不得不佩服先祖们的巨大韧性和信仰力量的强大动力，与其他所凸现出来的巨大的包容性和复杂性，让我们深切地感受到巴人在接受新事物的感知力上体现出来的聪明、智慧和才能。黔江文物管理所藏巴人虎钮錞于将巴蛇、白虎和龙纹三个图腾文化符号汇聚于同一器物，为我们研究巴人图腾文化的兴起、演变和发展提供了重要的实物资料，对正经补史有着重要的参考价值。

一、黔江区文物管理所珍藏青铜乐器虎钮錞于的基本情况

商周时期，黔江乃巴国属地，今为渝东南土家族、苗族聚居地核心地带。重庆市黔江区文物管理所珍藏有一件青铜虎钮錞于，为 1956 年 6 月从黔江区冯家街道寨子居委会大路坪玉皇阁征集入库，它是巴人遗留下来的珍贵的青铜乐器，时代为汉代，属于国家一级文物。錞于底径 21cm，高 54cm，整体修长，器形规整，形制完整（图一），纹饰图案除有对中原商周时期青铜器饕

饕纹进行重新组合外，还有回字纹、葫芦纹、弦纹，特别是有着巴蛇图腾和龙纹两种图腾纹饰，钮为虎钮。巴蛇和白虎均为巴人图腾和族徽的纹饰符号，它是巴人器物的标志、代表和象征之一。首先，我们从巴蛇图案来看（图二），它铸于錞于虎钮的尾巴下方，头大致呈三角形，比例较大，其身用一条弯曲的线条表示，具有前粗后细的形态特征，身较长，且转了两个弯，好似一条弯曲慢梭的动物形态，给人以动态感。它为巴人早期的图腾巴蛇图案，史书中多有巴人崇蛇的记载，应与此有着莫大的关系。我们再从其头形较大、多具有凶猛的个性化特征来看，与史料记载的巴蛇凶猛无比有着天然的吻合性，如巴蛇吞象的传说。其次，从虎钮看（图三），白虎位于錞于顶盘的中央，呈站立状，头形较方正，前部轮廓线条较清晰，面部表情凶恶，两耳向后立，前、后腿向后略倾，四脚踏于并固定在錞于的顶盘之中。其身前部略向下弯曲，饰虎斑纹。尾前部向下斜弯曲，后部向上弯曲成圈。再次，从龙纹看（图三），头和身在盘较边缘部分，龙身有鳞、脚等基本形态，无角，呈飞升状，头部简写，其他各部位基本完整，龙则是华夏民族文化共同体的图腾，它早已脱离了最初形态的龙纹，标志汉代黔江龙纹的形态已基本成熟，与中原成熟期的龙纹特征大体一致。虎钮和两个图腾纹饰图案的表面均呈黑灰色。其表现手法，虎钮和蛇纹、龙纹两种图腾纹饰均为写意，即如蛇身用一条弯曲的线条表示，虎头则与真实虎头形象有较大出入，龙嘴较抽象，这与我国古代写意的文人画有着许多一致的地方（如相同的角度和构图因素），但又有着不完全一致之处。

图一　錞于立面照

图二　右下角虎尾下方的蛇纹图案

图三　龙图腾图案

二、从蛇、龙图案和虎钮看巴人图腾文化演变

（1）巴蛇纹饰图案反映了巴人早期图腾文化的顽强生命力。

"巴"字最早的含义，有人说是蛇、虫之意。东汉许慎《说文解字》载："巴，虫也，或曰食象，象形"；古人将蛇视为虫。《山海经》中提道："又有朱卷之国，有黑蛇，青首，食象"，说明古有巴蛇吞象之说。还有人认为"巴"字为白虎之意、"巴"字为河流之意、"巴"字为一种草之意等，说法甚多[1]。陆侃在他的《评卫聚贤"巴蜀文化"》一文中有所记载。中华人民共和国成立后，仍有不少学者讨论并支持蛇称说，如杨华教授认为"巴"即"巴蛇"，或曰"巴蛮"，又谓"巴之夷蜒"，巴有蛇之义。笔者赞同较为广泛的一种说法，即巴字为蛇之意，从最早蛇字的甲骨文"𧆨"的字形来看，巴字的下半部分为弯曲的线条，好似弯曲爬行的蛇身。学术界认为，巴人崇蛇是一个不争的事实[2]，大多认为巴蛇为巴人最早的图腾和族徽。吴敬恒在《避巴小记》一文中认为："巴，巨蛇也，巴蜀古居西南蛮夷中，巴地多巨蛇，先民习见，以名其地。"[3]同时，由于巴人是一个多部落的氏族，也有信仰鸟、鱼、虎、鳖等动物图腾的巴人部落和氏族。需要说明的是这里所指的虎崇拜与后面提到的白虎崇拜是有区别的[4]。白虎只仅是虎中一类，其身以白色纹毛为主，虎则指一般黄色皮的虎。向柏松在《从巴蛇到白虎：巴人图腾的转变》一文中提出，以第一个巴国君王廪君为界，在此之前，巴人是以崇信巴蛇为主流，它为巴人母系氏族社会的代表和象征[5]。宋代乐史《太平寰宇记·四夷·徼内南蛮》"廪君"条云："廪君种不知何代，初有巴、樊、瞫、相、郑五姓，皆出于武落钟离山，其山有赤黑二穴，巴氏之子生于赤穴，四姓之子皆生于黑穴，未有君长，共立巴氏子务相，是为廪君，从夷水下至盐阳，廪君于是居平夷城，四姓皆臣之。今巴梁间诸巴民皆是……廪君死，魂魄化为白虎，巴人以虎饮人血，遂以人祠焉。"[6]人祀习俗被五代以后以武陵山区的巴人后裔为主体而形成的土家族承袭了下来。清代王鳞飞等修，冯世瀛、冉崇文纂，同治二年刻本《增修酉阳直隶州总志·祠庙志·俗祀》"樊将军庙"条云："在在敬事，杀人亦献首于其庙……闻楚徼外保靖、石柱、酉阳诸土官皆然。"并注"庙在州北之马喇湖……相传土司以前有用童男女致祭者。"[4]马喇湖，即今黔江区马喇镇。可见武陵山区生活的巴人主要是廪君种（黔江地属武陵山区）。渝东南地区的秀山土家族苗族自治县的巴人后裔土家族人，至今还敬蛇如神，不打蛇，不食蛇，不直呼蛇名，而称"金串子""银串子"。秀山县石堤悬棺中发现两千多年前古代巴人遗存的蛇形文字和图腾，人们称为"天书"[7]。这些均是巴人崇蛇的例证。

　　巴人建立的国家——巴国，在秦灭巴后亡，但巴地居住的巴人及其后裔还生存于当时的社会之中。从重庆境内的巴人来看，黔江为巴人由东向西迁入的必经之地[8]，重庆主城位于黔江西北面，因此，笔者认为，重庆的巴人也为廪群种，按向柏松的观点，廪君族巴人是以白虎为崇拜的氏族，其图腾和族徽以白虎为主流和主导，由此，可推断巴渝大地的巴人是以白虎图腾崇拜和族徽作为精神信仰文化。巴蛇在汉代巴人青铜乐器上出现，除了是一种文化上的回光返照外，也是作为一种古老的国家统治的精神力量和心理需求性的象征性符号而存在，在与其相异的不同图腾和信仰文化符号来看，则是一件不可想象的事情。它说明两个方面的问题，一是崇信巴蛇的氏族和部落的后裔在巴国建立后还有着强大的势力。笔者认为，青铜乐器上铸造巴蛇图腾符号，正是展示他们的存在和对祖先的怀念及其内心的信仰需求。李萍在《论龙蛇巴人的图腾崇拜》文中认为，在古代，图腾崇拜与祖先崇拜是一致的。[9]二是在巴国灭亡后，白虎图腾文化的影响力、约束力有所减弱和消退。我们再从图腾纹饰图案符号的位置、布局和大小及其主从关系看，巴国虽已消亡，但巴人的信仰仍以白虎为主流，巴蛇图腾则处于很微小的次要地位，虎钮錞于将巴蛇铸于虎钮尾巴的下端就说明了这一点。从图案分布来看，它位于极不易引起人们关注和觉察之处，其图案相较虎钮和龙纹来说，要小得多，把它的式微和卑弱的一面展现无余。我们知道，在巴国建立和发展过程中，巴人受白虎图腾信仰文化大洗礼后，巴蛇图腾仍有着强大的基因和生命力。任何一种文化都是靠人来传承和发展的，图腾文化不仅是人的思想和内心世界发展变化的晴雨表，更多的是反映了社会文化的演变和发展，也就是说，时代给予什么样的环境和土壤，就会有什么样的文化产生和出现。社会环境决定着图腾和族徽文化的取舍和兼容性。黔江区文物管理所珍藏的这一件青铜虎钮錞于的巴蛇图腾图案，就是在新的国家体制建立起来，打破了旧的国家体制的社会基础上产生的，也正是在这种情况下产生了复古的崇信巴蛇的氏族文化的再现和再生的文明，它反映了有巴蛇信仰的巴人族群及其后裔的内心需求，象征着和标志着他们骨髓和血脉里的一种信仰的释放。从巴蛇图腾图案的隐蔽性来看，它的释放存在着有限度的控制，并不张扬，而非情绪化，给人一种十分隐晦的感觉，这是由巴人生活的社会大环境所决定的。在巴国解体后，在国家和上层统治者推行的以强制性信仰白虎图腾文化机制完全消失的情况下，人们信仰自由稍微得到了一定程度的发展空间。人们的图腾信仰，相互之间仅处于自觉与不自觉的影响之中，它有着一定的自由度和空间发展度，属于非被压迫性的图案文化信仰。巴蛇图腾文化自诞生以来，就代表着凶猛、凶残的个性化特征，为一种民族性格的写照和追崇的文化表现。当然这里并不是说巴人残忍无道，而是说这是一种追求精神文化动力的食粮和信念。《太平御览》卷七八引《帝系谱》载"伏羲人头蛇身，以十月四日人定生"[10]。伏羲作为巴人祖先，这种对他象征性的描述明显带有原始宗教图腾崇拜的成分，可见那时巴人主体的一支伏羲部落是以蛇为图腾和族徽。他们认为首领死后会化作蛇神来保护氏族内部成员的神话故事传说，本质上就是上古时期氏族社会一种原始的宗教信仰，人们往往会把这种宗教信仰与蛇的本性结合起来。从当时的社会角度来说，它既有正面的一面，又有负面的一面，把崇蛇的巴人认为是为了学习蛇的冷血本性的特征，就太过于片面。刘毓庆在《图腾神话与中国传统人生》中提道："图腾作为与人类的'族'有神秘的血缘关系而存在，它发轫于原始的宗教与神话，认作是它们的祖先或其他亲属，同时也是他们的守护神。"[11]可以帮助族人趋利避害，去病消灾。巴蛇作为巴人最早的一种图腾文化，从它的起源到成为巴人主流信仰的阶段里，巴蛇信仰成为一种巴人早期的社会文化、社会精神、社会活动环境的主体，它是一时兴起、兴盛和繁荣的氏族部落的文化产物，巴人从此有了凝聚部落成员的强大思想和文化武器，激发着巴人战胜恶劣的自然环境的斗志，激发着巴人与其他部落之间的斗争，是巴人猎取食物和猎取生活资料的动力源泉，是使巴人内部团结奋斗的信念。黔江区文物管理所收藏的这件虎钮錞于上的巴蛇图案还反映了当时社会图腾文化的蜕变和传承过程。汉代，巴地以白虎图腾文化为主流，巴蛇图腾与白虎图腾是在同一时期交结和交叉形成的一朵时代浪花。死灰复燃的巴蛇图腾符号在这时的再次出现，所掀起的波澜虽不大，却折射出当时一些人信仰的返古的思想文化潮流动态和文明的多样性及多元化形态。虽未成为主体图腾文化潮流加以传播和发展，但它会成为我们研究一定时期社会、国家和民族发展中不可忽视的文化现象的重要实物之一。

有的学者认为，在巴蛇图腾文化和族徽之后，还出现过鸟、鱼和鳖图腾文化时代，如邱嫦娟在《巴人白虎图腾研究》一文中提到，有一个鱼鳖图腾文化过渡阶段。[12]在这之后，才迎来巴国廪君之后的白虎图腾文化时期。但从黔江区文物管理所收藏的这件虎钮錞于的巴蛇图腾图案来看，笔者认为这种观点有误，文化的传递和传承有着自己的规律和特点，一般情况下，较为近期的图腾文化较优于遥远时代的图腾文化的传承力，特别是巴蛇图腾文化与鸟、鱼、鳖图腾文化，在汉代并无高低贵贱区分的社会环境和条件下，这件青铜錞于的虎钮尾巴下方铸造的是巴蛇而非鸟、鱼等图腾纹饰，就可以表明在巴蛇图腾和白虎图腾转变之间，不存在鸟、鱼等图腾文化的可能性增大。部分学者认为鸟、鱼等图腾文化，是在巴蛇图腾文化出现之后，也就是说在巴蛇图腾文化与白虎图腾文化之间穿插有一个鸟、鱼、鳖等图腾文化阶段。笔者认为未有这样一种发展阶段和时期，鸟、鱼、鳖等图腾文化与巴蛇图腾文化在发展时间和空间上是一个并行的时代，即它们为横向的关系，而非纵向的关系，在大家把巴蛇作为巴人最早的原始图腾文化的同时，鸟、鱼、鳖图腾文化也随着巴蛇图腾文化一起消失于历史长河之中，当然也有部分学者认为巴人最早的图腾文化是咸鸟，这一点至今存在争议，也有人会说在巴地出土的大量铸有鱼纹图案的汉代青铜器，是不是反映了鱼图腾文化，这样的器物在黔江区文物管理所收藏的就有好几件。需要说明的是，这并不是鱼图腾文化在廪君之后的再现，而是渔业经济的反映，我们以三峡库区出现的大量汉代渔网坠就可以佐证这一点，在黔江区高碛遗址和石城遗址也出土过零星的汉代渔网坠，这些均说明汉代巴地出土的青铜器上的鱼纹为渔业经济发达和发展的文化现象，而非一种图腾文化的折射和反映。黔江区文物管理所的这件青铜虎钮錞于，可以间接地佐证在巴蛇图腾文化与白虎图腾文化之间未曾有鸟、鱼图腾过渡时代的史实，也进一步表明巴蛇图腾文化向白虎图腾文化转变的相互关系，而并非是有的学者所认为的巴人的图腾文化发展是：第一阶段为巴蛇图腾文化，第二阶段为鸟、鱼、鳖图腾文化，第三阶段为白虎图腾文化。[13]

（2）从虎钮看巴人白虎图腾的历史影响力和传承发展的文化进程。

从文献记载看，廪君时代开始崇白虎了，据《后汉书·南蛮西南夷列传》记载："巴、樊、瞫、相、郑等五姓结盟后，推相务为廪君。"廪君时代的巴人正由母系时代进入父系时代，廪君射杀盐水女神，就是表现父权制对女权制的胜利，必然带来图腾文化的变更，由母系图腾变为父系图腾[14]，从廪君建立君主制国家以来，白虎图腾就开始成为巴国的政治、经济、文化、道德和精神及意识形态的思想统治基础。就巴国而言，它既是最高的又是基础的统治根基，同时，还是最神圣的思想和文化精神的重要象征。作为一个主导巴国思想文化的武器来说，其影响力和穿透力极其广泛而深远，它对巴国和巴人的社会生产、生活及民风民俗的影响深度和广度均是前所未有的，尤其在广度上所波及的影响范围和人数均是以前其他图腾文化所无法比拟的。广西民族学院林琳教授在《论白虎图腾文化源流》中指出，白虎图腾的蒙昧性、混沌性和幻想性等特点使他们对虎的生理构造、习性和生活规律不可能正确认识和理解，只能借助于某种超自然的神秘力量，以一种幻想的、想象的主观形式对白虎的现实矛盾关系加以反映。[15]因此，秦灭巴后，虽巴国不复存在，巴国统治体制已消失，但象征巴人思想和精神的图腾文化却长期被巴人保留和传承下来，一直到武陵山区以巴人后裔为主体所形成的土家族，也仍将白虎图腾作为自己的一种思想寄托和最原始的文化基础。同时，林琳教授指出，《吕氏春秋·古乐篇》所说"以致百兽"，古书所云"予击石拊石，百兽率舞"，即原始时代各种以兽图腾为舞姿，属于原始宗教性舞蹈，这中间，氏族表演的白虎舞，在祭祀中表演白虎图腾歌舞；平时狩猎或战斗之前，他们往往把自己化装成白虎模样，身穿虎皮，手足绑以虎爪、头插虎毛，模仿白虎的动作和声音进行表演。[16]《后汉书·南蛮西南夷列传》对巴族的来历及世系记述得十分清晰，其中记载"廪君于是君乎夷城，四姓皆臣之，廪君死，魂魄世为白虎，巴氏以虎饮血，遂以人祠焉"[17]。这样就把君王与白虎图腾联系在了一起，浑然一体。公元316年，秦灭巴后，巴族的后裔分支较多，其称呼纷繁繁杂，如"白虎夷""白虎人""虎子""虎蛮""虎奴""白虎复夷""板楯蛮夷"等[18]，总之，听其名就与白虎崇拜有关联。《虎荟》载："虎五指为貙，即是该貙人即虎人，乃廪君巴族之后裔。"晋代干宝《搜神记》载："江汉之域，有貙人，其先廪君之苗裔也能化为虎"[19]。黔江区文物管理所珍藏的这件汉代青铜虎钮錞于上，虎钮布局于錞于的盘的中央，作为提拿錞于的重要功能部分，形体上相较铸于其上的龙、蛇图案要大许多，虎钮作为立体造型的塑像，比铸造的龙、蛇纹饰图案在工艺上要复杂得多。在视觉上，不用走得太近就能观察到虎钮，而其上的龙、蛇则要近看才可发现，这样的设计和构思处理说明，制作者是把虎钮放在了最为重要的地位，这一切表明白虎图腾文化相较于龙图案文化和蛇图腾文化在人们心目中有着更为突出的地位，说明在巴国消亡后，白虎崇拜并未随着巴国的消亡而走向消失，巴人仍保留着以白虎图腾为主流的信仰文化，说明信仰文化所表现出来的强劲的生存力和生命力，从而成为深深扎根于巴人灵魂深处的一种最为重要的生存理念和生活发展的精神寄托及其动力源泉。在古代，白虎与青龙、朱雀、玄武齐名，并称四大瑞兽。它以威猛、勇武而著称于世。同时，这也象征着这一时期巴人的性格特点，史料中多有巴人不畏艰险、骁勇善战、强健剽悍的性格特征写照。这种性格特征与古代巴国和巴地周边多战事所形成的现实需求有关。人的生存是一切社会生产生活的第一原动力。为求得生存，巴国和巴人必须强大到每个成员都有特强的战斗力和意志，这就需要培养出如白虎般威猛、勇武和坚韧的性格特点，才能适应巴地和巴国周边多战事的环境。任何事物的发展都不是偶然的，而是在偶然性中充满着必然的因果关系，常常看似一个个小的偶然性因素却蕴含着一个大大的必然性因素。事实上，偶然性中也包含着必然性的因子和元素，虽说必然性与偶然性有着一定的辩证关系，但从细处看，偶然性往往是由一个个小的必然因素构成的一个个较大的偶然，因此，最终还是必然性决定偶然，必然性是绝对的，偶然性是相对的。在历史上，大的事物发展方向的发生、演变和发展，向来是必然性因素起决定作用，对图腾文化这种重要事物的发展选择和取舍更是如此。它除与当时人们对自然界的认识和社会的理解及人的自身原始质朴的认知有关外，还与氏族部落内部之间和国家需要之间有着重要的关系。社会需要一种信仰文化来教化众人，作为支撑其灵魂深处的思想和精神依托，从而起着聚集、强化社会成员思想和精神的统一体，并能有效地发挥利用其信仰文化的社会功能。原始的图腾文化是在原始社会的条件下应运而生的。对白虎崇拜来说，它产生于巴国的特定历史、特定文化、特定政治环境，它既是历史和文化发展的需求，也是政治思想发展的需求，还是社会生活和民族发展的需求。铸造于青铜錞于上的虎钮，不仅体现巴人的白虎图腾崇拜，更重要的是它说明巴人的白虎信仰在经过战争洗礼和巴国灭亡之后仍然屹立不倒，即使进入了一个崭新的历史发展阶段，它所表现出来的文化基因同样是那么富有传奇性、神圣性和神秘感。已经过世的青铜器权威专家马承源认为，錞于作为乐器来说，应用于战争、祭祀集会和宗庙宴请三个方面的场所活动[20]，这些场所的活动在上古时期和古代均是隆重、庄严和最为重要的事情，《左传》载："国之大事，在祀与戎"，可见战争和祭祀在国家和民间社会生活中的重要性。我们可以想象，这些带有虎钮的錞于常出现于这些场所，它以其声音洪亮而起着烘托气氛的作用，也进一步说明白虎图腾文化在巴人心目中的地位之高是无与伦比的，也许巴人会认为代表白虎图腾文化的虎钮带有神性，会给他们带来好运和神秘力量的护佑，赋予他们神性力量去夺取战争的胜利，他们亦期盼祭祀活动能带来灵验的慰藉。白虎图腾作为一种起源于原始社会的信仰文化，它已具备了历史上制度化宗教的基本特征，它调整着人们的思想行为、价值观、人生观及方法论，是集信仰、理念、组织、制度于一体的复合文化体。白虎图腾为父系氏族社会代表的象征，君王廪君为男性，就可充分证实这一历史事实和观点。黔江相邻的湖北咸丰县的《长乐县志·寺观志》记载：向王天子庙"供廪君神像，按廪君，世为巴人立者，特务相为阛阓之主，有功于民，帮今施南、归、巴、长阳等处视之，世俗相沿但呼为'向王天子'[21]。"说明廪君在民间的地位之高、权威性和影响力之大。再从汉代黔江社会经济文化的发展来看，按黔江地方史料，谢世龙撰写的《黔江县史概说》[收录于《黔江文史》（第六辑）]记载，汉代黔江与全国一样，社会、经济、文化取得了较大的发展和繁荣，社会相对稳定，亦未发生大的战事。[22]在整个国家层面来说，汉代曾先后制定了休养生息的政策，并出现了文景之治。因此，笔者推断，黔江区文物管理所藏的这件虎钮錞于用于战争的可能概率很小，而可能是运用于祭祀活动和宗庙宴会。至今，黔江地区未有汉代这一时期的青铜兵器及其与之相应的其他质地兵器出土，白虎崇拜作为一种地方的信仰文化，虽没国家层面的推行、推崇和提倡，但汉王朝采取宽松的政策，并不禁止原始信仰文化的发展，而采用包容的政策和态度，这是黔江巴人在那时能把白虎图腾作为其主流的信仰文化来推行和发展的重要原因。这种推行和发展是巴人及其后裔的一种自发、自觉行为，是一种无任何强制性接受的社会文化现象，即在不自觉的社会氛围中，世代居住在巴地的巴人在这种无形的影响下接受、传承、发展了自身的白虎图腾文化，才使我们今天能见到黔江区文物管理所藏的錞于是虎钮而非其他动植物钮。据不完全统计，在全国 150 余件錞于中，在其他巴地发现的汉代虎钮錞于还很多，均是白虎图腾文化在巴人自行发展下的产物和明证。

现全国发现最早的虎钮錞于为战国时期，那时的巴国正处于鼎盛时期，錞于下部大约呈筒形，象征白虎图腾文化符号的虎钮，取其谐音，有一"统"天下之意。就其这一点来说，笔者按一般宗教文化伸延出来的看法，并未见相关史料记载。

就重庆三峡库区曾出土过大量铸有虎纹的兵器和兵器构件来说。巴人将象征白虎图腾文化的虎纹铸于兵器之上，他们认为，此图腾会产生一种神秘力量，利于杀敌。虎钮作为代表白虎图腾的神秘符号，既是巴文化的象征之一，又是巴人历史的标志之一。它既是巴人思想和精神的象征，又是巴国政治统治的象征之一。白虎作为巴人尊崇的最高神灵动物，巴人认为它是首领的化身，白虎与首领血脉相通，首领死后化为白虎。这样，巴人就将白虎图腾文化的推崇和运用到前所未有的境界，它贯穿于廪君建国后和巴国历史的纵向发展历程之中，连绵不断，一直影响到武陵山区以巴人后裔为主体的土家族。纵观历史，白虎图腾文化最早为巴国统治者灌输于巴人的深层意识和观念的原始宗教信仰，至后期就演变为巴人自觉的一个占主流的最为重要的传承的文化体系之中。黔江区文物管理所收藏的这件青铜虎钮錞于反映的文化内涵，让我们目睹了白虎图腾文化在华夏民族发展中的那段辉煌历史。我们深深地被古人的睿智、聪颖和智慧折服。它的演变和发展象征巴人图腾文化的一段文明成果。

（3）从龙纹图案来看华夏民族的思想、文化、精神共同体的空前融合和演变。

龙图腾的起源，学术界众说纷纭，有人说它的原型是蛇，也有人说它的原型为熊。持熊说论的观点以中国神话学会会长叶舒教授为代表，认为龙图腾来源于熊图腾；其他说法也甚多。但最为广泛的说法是，它来源于上古时期黄帝在统一中原各氏族部落的过程中，把各氏族部落信仰的图腾各取其一部分组合而成的虚拟动物——龙[23]。笔者赞同这一观点。《龙图腾》一书中指出，龙图腾起源于新石器时代，商周时初步成形，秦汉时基本定型。龙突起的前额表示聪明智慧；鹿角表示社稷和长寿；牛耳寓意名列魁首；虎眼表示威严；鹰爪表现勇猛；剑眉象征英武；狮鼻象征富贵；金鱼尾象征灵活；马齿象征勤劳和善良。韩晓松教授在《龙图腾与中华文化》一文中提出，龙是一个综合了很多动物的图腾，反映了华夏民族形成的复杂性和文化的包容性，体现了民族之间的尊重和平等[24]。笔者也认为龙图腾为华夏民族大融合、大演变和大发展的文化象征和文化标志。龙代表威严、神圣、权威、吉祥和美好。有关文献记载，上古时期，炎黄部落在打败蚩尤部落后，逐步统一了其他一些相对较小的部落，[25]因此，我们被称为炎黄子孙和龙的传人。华夏民族开始从蒙昧走向文明开化，龙图腾从那时就已经出现。直至夏代出现龙旗之后，就一直是华夏民族思想和文化的象征。

在民间，龙的文化还常与洪水神话相关联，在古代，我国洪水主要泛滥于黄河流域。《尔雅·释古》释"洪"为"大"；《说文解字》释"洪水，洚水也"；《淮南子》载有"共工振滔洪水，以薄空桑"文；《孟子·滕文公下》引《尚书》"说降水者，洪水也"；《水经注》说："禹北过降水"[26]，均是指洪水泛滥的记载，在中国神话中，降水往往与龙文化联系起来。《广雅》云："有鳞曰蛟龙，有翼曰应龙，有角曰虬龙，无角曰螭龙"。则说明龙的文化和内涵的丰富多彩。[27]黔江区文物管理所藏这件汉代虎钮錞于的龙图腾纹饰，代表着秦汉以后巴人正在逐渐融入华夏民族共同体，是华夏文化一体化历程的一个标志。它虽与现今的龙纹图案存在着一些差异，龙纹的嘴等一些部位也很抽象，如嘴像倒地的"U"字形，无牙，但整体形象已基本成熟。形体上，比其上的虎钮小，比巴蛇纹饰大。它铸于錞于盘的显眼处，而不像巴蛇纹饰图案铸造于虎钮尾部下方，表明当时它在巴人心目中也是有着重要的地位和价值的，它见证了汉代大一统政策和思想推行的史实，见证了龙图腾文化正走向华夏大地全面普及的状态。从黔江区文物管理所藏虎钮錞于的龙纹来看，一方面说明巴人对华夏民族共同体的认同性、包容性、统一性，另一方面又说明华夏民族对巴人图腾文化发展的默认和许可，进一步表明巴人和巴地图腾文化正处于迈向大转换、大演变和大发展的过程中，凸显了汉代中央集权制推行的影响力之大和渗透力之强，巴人在吸纳龙图腾的文化过程中进行了巧妙的融合处理，它对巴人的强大影响力和意义表现得十分的突出和重要。巴地图腾文化作为中华文明的组成部分，与中华文明存在着相互吸收、相互容纳的关系。龙纹铸于錞于之上，它就具有传播图腾文化的社会功能。如何处理巴蛇、白虎和龙在虎钮錞于的布局、大小、位置，是由各种图腾文化在巴人心中的主次地位所决定的，虎钮錞于的设计是巴人心目中各种图腾文化的势力大小的外在表现形式。贾薛飞教授在《龙图腾之浅析》文中还指出，龙图腾最早来自中原黄河流域上古时期的农桑和渔猎经济时期，一直到华夏民族整体上的共同信仰的统一，经历上下五千年的发展，龙文化与华夏民族文化的有机结合，成为华夏子孙最大的共同信仰。[30]龙不仅是华夏多民族融合的象征，在古代，也是皇帝、皇权的象征，皇帝被称为真龙天子，皇帝穿的衣被称为龙袍，坐的椅被称为龙椅，戴的帽被称为龙帽。对于巴人来说，汉代，是一个白虎图腾、龙图腾文化共存共依的时代，体现了汉代巴人图腾文化在一定阶段的演变和发展的脉络。历史上龙文化的内涵丰富多彩，层出不穷，它发展的时间跨度在中华民族历史上历时最长，一直延续至今。龙图腾既来源于华夏民族的大融合，又反映了华夏民族的大演变和大发展。龙纹与白虎、巴蛇图腾纹饰共铸造于一件器物，不仅展现了它在汉代的社会、经济、文化和思想上的地位不同，还深刻反映了它们既互为一对矛盾体，又有相互依存、和谐共处的一面，和谐是主体，为正效应的一面，相互矛盾为次要的负效应的一面。一个民族在有了自己的图腾和族徽之后，要他们接受别的民族的图腾文化，从心理学角度讲，这是很艰难的，需要一定的时间来实现思想转换过程，因为每个民族的信仰相对别的民族信仰最初都带有一定的排他性，这是由人的心理活动规律所决定的。巴人在保留了白虎图腾的同时，接受其他民族图腾的时间长短与内外因素有着必然的关联，其内在因素与民族性格和个性等有关，外在因素上与统治者实施的政策和社会环境有关。巴蛇图腾、白虎图腾、龙图腾符号共饰于同一器物还反映了一个民族信仰和另一种民族信仰之间随着时间的流逝在其民族心理上是相互妥协和相互斗争的结果，龙纹出现在青铜虎钮錞于上，这就是说，巴人具有一颗天然包容心，这是与汉代中央政府推行提倡的华夏龙图腾文化的基因和元素相结合的产物。有什么环境就会产生什么样的文化，物质决定意识，意识又反作用于物质，信仰白虎的巴人对龙图腾是吸收还是摒弃，早期在民族心理上有一个挣扎的过程，什么时候接收，接收多少成分，还是完全的摒弃，都与内、外因素的力量的大小有着必然关联，新事物在一个民族发展的过程中产生，实质上就是一个心理活动变化的过程。汉代是我国历史上社会、经济、文化、思想和科学全面发展和繁荣的时期，国家相对强大，社会相对安定，人民相对幸福，在这样的大环境和历史条件下，特别是这一时国家出现了震惊中外的丝绸之路，将丝绸运于西亚等地交易，换取大量国外物资，图腾文化也与此一样，出现了和谐式、包容式、协调式、共享式、影响式的发展。在这个大的历史和社会背景下，才会出现这样的文化发展和文化现象，文化的大发展和大繁荣需要强劲的经济基础和欣欣向荣的社会环境作为支撑。同时也体现了汉代中央集权政府的莫大胸怀。汉代董仲舒提倡的罢黜百家、独尊儒术的思想，针对的并不是图腾信仰，而是春秋战国时期的治国策略和治国方案。当然，图腾文化作为一种信仰来说，虽与国家统治有着关联性，但显然不在此列，不然就不会出现将不同图腾文化符号铸于錞于这一同一器物上，形成一个新的组合，更不会出现代表白虎图腾文化主流的虎钮了，而白虎图腾位于錞于顶盘中间则更不可能，这就如黔江区文物管理所收藏的另一件国家一级文物唐铜，其顶上为龙钮，这也说明唐代的巴人后裔已经完全融入华夏民族文化共同体之中，因此，民族信仰也发生了根本的转变。渝东南地区生活的土家族则传承和保留了白虎崇拜的信仰。

　　黔江区文物管理所藏虎钮錞于见证了巴人图腾文化信仰的一个特殊的过渡阶段，即从巴人以白虎为主流的图腾文化转向以龙图腾为主导文化的发生、演变和发展的过程。这件青铜虎钮錞于反映的时代是：龙图腾尚未完全取代白虎图腾成为图腾崇拜的主流，反映在器物上则是白虎图腾文化更多于、更优于龙图腾的成分，特别是在民间，白虎图腾地位也更高一些。在历史发展的长河里，各种图腾文化各具特色、各自演化，也各有其发展历程，无论在官方还是在民间均是一个非强制性引导下的结合，在这种社会功能的作用下，引发出来的社会现象和文化产物，表明它是中原华夏民族的强大势力和思想及文化钳制的原因所造成的结果，同时它还进一步表明它是在社会和民众无形之中产生和发展的。汉王朝中央政府在采取一种妥协与引诱发展吸收的历程中，有一定转变和发展的时间和空间的度的把握，充分展现了汉代中央统治者在这方面的英明性和成熟性。同时也体现了汉人与巴人整合的历史事实，巴人和巴地由白虎图腾到龙图腾的转变过程中给人的感觉是化于无形之中，但又在有形之中形成、转换、演变和发展。树欲静而风不止，在外部势力的强大影响下，成为不得不考虑的现实问题，并做出改变，朝着新事物发展的新方向和新动态进行调整，以适应现实的社会生活。巴人和巴地就是在这样的历史转换中，找到了自己的角色。巴渝大地的文化虽来源于中原，却又有着自己的富有特色的历史阶段和过程。不接受新事物的发展、以静止的态度对待生活是没有前途的。巴人把自己的文化融入华夏民族文化中，又把华夏民族的图腾糅入到自己的思想文化中，并不断地向前发展，在保留中摒弃，在摒弃中保留，在继承传统的同时，与保留自己、发展自己与创新自己的思想文化相结合。人们常说历史不会重合，是指具体的历史事件而言，而其发展规律往往是重合一致的。对巴人来说，龙图腾文化是新事物，白虎图腾是本族群崇拜的旧事物，在汉民族文化的影响下，巴人从不接受到有控制的接受，最后直到完全接受和融入其中，这就是国家、民族和社会环境地位变化、发展的必然过程和结果。巴人作为华夏民族的一分子，只有适应发展的形势和发展的方向，才能获得生存发展的空间。其发展的空间既包括生理上的生存空间，又包括文化上的生存空间。武陵山区以巴人后裔为主体所形成的土家族就是在这样的环境条件下获得白虎图腾文化的传承和发展的。在历史发展的进程中，在不变之中求变，在变的过程中求不变的辩证关系和科学原理，既是古人生存发展的奥秘，也是我们对待新事物的客观发展规律的奥秘。总结历史经验和历史规律是我们生存的必然要求，并以此适应文化演变、文化发展的辩证规律作为顺应历史大势、顺应国家大势、顺应社会潮流、顺应民族发展的客观规律。世间的事物浩浩荡荡，需要把握事物发展规律，顺应事物发展的规律性才能得以发展。对于事物的规律也是顺之者昌、逆之者亡。我们只有遵循历史发展规律，才能随着历史发展的进程不断前进，给人类和自己带来更加辉煌灿烂的明天。

三、巴人图腾文化在华夏民族史上的地位和意义

从巴蛇图腾到白虎图腾，直到龙图腾的演化和转变是一次次涅槃重生。事物发展是硬道理，文化进步是硬道理。巴人在无形之中凭着实践经验壮大自己和发展自己。巴蛇图腾和白虎图腾在变化之中出现了龙图腾，找到了自己的社会定位和文化定位，更好地发展自己。白虎崇拜是巴人及其后裔保留自己和发展自己图腾文化的标志性产物。总体来说，巴人把自己的图腾崇拜融到国家和社会发展的大势之中所展现出来的图腾文化在华夏民族史上占有重要的地位和作用。人们常说，民族的即是世界的，然那时朴素的巴人并没有形成这样的世界观，而是对事物发展大势下的一种自然体验和感悟，它超然于现代理论体系之下，即现代哲学原理判断下的自觉运用和感悟而成为一种超越自我的表现形式。它经历了发展自我的改造过程，即一种涅槃重生的过程，在中华民族史上留下了深深的脚印和痕迹。在中华大地上，任何一个民族的发展都要付出血和泪的教训和代价，历史也会记住他们辛勤耕耘的汗水和表现出来的民族自信心

和自豪感，在本民族发展史上留下的一笔笔浓墨重彩的文化遗产，同时，它也是华夏民族史上的一笔重要财富。历史不会忘记过去，耕耘今天，发展自我是一个民族的永恒的主题，并以此适应国家，适应社会，适应变化了的客观环境。因此，自我适应是一个民族发展的历史规律，只有富于创造性、创新性的民族才能屹立于世界民族之林。一个民族要经得起人类社会发展的考验，首先要认知自己，在时间和空间上排除不同因素干扰的情况下，把认知事物发展的内在规律和外在表现形式相联结，有力地壮大自己，顺应社会发展的规律，才会有自身的发展。巴人的图腾文化就是在不同社会发展时期产生、演变和发展的。它反映了华夏民族特有的自豪感、自信心和自尊心。它经历了变中求得不变的生存法则，形成了在特定的客观环境下对自身崇拜物的科学利用，表现了巴人在历史源流上取得进退有度的表现力和发展力，让时代归隐于过去，发展今天，面向未来，书写民族历史引以为豪的篇章。摒弃不适应新时代的文化因子和元素，保持强劲的发展势头，迎风而进，创造明天的美好。巴人的图腾文化就是在这样的历史风云变幻中改变、发展而屹立于世界文化之林。

综上所述，虽然今天我们不会忘记上古时期先代遗留下来的文化精髓，但我们对古人们的信仰和图腾文化的了解依然是很有限的，特别是要从一件青铜虎钮錞于上加以论证，可能有以一概全、以偏概全之嫌，但我们也不得不认真对待它所带来的宝贵的历史文化信息。笔者认为，巴人从巴蛇图腾、白虎图腾和龙图腾文化的演变、转换和发展是巴人发展史上的一个缩影，也是我们研究巴国、巴地和巴人政治、经济、思想、文化的重要的实物资料。巴人素来以勤劳、勇敢和善良著称于世，他们随着时代潮流修补、完善、改进自己图腾文化重心，在历史演变和发展中找到自己图腾文化的定位和方向。他们在整个中华民族史上所创造出的富有自身特色的图腾信仰和文化符号，对我们研究那一段历史和图腾文化的发展有着重要的参考价值。

参考文献

[1] 艾露露. 巴文化基本问题述略[M]. 长江文明（第五辑）. 郑州：河南人民出版社，2010:77-79.

[2] 李萍. 论龙蛇巴人的图腾崇拜[J]. 开封教育学院学报，2019（04）：210.

[3] 李萍. 论龙蛇巴人的图腾崇拜[J]. 开封教育学院学报，2019（04）：210.

[4] 向柏松. 从巴蛇到白虎：巴人图腾的转变[J]. 湖北民族学院学报（社会科学版），1992（28）：43-45.

[5] 向柏松. 从巴蛇到白虎:巴人图腾的转变[J]. 湖北民族学院学报（社会科学版），1992（28）：45-46.

[6] 四川省黔江地区民族事务委编. 川东南少数民族史料辑[M]. 成都：四川民族出版社，1995：93.

[7] 赵生军. 中国古代蛇图腾崇拜刍议[J]. 思茅师范高等专科学校学报，2007：60.

[8] 冉景福. 黔江民族源流浅述[M]. 黔江文史（第六辑），1992：102.

[9] 李萍. 论龙蛇巴人的图腾崇拜[J]. 开封教育学院学报，2019(04)：210.

[10] 赵生军. 中国古代蛇图腾崇拜刍议[J]. 思茅师范高等专科学校学报，2007：60.

[11] 刘毓庆. 图腾神话与中国传统人生[M]. 北京：人民出版社，2019：8.

[12] 邱嫦娟. 巴人白虎图腾研究[D]. 四川师范大学，2011：15-16.

[13] 邱嫦娟. 巴人白虎图腾研究[D]. 四川师范大学，2011：15-17.

[14] 林琳. 论白虎图腾文化的源流[J]. 中华文化论坛，1998：59.

[15] 林琳. 论白虎图腾文化的源流[J]. 中华文化论坛，1998：59.

[16] 林琳. 论白虎图腾文化的源流[J]. 中华文化论坛，1998：60.

[17] 林琳. 论白虎图腾文化的源流[J]. 中华文化论坛，1998：61.

[18] 林琳. 论白虎图腾文化的源流[J]. 中华文化论坛，1998：62.

[19] 林琳. 论白虎图腾文化的源流[J]. 中华文化论坛，1998：62.

[20] 马承源. 中国青铜器[M]. 上海：上海古籍出版社，1988：296.

[21] 彭昌美、毛绪绩，我们在朝鲜战场上[G]. 中国政协龙山委员会，学习文史委员会编. 龙山文史，1997：40-45.

[22] 谢世龙. 黔江县史概说[M]//黔江文史. 1992：27-30.

[23] 贾薛飞. 龙图腾之浅析[J]. 学术探讨，2014，07（05）：33.

[24] 韩晓松. 龙图腾与中华文化[J]. 大观周刊，2013（07）：18.

[25] 贾薛飞. 龙图腾之浅析[J]. 学术探讨，2014，07（05）：34.

[26] 武文. 洪水神话与龙图腾民族文化[J]. 西北师范大学学报，1990(04)：50.

[27] 邱嫦娟. 巴人白虎图腾研究[D]. 四川师范大学，2011：14-15.

综合类

探析清代黔江佛教文化的兴盛与繁荣

【摘　要】清廷对佛教的扶持和利用，造就了黔江佛教文化二百多年的兴盛和繁荣，对民众的行为模式、思想观念都产生了极为深刻的影响。作为一个历史产物和社会现象，值得我们进行深入的探索和考证，以为今天的宗教政策提供参考，并启示后人。

【关键词】清代；黔江；佛教文化；兴盛；繁荣

　　黔江地处武陵山区腹地，是渝东南区域的中心城市。武陵山区重淫祀，巫傩尤盛。数千年来，制度化宗教在这里难有一发展的空间。长期以来，人们一直把这里当作一个神秘之地。可到了清代，佛教文化在黔江却得到了空前的发展和繁荣，这是武陵山区宗教文化发展的一个缩影，也是重庆宗教文化发展的一个缩影。探析清代黔江宗教文化的发展对于研究渝东南宗教发展史、重庆的宗教发展史都有着十分重大的意义和价值，笔者拟就此文化现象作探讨，以求教于方家。

一、清代黔江佛教文化兴盛与繁荣的原因

　　黔江佛教文化作为全国佛教文化的一部分，在清代得以快速发展、兴盛和繁荣起来，与其他地方一样，首先得益于大的政治历史背景；其次是与黔江的自然环境、社会环境、意识形态等多种复杂因素有必然联系，同时还与佛教自身的文化内涵性质特点有关，以下简述之。

　　（1）清廷对佛教的扶持和利用，推动了黔江地方官员对佛教的信奉，从而在此一时期修建了大量的庙宇，导致民众对佛教文化的信奉与追求。

　　清代是我国又一重视佛教文化传播和发展的重要时期，它承袭明代佛教的僧尼与寺庙管理制度，各皇帝在一定程度上均信奉佛教，礼待高僧，从开国皇帝顺治至中期雍正乾隆再到晚期的咸丰帝，无不提倡信奉佛教。同时，清廷也加强佛教文化的整肃和管理。顺治时加强了对寺院的稽查工作，无度牒者不得为僧，未经政府许可，民间百姓不得私建寺庙。康熙时又增设了僧

管僧人制度，乾隆又下令取缔不法僧人，女子未满四十不准出家。虽有种种限制，然民间寺庙之香火、民间信奉之风日盛一日，至乾隆晚年，天下僧尼达 40 余万人。据统计，当时敕建的寺庙有 60 070 座，小者 6 400 间，私人建的大寺庙达 8 400 座，小寺庙 58 600 间。咸丰时，洪秀全的太平天国排斥佛教，使江南一带寺庙和僧侣大受摧残，但至同治光绪时，各地纷纷重建佛寺及庙宇，佛教再次兴盛起来。寺庙的大肆建设为佛教文化的快速传播和发展提供了坚实的物质基础和活动场所，佛教文化成为各宗教文化的主流。这是黔江宗教文化发展的社会历史背景。

出于政治目的的需要，清廷对佛教的扶持利用政策，极大地助推了黔江地方官员信奉佛教、发展佛教的政治理念。特别是乾隆十九年（1754）取消官给度牒制度后，黔江佛教文化得到了更大的发展。史料记载，清代黔江地方官员（如县令等）都崇奉佛教文化。清光绪《黔江县志》记载了知县张九章等先后游真武观、乌鸦观（二者均为佛道合一建筑）、三元宫及其烧香拜佛的情况，以及杨再栋、杨垂重、杨云彩、张税堂等知县建设、重建、重修寺庙的内容。知县修建寺庙，说明了官场对佛教的推崇；官员烧香拜佛，说明官方对于佛教的信奉和倡导。于是，民间建庙成风，民众拜佛成风。时至今日，还可见当时修建的若干寺庙遗址和数量众多的和尚墓，这些都是清代黔江地方官员推助佛教文化传播发展的明证。地方官员信奉佛教、修建庙宇，导致民众追随，掀起佛教传播热，这是十分自然的事。

（2）清初"湖广填四川"的大移民中，有僧尼和部分佛教信徒进入黔江，推动了黔江佛教文化的发展。

据黔江方志记载，清代以前，黔江佛教文化的发展十分缓慢，哪怕在我国佛教文化最为兴盛和繁荣的唐代，黔江所建寺庙仍凤毛麟角。在清初"湖广填四川"的大移民中，大量外来人口进入黔江，部分佛教信徒与僧侣的进入促进了黔江佛教文化的传播与发展。外来人的信佛活动也给原住民带来影响，这就强化了原有佛教文化的群众基础，为清代黔江佛教文化的发展注入了活力，扩大了社会覆盖面。这种外来因子的影响、参与、介入是黔江佛教文化兴盛和繁荣的重要诱因之一。

（3）在恶劣的地理环境和恶劣的生存状态下，佛教文化满足了黔江人民强烈的思想之寄托的需求。

清代，黔江在我国的佛教发展中成为异军突起和后起之秀，与它所处的自然环境有着必然的关联。清代，黔江交通不便，生存环境十分恶劣，自古有"养儿不用教，酉、秀、黔、彭走一遭"之说来形容其环境恶劣与贫困之状。黔江老百姓面对穷山恶水的自然环境和恶劣的生存状态，在巨大的发展阻力和强大的生存压力下，人们在精神上需要一种思维方式来应对复杂的环境，使思想情感有所寄托。佛教文化恰好适应了这种需求，成为当时黔江人民普遍信仰的社会大众化的宗教。

（4）相对封闭的思维模式，成了汲取其他新文化的最大阻力。

清代的黔江是一个典型的农业社会，城市极小，农村相对广大，小农意识极为浓厚。浓厚的小农意识，其思维模式的最大特点就是封闭。民众往往满足于已有认识和思想活动，而此种认知方式与思维活动会阻止对其他新文化、新思想的吸收。同时，黔江又是处于大山包围之中的土家族、苗族等少数民族聚居区，一些少数民族在残酷的民族压迫下，又往往形成了封闭的性格特点，加之与农业社会形成的小农意识的封闭性汇集和叠加，使当时黔江少数民族的封闭意识尤为突出，佛教文化也就满足了这种封闭式思维方式的要求。这种特殊的强烈内在需求也是全国为数不多的地方才具备的条件之一。

（5）民众文化素养不高，佛教文化填补了民众思想之空白。

由于生产力的局限和生活水平的低下，黔江民众所接收的知识教育和科技教育极为有限，全国当时也如此。但黔江在这点上则尤为突出，其思想领域中的空缺需要一种为大众能接受的文化元素来填补，需要一种思想方法来认识世界、理解世界，佛教文化恰好具有解释当时人们所面对的世界的方法论的相关内容。当然，我们知道，并不是具有高素质文化修养和掌握科技理论的人就不信奉佛教，而是因人类社会和自然现象未认识透彻之前，需用一种超越科技的对社会现象的解释。笔者认为，从人类的本质来看，在某些特殊环境和条件下，自身需要一种超越现有科技的对社会的解释，以达到心灵上的和谐。另一方面，在当时还是有很大一批民众是因为人口素质低下和认知世界的科技素养缺乏而走上了信佛之路的。

再从佛教文化的内涵及其性质特点来看，它满足了黔江民众强大的内心需求。佛教文化作为一种思想、信仰、理念，一旦为民众接受，就会成为深刻影响人们思想和行为的一种社会文化基础和文化因子。清代黔江民众接受佛教，与佛教自身的文化内涵、性质和特点也有着极为密切的关系。佛教文化中的"四谛"（苦谛、因谛、灭谛、道谛）与缘起说，成为扎根在民众内心深处的"因果报应"观念，"善因得乐果""恶因得苦果"的思想，以及"缘由、宽大、慈悲"与"众生平等"等。这些思想、观念、意识使人们对"善"的人性挖掘达到了登峰造极的地步，又对人们追求内心心理平衡起到了莫大的作用。加之信徒认为，人人可以成佛，于是诚心修炼；民众认为佛、菩萨、罗汉等可以护佑他们，并能帮助其实现内心的欲望，这就使佛教文化作为一种完整的宗教体系，为黔江正直善良的人民所接受，并在他们内心构建起一个美好的精神家园。

以上诸多因素在某个历史时期某点上的结合、碰撞和作用，导致了清代黔江佛教文化突飞猛进的发展与繁荣，并成为大众化的一种宗教文化。随着时代的推进与发展，黔江在清代逐渐发展成为享誉湘、鄂、川黔和武陵山地区的佛教中心和重地，成为全国佛教文化发展和传播的坚实组成部分，发展速度之快在全国屈指可数，十分少见。黔江是清代地方佛教发展、兴盛和繁荣的新兴之地，也是全国佛教文化在偏远山区深入发展和不断壮大的一个缩影。

二、清代黔江佛教文化兴盛与繁荣的基本状况

清代黔江佛教文化发展在全国具有典型性、代表性和时代性，在较短时间内就产生了超强而广泛深入的影响力和辐射力，呈现出质的飞跃，其发展速度之快出人意料，也令人感到吃惊。当时黔江佛教文化的兴盛与繁荣是史无前例且空前绝后的，它极大地彰显了清代地方佛教文化蓬勃发展和兴盛的一个过程。这里，我们从寺庙建设的状况和信众的普及度即可看出。

1. 寺庙建设情况

清代，黔江的疆域并不大，据清乾隆《酉阳直隶州总志》记载，当时黔江"东西距一百六十里，南北距二百五十里"，仅相当于现在 2/3 的疆域，人口也十分稀少，下辖 20 个乡，根据清光绪《黔江县志》和《黔江乡土志》记载及遗留的寺庙遗迹统计。清代共有寺观宫庙庵阁 117 座，其中：（1）三屯乡 18 座：观音寺、莲花寺、乌鸦山极乐寺、高峰寺、观音寺、青云寺、城隍庙、火神庙、法慧寺、中山寺、东岳寺、马神庙、关帝庙、金桥寺、三元宫、金桂堂、乌鸦观、川主庙；（2）正阳乡 2 座：白佛寺、高山寺；（3）洞口乡 3 座：观音寺、观音山寺、川主庙；（4）青岗乡 4 座：灵芝寺、长兴寺、灵应寺、关帝庙；（5）五里乡 7 座：云峰寺、保桥寺、石笋寺、观音阁、茯苓寺、香山寺、神岩寺；（6）栅山乡 7 座：兴隆寺、兴丛寺、高峰寺、万寿宫、天灯寺、回龙寺、凌云

山寺；（7）三义乡 1 座：川主庙；（8）中塘乡 4 座：观音寺、云峰寺、关帝庙、石笋寺；（9）后坝乡 7 座：观音寺、回龙寺、朝阳寺、关帝庙、观音堂、清修庵、普济寺；（10）酸毛乡 5 座：复兴寺、清香寺、圆通寺、关帝庙、川主庙；（11）黎水乡 4 座：四阁顺寺、华岩寺、星垣寺、灵风山寺；（12）白合乡 5 座：普济寺、天池寺、方广寺、三会庵、石钟庵；（13）石会乡 14 座：香山寺、华圣寺、黄草寺、三圣宫、真武观、伏虎寺、凌云寺、黑虎寺、方广寺、天灯寺、莲峰寺、清平寺、斜岩寺、武陵山寺；（14）白土乡 2 座：碧峰寺、川主庙；（15）西泡乡 2 座：太平寺、关帝庙；（16）泡水乡 6 座：天星寺、伏虎寺、萃贞寺、四圣宫、龙洞宫、三圣宫；（17）金溪乡 4 座：金鸡寺、观音阁、朝阳寺、回龙寺；（18）正谊乡 12 座：广益寺、马鞍寺、观音寺、仙桥寺、白佛寺、玉皇寺、白云庵、广灵寺、重兴寺、观音阁、玉皇阁（2 座）；（19）黑溪乡 5 座：沧海寺、方广寺、回龙寺、双兴寺、双林寺；（20）召南乡 5 座：复兴寺、凤池山寺、重兴寺、天子殿、法隆寺。在这些寺观宫庙中，佛教寺庙占 90%以上，宫观庙堂亦供奉佛祖、菩萨和罗汉等佛教尊神。1994 年黔江土家族苗族自治县志编纂委员会编的《黔江县志》（以下简称 1994 版《县志》）记载，真武观"……正殿供有元天上帝神像，旁有南海西天众菩萨"[1]；香山寺"……原有宝塔十余座，塔内葬有真武观僧侣骨灰"[2]，足见当时部分或个别其他类型的宗教建筑除供奉本教尊神外，还供奉佛教尊神。一方面说明这些宗教具有包容性的特点，另一方面也说明佛教在黔江广大民众心中具有坚实的群众基础和社会基础，佛教文化在这里相较全国许多地方更具生存能力、发展能力和后发能力。又据 1994版《县志》记载："武陵古刹，……名真武观，为川鄂湘黔著名的佛教圣地之一"[3]，也可证实这一点。再一次说明它已在全国范围的较大区域内成为声名远扬的佛教活动场所之一。现保留下来的真武观遗址位于黔江石会乡武陵山山顶，占地约 1 200 平方米；为配合武陵山旅游开发，2003 年 7 月，黔江区文物管理所曾对真武观遗址进行了抢救性的考古发掘，发现了台基、踏道、后花园、柱础、山门（图一）、前殿、正殿、耳房、石级、天井、水井、碑刻等丰富遗迹遗物，还出土了清代的三个大银锭（图二）、钱币、镀金佛头和比利时玻璃杯（图三）等，所出土的镀金佛头等文物又从实物上印证了相关资料记载的说法，它为清代黔江重要的佛教场所之一；比利时玻璃杯又佐证了对外交流物品在当时已流入黔江寺庙内这一情况，偏远僻静落后的黔江也有僧人开始使用舶来品，证明清代对外交流物品已达到一定程度。从总体上看，真武观遗址对研究佛教文化延伸入其他宗教场所的发展、变化、作用和影响具有十分重要的价值。从以上各乡的寺庙数据看，虽数量较全国总量来说所占比重较小，但处于全国偏远的小县集中在清代出现如此之多的寺庙建筑，十分少见。这些寺庙遍布在黔江城乡，乡乡皆有，平均每乡达五六座之多，多则十七八座，少则两三座（三义乡一座例外），以县城所在地的三屯乡为最多，达18座，其次是武陵山所在的石会乡和经济条件相对较好的正谊乡最多，达12～14处。看来，寺庙的建设还与各乡的财力和适合的自然环境相关联。石会乡著名的武陵山八大寺庙，与贵州的梵净山齐名，在当时社会知名度和地位就全国来说也是屈指可数的。这八大寺庙是香山寺、真武观、斜岩寺、方广寺、黑虎寺、天子殿、天灯寺、凌云寺、天子殿虽名为道教建筑，但人们将其列入寺庙建筑，则与真武观供奉有佛教的佛、菩萨等尊神有关，且后来完全成为佛教活动场所。天子殿（图四）始建于清代，西距真武观约700米，东北距香山寺约800米，现存部分占地约600平方米，建筑约300平方米；木结构，穿斗式梁架，单檐歇山式屋顶，青瓦覆盖；正殿面阔3间15米，进深7柱6穿13.6米，通高8.5米；明间前有亭式亮厅，结构复杂，檐角高翘；面阔2柱7米，进深3柱9米。天子殿建筑形式特殊，对研究武陵山宗教发展和建筑艺术具有重要价值。当时黔江经济十分落后，在这一相对狭小的范围内出现如此之多的佛教活动场所，甚至出现了佛教尊神延伸至其他宗教建筑内的十分罕见的现象，可见佛教在当地人们心中所占的地位之高。这些建筑的密度和所在地的人均数量在全国也为数不多，其发展力度和现象具有典型性特征和特性。从历史纵向看，在佛教文化发展的鼎盛时期的唐朝，佛教对黔江的影响也微乎其微，说明清代佛教文化的发展和传播在偏远山区较唐朝影响和辐射的范围更广、更深远。

图一　真武观遗址的山门

图二　清代银锭

图三　比利时玻璃杯

图四　天子殿侧面

　　黔江这些寺庙建筑规模宏大，大多建于风景胜迹之间、古树环抱之地，依山傍水，重檐高阁，雕梁画栋。从使用的材料来看，建筑和佛像均以木材为主，现黔江区文物管理所收藏的三屯乡的三元宫1尊佛像、6尊菩萨像（1尊为观音菩萨）和1尊罗汉像（图五、六），皆为木质，在这些佛教尊像大小规格不一，最小宽者为27厘米，最大宽者为50厘米，最矮者为75厘米，最高者为100厘米，其中佛像和观音菩萨像身表还保留有部分镀金，其余菩萨和罗汉原有彩绘，现已剥落，遗留下来的香山寺和斜岩寺的建筑和佛像皆为木制也证明了这一点。香山寺（图七）始建于康熙末年，现存部分占地约1600平方米，建筑面积约1200平方米，木结构，呈四合院布局，由正殿、南北配殿、院坝和山门等组成。正殿为抬梁式梁架，硬山式屋顶，面阔9间43.7米，进深10.2米，高通6米，正面廊道长22米，宽2.2米；南北配殿的大小形式制一致，呈对称分布，也为硬山式屋顶，抬梁式梁架，面阔5间22.1米，进深13.5米，与正殿通高一致，正面廊道宽2.8米；院坝长22.5米，宽22.2米，由石块铺砌；山门为悬山式屋顶，穿逗式梁架，4穿4柱，面阔3间13.8米，进深3间5.7米，檐高3.8米，通高6.2米，檐角上翘，脊竖瓷嵌篆体"寿"字一方，门前为13级阶梯踏道。整个建筑高大雄伟。经计算这仅为原香山寺的1/10，可想象当时规模之宏大，为武陵山寺庙典型风格建筑之一。2002年，黔江区民宗委对香山寺进行了部分修复并对外开放，现在该地仍是人们尊崇佛教的去处。斜岩寺（图八）始建于康熙三十二年（1693），占地6 500平方米，原有房100余间，主体为木结构，穿逗式梁架，悬山式屋顶，青瓦覆盖，辅以部分青砖墙体。原由围墙、山门、前殿、正殿、后殿、厢房、禅房、僧房、客房、伙房、榨房、马厩、厕所、天井、院坝、消防池等组成；现仅存前殿、正殿、后殿三幢庙宇及围墙等，建筑面积约1 018平方米。前殿面阔5间长28.5米，进深5米，通高6.8米，台基高0.6米，前壁砖墙边沿彩绘卷草纹，檐饰兽面纹瓦当和蝴蝶纹瓦滴，还有木雕花窗，卷草纹砖和铁瓦等特色建筑构件；正殿为土漆板壁和柱头，面阔3间长15米，进深12米，通高10米，台基高1米，正面廊道宽2米，封檐板和梁上有彩绘二龙戏珠和卷云纹图案，梁上还墨书有僧人全建和监修寺庙等内容，其柱础上浮雕有花草、人物、动物等图案，如牡丹和仙鹤等，仙鹤为道教之神物象征之一，再次印证了佛、道文化元素在黔江的融合；后殿面阔5间21.2米，进深10.5米，通高7.1米，台基高1米，正面廊道宽2.1米，廊道的中间有一石门洞。以上三殿的左右两端木板壁外紧邻为封火墙，在一定程度上起到保护寺院，防止火灾的作用。整个寺院四周为用条石砌成的厚重的围墙。斜岩寺规模宏大，功能设施齐全，庄重严肃，对研究武陵山佛教文化发展和兴盛具有重要价值。目前，黔江文物部门正利用民间资金对它进行局部修复，不久它会成为黔江又一重要佛教活动场所。从这两大寺庙的遗存可以感受到黔江武陵山佛教的文化面貌和建筑风格，寺庙建筑形式是如此之多样，规模如此之大，构筑物如此之宏伟，足以发现当时佛教文化繁荣、昌盛的影子，也进一步证实黔江处于大山之中，木材丰富，无论民居建筑还是宗教建筑都是利用当地丰富的木材资源作为建筑材料。由于建筑和佛像大量采用木质材料，极易腐烂或发生火灾，因此许多寺庙都有过重建和重修的情况。据清《酉阳直隶州总志》记载，香山寺"道光十八毁于火，重建"；乌鸦观"在县西五里，康熙五年及三十二年重修，嘉庆十五，僧多粥僧源智又增修"；回龙寺"乾隆五十六年，僧海安重修"；华严寺"乾隆三十六年，僧维则重建"；天池寺"康熙年间重修"；石钟庵"康熙年间重修"；[4]等等。所记载的清代维修的寺庙达数十处之多。其实这并不是完全的统计，在现实中，黔江境内的100余座寺庙，大大小小的维修和重建是经常发生的事。通过这些寺庙的建设、重建和重修的事实证明，在当时黔江这片土地上，有着适合佛教文化生存和发展的肥沃土壤和社会根基，所以，佛教在黔江有着强盛的生命力。在这些寺庙建筑中，规模宏大者，即使是当地豪绅显宦的宅院也远远不能与之相比。我们以斜岩寺遗址为例，现存的一垛围墙，用厚实的条石建成，置于一缓坡之上，呈扁圆形，周长400~500米，高1.5~3.5米，厚1米，远看宏伟壮观，气势磅礴，足见其耗费的财力、物力、人力之巨。当时黔江的经济实力十分薄弱，建如此巨大的寺庙建筑，说明黔江民众对佛教文化之看重和向往，且寺围墙外几里地均为其庙产，说明了佛教在黔江的巨大生存空间和条件。又据清同治《酉阳州志》的记载，武陵山"向数御一启坛，元（远）近缁流，奔赴不绝，香火之盛，殆甲全州"[5]，可知其参拜者络绎不绝之状，所以称其为全州之冠（当时黔江县隶属酉阳州管辖），亦可见覆盖范围之广，辐射力之强，除黔江本地的信众外，还有外地信众前来参拜，这进一步证明武陵山佛教文化的影响力已延伸至外地外乡，即外地信众也把武陵山作为重要的佛教圣地来加以朝拜，足见当时黔江武陵山佛事活动之盛况和香火之旺盛。

图五　木质佛和菩萨像　　　　　　　　图六　木质菩萨和罗汉像

图七　香山寺局部

图八　斜岩寺全景

综观上述，黔江地方政府对佛教文化在重视程度上由低到高，在寺庙建设上由少到多，在影响力上由小到大，在发展上由慢到快，在清代地方佛教文化发展的案例中具有代表性，也反映了佛教的时代化特点。

2. 僧尼、信徒和信众及信佛习俗情况

于全国来说，清代在各宗教的信徒和信众中，佛教的人数和所占比重最大。从上述寺庙数量看，黔江的佛教文化具有普遍性和大众化的特点，在宗教信众中，信仰佛教的人数占了绝对优势。对此，虽无具体数据，但清代地方志的记载明显地反映了这一情况。清同治《酉阳州志》记载，武陵山"寺僧恒数百人，常住半足……元（远）近缁流，奔赴不绝"，清光绪《黔江县志》记载，武陵山寺"寺内恒僧数百"[6]，可知寺僧数量之众，规模之大。清光绪《黔江县志》载，真武观"乾隆末年知县杨云彩饬僧澄善重建"；"久播遐迩，皈依寺僧常数十百人常据，……知县杨再栋饬僧清贺开修……上国朝大学士戴衢亨联云：水能澹性惟吾竹解，虚心是我师；学使杨秉璋联云：一甲一胄半是英雄半是佛不冠不履，又作名士又逑仙张之洞云尚爱此山，看不足，每逢佳处辄参禅，……"[7]，可知，真武观是佛教活动场所，僧人也多达几十上百，前往武陵山拜佛的信众既有地方官员，也有朝中官宦，既有学界名流，也有知名之士，朝中重臣清洋务派的代表人物张之洞也是其中之一，信众囊括了一切形形色色人物，这里也足见其影响力之大，连千里之遥的北京朝中重臣也曾到此拜佛参禅，说明那时武陵山佛教寺庙在全国已声明远扬。其僧人主要为穷苦人家子弟，也有少量官宦富豪中破落之人，还有生活中失意之人，不管是什么原因为僧为尼，他们有一个共同的特点：虔诚信佛。也由此可窥见全国其他地方的僧人构成情况和概况。这些僧人整日吃斋念佛，坐禅念经，只为获得死后圆寂，实现永恒和未来。可想见当时狭小的黔江民众处于纵横交错密集的寺庙禅院建筑群之中，僧尼穿梭于各寺庙和社会的情景。尤其是武陵山上聚集的几座有名的大寺庙，早晚钟鸣鼎沸，聚集了几百上千的僧人，蔚为壮观，其浓厚的佛教氛围不得不叫人感叹。现黔江区文物管理所就珍藏了三口清乾隆时期寺庙遗留来的大铁钟，规格分别为 142 cm×116 cm（图九）、130 cm×98 cm（图十），130×90 cm（图十一），均重达 400～500 公斤；呈喇叭状，器身有不同的铭文和纹饰；敲击声音洪亮、厚重，回音悠长。这三口钟是寺庙遗物和兴盛的重要见证。再从黔江传统习俗看，过去老百姓无论什么大小事，总要到寺庙里磕头作揖，烧香拜佛，祈求佛祖保佑，或祈添福添寿，或祈消灾避难，或祈升官发财，或祈科场晋升，或祈学业有成，或祈姻缘美满，或祈夫妻和睦，或祈生儿育女，或祈五谷丰登，或祈六畜兴旺，或祈风调雨顺，林林总总，包罗万象，只要与百姓相关的世间企盼，都成为祈求的对象，可知其已影响到社会生活和家庭生活的方方面面，而历 200 余年。一旦有什么得以"应验"，还会前去"还愿"，酬谢佛祖、菩萨、罗汉等保护神；若遇僧人托钵化缘者，无不解囊捐助，表达一份心愿。清代，黔江还有请僧尼到家做法事的传统，也有请其为死者超度亡灵或降"鬼"除"魔"的习俗。清光绪《黔江县志·习俗》载，从俗者，丧礼"招僧道作佛事，谓之道场，每七日诵经忏，谓之烧七，三年内大作佛事，撤灵位谓之除灵葬"[8]；"九月十九日，观音会"[9]，百姓挈老携幼，关门赶会拜祝；"四月八日，俗谓佛祖生辰，以红纸书字粘壁间，曰：'嫁毛虫'"。红纸所书之字为："佛生四月八，毛虫今日嫁，嫁出青山外，永世不还家"[10]，贴于堂屋墙上或中柱，借助佛祖法力，驱除虫灾；信者时时口念"阿弥陀佛"，以逢凶化吉。这些风俗已形成民间文化传统，可窥民众信奉程度之深，覆盖人群之广。旧时，家中正堂"神龛"（当地俗称"香火"），设有南海观音菩萨牌位，处于正中显耀之位置，也是民众信佛的一大习俗。男性老人辞世，所送的祭幛，书"驾返西天"；女性老人辞世，书"驾返瑶池"，意为去西天"极乐世界"[11]，以上种种习俗，既说明佛教文化的某些内容已化作民间习俗，又说明佛教的信仰在黔江具有大众化、普遍化、风俗化、习惯化等特征。这些信佛习俗为我国佛教文化的有机组成部分。仅是全国众多地方信佛习俗中的几大类型。有的是全国均有的，有的是黔江特有的，有的是历史传承的，有的是新形成的，总之，它反映了丰富多彩、热烈隆重、庄严肃穆的佛教文化和信佛活动。

图九　铁钟（一）　　　图十　铁钟（二）　　　图十一　铁钟（三）

三、佛教文化对黔江民众思想行为及方法论的影响

佛教既是一种宗教，也是一种重要的文化现象，它调整着人们的思想行为、价值观、人生观及方法论，是集信仰、理念、组织、制度于一体的复合文化体。清代佛教文化在全国的传播、发展和繁荣，成为黔江夯实、密布的社会文化基础，这种基础既有全国内地方佛教共有的普世基因；又包含黔江地方化的佛教文化因子和特色及形式，在此文化基础上，黔江佛教构建起一整套的思想观念和行为规范，影响着黔江民众社会生活的各个方面。佛教文化中的"四谛"与慈悲、平等、无常、无我的思想深入到社会民众之中，受苦受难乃前世之缘，或为后世而修，皆是有因有果的人生过程，这种思想文化宣扬传播所产生的效果，从积极方面来讲，在处理人际关系和阶层关系过程中，达到了心理上的和谐与平衡；从消极方面来讲，佛教文化维护黔江地方封建统治、麻痹人民斗志，教导人们逆来顺受、忍辱负重，不要做任何反抗的所谓"从善去恶"的作用亦不可低估，其封建统治者与黔江的地方封建势力也正是看中这一点，这是地方政府大肆修建寺庙宣扬佛教文化的主要动力之一。从一定意义上说，黔江地方政府对佛教思想和文化的发展、宣扬和传播，遏止和麻痹了绝大多数善良的民众，使得黔江在清代没有形成大的反封建和反压迫的势力，由此可见，佛教文化对人们思想、行为和心灵的巨大潜移默化作用和影响力。同时，佛教文化在黔江民众中也形成了一系列的行为规范和行为禁忌，人们把生产生活中的许多大大小小的事情都与佛事联系起来，形成约定俗成的社会规矩。一些人有事拜佛没事也拜佛，拜佛成了日常生活的重要内容，且无论大事小事，无不求之于佛，问之于佛，一切寄托于佛祖和菩萨，信佛已发展成为一种社会现象，这是黔江社会发展到一定阶段由各种社会因素积累和综合作用而出现的一种社会历史现象，实现了佛教文化和信佛行为双向交互、相互促进的效果。广大民众在佛教文化的深入发展和广泛传播中，人生价值和社会价值方面呈现一种迷茫与现实相互纠结的矛盾状态，一方面有着追求生活应有权益的最大化和摆脱受奴役、受压榨的不公平的社会地位的愿望；另一方面又受佛教文化的影响，相信一切因果皆有缘，循环而不已，忍受着一切苦难，认为一切皆有因有果，因果相应，削弱了为人生价值、社会价值奋斗的勇气和力量。于是，一切皆属自然的价值理念在民众中潜移默化，这是再自然不过的事。此种价值结构的形成把人生意义和社会意义进行了巧妙的偷换、转移、转接、抛弃，避开了社会阶层和社会主要矛盾的现实，把人生寄希望于佛祖和未来，这样的价值理念于整个社会的发展和进步不利，但有利于封建统治的巩固和发展，有利于社会的稳定。

佛教文化对清代黔江社会的影响是多层次、多角度、多结构、多方位的综合立体组合方式，它深入到当时黔江各阶层的主要组成者，不仅下层民众信奉佛教，上层富裕家族和土豪同样信奉佛教，从黔江清代建筑中的市级文保单位——富甲一方的财主、原草圭堂主人遗留的壁画上的题词"召壁风清瑶池州秀"可以佐证这一点，佛教文化的气息极大地笼罩着当时的黔江社会。信佛理念的大发展、大传播和大弘扬，导致民众在认识世界上采取唯心主义观点，即认为意识决定物质，意识决定一切，把意识的作用无限扩大，这实际是清朝统治者开出的一剂精神鸦片，认识世界和社会以虚无缥缈的佛祖、菩萨"制定"的规则为基础，把捉摸不定的上天安排视为原则，把认识事物的主观愿望作为原点，相信佛祖、菩萨这种超自然和超社会的力量，这种认识世界的方法论违背了辩证唯物主义思想，违背了实事求是的思想和原则，违背了客观事物运行的规律，违背了认识世界的真谛原理。古代黔江人民长期生活在封建统治的压迫之下，加之恶劣的地理环境和历史形成的社会体制，生活十分艰难和困苦，在多重压力下，有这么一种宗教文化使他们取得心灵上的平等感和公平感，可谓之幸也谓之不幸，既解决了现实问题又没解决现实问题，使当地民众处于一种和谐与非和谐、幻想与非幻想、追求与非追求的社会矛盾之中，一直延续到佛教文化从主流社会中退出。佛教文化在清代对黔江的社会经济、政治、文化的巨大影响和作用，说明佛教的兴盛和繁荣是黔江的历史发展过程中的必然产物和必然选择，黔江人民在历史上对佛教文化付出了真实的感情。

清代，信佛作为国家认可和信仰的社会主流宗教文化及行为，在黔江兴盛与繁荣历经200余年，作为一种历史文化现象，深刻地影响着那一时期黔江人民的生产生活，影响着黔江人民的思想和行为，我们今天如何审视这一历史事实，成为不可回避的重大历史问题，客观、公正评价佛教在黔江的发展、传播与繁荣应从古今中外的历史和现实中寻求依据，为今后如何引导和看待佛教的传播和发展起指导作用，于今天的宗教政策也具有一定的启示意义。

参考文献

[1] 四川省黔江土家族苗族自治县志编纂委员会. 黔江县志[M]. 北京：中国社会出版社，1994：539.

[2] 四川省黔江土家族苗族自治县志编纂委员会. 黔江县志[M]. 北京：中国社会出版社，1994：539.

[3] 四川省黔江土家族苗族自治县志编纂委员会. 黔江县志[M]. 北京：中

国社会出版社，1994：522.

[4]〔清〕冯世瀛，冉崇文. 酉阳直隶州总志[M]. 成都：巴蜀书社，2009：
224-227.

[5] 四川省黔江土家族苗族自治县志编纂委员会. 黔江县志[M]. 北京：中
国社会出版社，1994：537.

[6]〔清〕黔江县志（卷二）[M]. 光绪：315.

[7]〔清〕黔江县志（卷二）[M]. 光绪：314-315.

[8]〔清〕黔江县志（卷五）[M]. 光绪：49.

[9]〔清〕黔江县志（卷五）[M]. 光绪：48-49.

[10]〔清〕黔江县志（卷五）[M]. 光绪：48.

[11] 李华山，郭兆毓. 佛教在黔江的传播[M]//黔江文史（第六辑）. 1992.

从文物看太平天国石达开部在黔江的活动

【摘　要】1861 年、1863 年太平天国石达开部先后两次进入现重庆的黔江辖境，由此开展的武装斗争和相关活动产生了深远影响和重大意义，是我们研究太平天国历史和思想较为重要的内容。今天我们应从文物角度真实剖析这段历史。

【关键词】文物；太平天国；石达开；黔江；活动

石达开，广西贵县客家人，祖籍广东，中国近代著名的军事家、政治家、武学名家，是一位极富传奇色彩的人物。1851 年 1 月，石达开参加了洪秀全在金田领导的农民起义，从此，轰轰烈烈的太平天国运动拉开了序幕。1853 年，太平军攻占南京，建立了太平天国政权，石达开被封为翼王，为太平天国主将之一。1856 年 8 月，太平天国内部爆发了天京事变，洪秀全任命石达开主持政务，却又心存疑虑，封自己的两个哥哥为王参与政事，以牵制石达开。对此，石达开深为不满，于 1857 年 7 月负气出走，率领十万大军辗转于江西、福建、浙江、四川一带，走上了同太平天国分裂的道路。1861 年 8 月，为与鄂西的主力会师，石达开的部将傅丞相、李检点率兵经武隆、彭水越黔江进入湖北咸丰。1863 年 6 月，为配合主力部队抢渡金沙江西进，石达开部将李复猷率队再次进入黔江境内。石达开的部队先后两次进入现重庆黔江辖境，对清政府在黔江的统治短期内造成了极大的破坏性影响和颠覆性变化。现笔者结合相关资料，从文物的角度剖析这段历史，通过正经补史以最大限度地还原历史面貌。

一、与太平天国相关的文物

目前，在黔江境内发现与太平天国有关的可移动文物 1 件，即清光绪《黔江县志》；不可移动文物 10 处，包括军事遗址 2 处，墓葬碑刻 8 处。

1. 清光绪《黔江县志》

清光绪《黔江县志》简明扼要记载了太平天国石达开部两次入黔越黔的史实。现藏于黔江区文物管理所。

2. 军事遗址

（1）固北关遗址。

固北关遗址（图一、二）位于阿蓬江镇两河居委一组两河口隧道南端至阿蓬江峡口处，清代为酉阳州官王鳞飞为阻挡当时驻扎于黔江县城的太平军石达开部南进袭酉，率兵屯此所建的防御工程。《酉阳直隶州总志·关隘》对固北关的记载："州北一百三十里，小河之东两河口场。山麓背负高山，面据阿蓬水，为黔、彭入州总隘……高一丈二尺五寸，厚八尺，垛高四尺，长一百六十丈，为炮台四，水门一。"全部用巨石砌成，状若城墙。长 1 里，宽 3 米，高 15～18 米，有高敞辕门开于驿道过处，底座呈矩形，门上石匾刻"固北关"三字；门上关楼高 20 米，两翼百米处各有一瞭望台；越沟处立以直径为 5 厘米的铁柱栅栏；整个建筑两端紧扣悬崖，雄踞深流急湍之滨，观之甚为壮观。现存遗址呈东西走向，东西长 200 米，分布面积约 1 000 平方米。现存关隘墙基及墙垛，由条石及片石砌成，残高 1～3.7 米，墙基厚约 2 米，墙垛厚约 0.5 米。现保存完好的有三段，东段长 31 米、中段长 7 米、西段长 62 米，原关隘大门位于现中段西端。

图一　固北关遗址中段

图二　固北关遗址西段

（2）龙海关遗址。

龙海关遗址（图三）是石砌墙体构成的防御性工程，位于金洞乡政府西南约 3 公里的卡子门所在地，处于地势险要的山垭，墙体厚约 1~1.5 米，从山垭向东西两侧山上延展。山垭最低处设有一门，墙体高 4.12 米，门洞高 2.46 米，宽 1.53 米，门额阴刻"龙海关"三个字；西段墙体原长约 70 米，在 20 世纪 70 年代大集体改土被毁，现残存少量石块；右边墙体保存较完整，长 132 米，墙体高 1.85~4.12 米。这一关隘在史料中没有记载，现有两种看法：一种是认为由所谓"京洞州"何土司所建，为防御南边的酉阳州冉土司进犯的军事工程。另一种认为是为阻挡石达开部太平军从黔江向酉阳城进伐的防御工程。笔者曾到此做过调查。该工程北低南高，落差为 2.78 米，处于人们所说"京洞州"衙门的北面，也就是说，所谓的"衙门"与酉阳城均在龙海关的南面，龙海关是为防冉土司向北进犯何土司地盘的说法显然站不住脚。加之京洞州和何土司在历史上是否存在本身就是一大疑团，所以笔者赞成后种说法。我们知道军事防御工程建设首先要具有易守难攻的特征，从龙海关北低南高的地势看，北边应是进攻的一面，南面才为驻守一方，这就印证了它是南边的酉阳州地方武装为防御北边的太平军从黔江向酉阳进伐而建的说法。

图三　龙海关遗址设门处

3. 相关的碑刻（即墓志铭）

（1）龚学文墓的碑刻。该墓立于清代，为区级文物保护单位；位于沙坝乡新井坝；碑上的墓志云："咸丰辛酉（1861），发匪（指太平天国翼王石达开部）陷县，邑侯张公檄公募勇防剿。公捐重金，募健勇数百人，督第四子树嘉、孙绍煦，率同乡团昼夜防御。贼知有备，窜往湖北，乡里借以保全，里人颂公功，公终以未能剿贼为歉"。落款为"赐同进士出身同知直隶衔特授山东登州府文登县知县姻愚侄陈景星纪实撰文"。[1]

（2）李青云墓的碑刻。清代，位于正阳街道黄窑塘。碑上墓志云："咸丰十一年（1861），发匪窜黔。酉阳州牧王鳞飞驻军张官坝以遏之。会营中粮尽，兵众将肆掠。公约同乡喻君忠榕，慨然以募粮为己任，十余日接济无乏，官军赖以拒贼。"[2]

（3）尚家兴墓的碑刻。清代，位于城东街道仰头山。碑上墓志记载："辛酉（1861）之秋，发匪陷黔，大肆焚掠，兄奉母匿岩穴间。贼猝至，执其母手刃之，同匿殒命者七人，余四散。兄愤跃出，贼驱至城，乘间逸归，逻守母骸，贼复掩至，获焉。问之言，不言；与之食，不食。唯恸哭，贼大怒，遂遇害。"[3]

（4）陈朝华、郭氏墓的碑刻。清代，位于舟白街道朗溪沟，碑上墓志记

载："辛酉（1861）国乱濒临，贼（指太平天国石达开部）氛叠至，室家付
之一炬。"[4]

（5）杨兰谷、杨星门弟兄墓的碑刻。清代，位于舟白街道钟家坪。墓志记
载："至辛酉年（1861），石逆（指太平天国部将石达开部）之蹂黔，戚邻蚁附
而居，藉安全者百余家，公之先见如。"[5]

（6）王新贵墓的碑刻。清代，位于正阳街道坨田。碑文载："咸丰末载（1861），
匪寇（指太平天国石达开部）入境，大人扶台①背父，一路奔逃。贼至猖獗，
人所深避而不肯为者，大人挺身欲抗，贼遂掳入，连日呼天哭泣，辞父耄老。
贼怜孝诚，令释归。"[6]

（7）龙辉廷墓的碑刻。民国，位于濯水镇龙家堡。墓志载："咸丰辛酉
（1861），粤寇（指太平天国石达开部）踞黔城，州主（酉阳州知州）王个山，
募兵防堵。"[7]

（8）赵殷氏墓的碑刻。民国，位于小南海镇棠秀坪。墓志载："至前清咸丰
辛酉（1861），值长发英雄革命（指太平天国革命），突遭兵燹，孺人时当其厄，
乃举家避乱于吾乡中排之棠秀坪。"[8]

二、分析太平军石达开部的活动范围和行军路线

据清光绪《黔江县志》记载："咸丰十一年（1861），辛酉秋八月。粤匪（太
平天国石达开部）自黔中婺川入彭涪界，由郁镇直窜黔江。都司谭健率兵勇御
之于梅子关，众溃，谭力战身亡。知县胡某（胡明晋）出走，教谕李会白死之。
贼盘踞几一月，淫掳烧杀无算。九月初十日，酉州知州王鳞飞驻军张官坝。十
四日，贼由龚家坝渡河而东入咸丰界，是日城复。同治二年（1863）夏六月，
石逆余党李复猷，自黔省婺川之王家坨渡河入彭水梅梓乡及酉境学堂坪（今黔
江鹅池镇境内）、水车坪（今黔江水市乡境内）等地，窜据县城数日而去。复由
咸丰回窜，扰及县五里乡乃过西北马喇湖（即今黔江马喇镇）而东。"在 1994
年黔江土家族苗族自治县志编纂委员会编的《黔江县志》(以下简称 1994 版《县
志》)记载得很清楚，第一次太平军进入黔江的领导者为石达开的部将傅丞相、
李检点二人。从清光绪《黔江县志》可知他们从现彭水县的郁山镇，经黔江城
西的梅子关，直入黔江城，盘踞 20 余天后，东入湖北咸丰。犹如从黔江版图中
间横插而过，由西向东依次经过的乡镇街道有沙坝、石会、城南、城西、城东、

---

① 扶台，疑为"抚台"。

舟白 6 个。路程约达 102 公里。所涉乡镇街道面积约达 502.9 平方公里。以黔江县城为中心，向东西两端延展。这些乡镇街道所在地在当时是黔江交通方便、人口较集中、经济相对较发达的地方，成为太平军的活动范围或为途踏之地、对黔江的政治、经济、生活及生产的影响力是可想而知的，《龚学文墓志》《杨兰谷、杨星门弟兄墓志》《尚家兴墓志》《龙辉廷墓志》均记载了太平军攻陷、占据黔江县城的史实，这与清光绪《黔江县志》的史载一致，进一步佐证了太平军石达开部开进黔江这一历史事实。其活动直接影响的乡镇街道占黔江版图五分之一；尤以在黔江县城的活动最为频繁和集中，石达开部在此地驻扎达二十余日。间接影响的乡镇街道更多。在直接影响的乡镇街道中，从清光绪《黔江县志》和涉及的墓葬记载这一史实的数量看，县城及城周围附近的正阳、舟白影响最大，至西面较远的沙坝相对较弱，如《龚学文墓志》记载："贼知有备，窜往湖北，乡里借以保全"，就是太平军在这一带活动影响力减弱的具体表现。太平军第二次进入黔江，领导者是石达开部将李复猷，时间是同治二年（1863）夏六月，清光绪《黔江县志》记载了太平军行军的经过地方，加之必经之道和可能之路线。太平军由彭水经黔江南部鹅池镇的学堂坪向北进入石家镇、直到水市乡的水车坪，1994 年版《县志》明确记载了由水市向北的太极乡这段路程。加上北上的必经之乡镇石家和金溪，或过水田至城南青冈坪，或直接由金溪择小道至城南青冈坪。另一路由湖北大路坝进入黔江境内，或南下经小南海、中塘、城东 3 乡镇（街道）；或南下经小南海后，沿小路过石会、城西 2 镇（街道）。1994 年版《县志》明确记载了太平军至城南的青冈坪与前一路汇合后，列队向黔江县城进伐。在县城待三日后向东进入湖北咸丰，不过由清光绪《黔江县志》记载可推断，回窜的线路是明确的，太平军到达县城后经由黔江东面的舟白进入湖北咸丰境内。然后再由咸丰回窜至黔江的舟白，向南折转经邻鄂、五里、马喇、金洞 4 乡镇，再东转向酉阳的西北面而去。这里与酉阳地方武装在金洞卡子门设龙海关军事工程阻挡太平军的说法有了连接点，填补了史料中无龙海关相关史实记载的空白，与民间的一种说法不谋而合。这次太平军行程约达 235 公里，途经 15 至 16 个乡镇（街道），覆盖了黔江广袤的土地，所到乡镇街道约占黔江总面积 45 %，除县城和个别乡镇（街道）经济相对较好外，多数经济条件较差，活动范围是太平军行军沿线范围内，并不是所到乡镇的每一村落或角落。仍以县城活动最为频繁和集中，驻扎达三日。文史资料虽未详细记载太平军在黔江县城开展的活动，但太平军作为反清政府的一支义军据县城数日，对黔江统治者来说，必遭颠覆性推翻和彻底性的打击。

三、主要武装斗争和相关活动

太平军进入黔江后，从文物遗存和文献记载看，太平军与黔江、酉阳和湖北恩施 3 个地方武装在今黔江境内展开过四次较大的交战。其原因是黔江处于酉阳、湖北的边邻地区，太平军跨越黔江就会进入酉阳和湖北两地，处于战略交汇地。这四次大战为：梅子关之战，张官坝之战，长岭岗之战，龙海关之战。从以上四次大战可看出，太平军处于主动出击，战术选择灵活；虚实运用得当；三个地方武装处于被动防御态势，这四次较大的交战均以太平军胜利和地方武装的失败而结束。

梅子关之战。清光绪《黔江县志》和 1994 版《县志》均有提及，它是太平军与黔江地方武装最主要的一次大战。梅子关是由彭水进入黔江的必经之要道，这里道路陡峭，一边为地势险要的山崖，另一边为万丈悬崖，道路极其狭窄。恰如"一夫当关，万夫莫开"之地势，易守难攻，为天然用武之要塞。它是黔江地方武装御太平军于黔城外的唯一天然屏障，在战略上是黔江之咽喉。梅子关之战是关系到黔江城能否守住的最关键一环。黔江城内的官兵明知不是太平军的对手，抱着处于有利地理优势之幻想抵御太平军。1994 年版《县志》记载了 1861 年 8 月，新募兵丁二百余人，加上兵营乡勇六七百人，共八九百人，由五品都司谭健率领在梅子关住守抵御太平军。在作战中，由于太平军运用战术得当，循山抄至关后，两面夹击谭健的队伍，黔江的地方武装顿时溃不成军，太平军势如破竹，攻下梅子关。谭健阵亡。这一仗中，造成谭健军队灭亡的原因，除太平军的将领都是能征善战之辈、士卒的作战经验较清军丰富外，还由于黔江地方武装的乡丁兵勇多为贫苦老百姓，不愿替黔江统治者卖命。梅子关告破后，黔江县城已成太平军囊中之物，太平军顺利越册山从南门进入县城。

张官坝之战。在清光绪《黔江县志》与《李青云墓志》均提及酉阳州知州王鳞飞在张官坝抵御太平军之事，时间是 1861 年 9 月。张官坝这个地方现已无法准确考证，笔者认为，一种可能是指现黔江城东街道的官坝所在地，这里曾是清代黔江城小北门外东侧，背面为一些小山丘，这里一可攻击太平军从小北门与东门进出，二可阻挡其向舟白街道和正阳街道转移，退可在山丘设伏兵。另一种可能为在黔江县城通往湖北咸丰必经的舟白街道张家坝所在地，这里是平坦起伏较为开阔之地，两边山势绵延。从文物及文献看，无这次交战情况记载，但从结果看，王鳞飞率领的地方武装部队是没能阻挡太平军向湖北咸丰进军的步伐，以实现战略转移的目的。

长岭岗之战。长岭岗位于舟白街道境内的阿蓬江东岸，与区级文保单位石城遗址所在的县坝隔河相望。长岭岗为东高西低的陡坡，在东面的山岗望西山脚，有居高临下、泰山压顶之势，1994 年版《县志》记载了 1861 年 9 月，太平军在进军咸丰经过黔江县坝对面的长岭岗时受到湖北施南协副将惠春的阻截，发生激烈交战，虽惠春的部队占据高处有利地形但仍被太平军击败，太平军顺利进入湖北的咸丰县。

龙海关之战。1863 年 7 月，太平军从黔江向酉阳进伐有两条路线可供选择：一条是从黔城出发，向南经黔江的正阳、冯家、濯水、阿蓬江 4 乡镇至酉阳。这条道路相对较宽阔，沿线的乡镇（街道）经济相对发达，人口稠密，豪商富贾较多，易受乡镇的地方势力堵截。特别是阿蓬江镇的固北关有重兵把守，其地势十分险要，难以攻克；另一条是从黔江经正阳后，折向东面蓬东、马喇，然后向南经金洞，直到酉阳。这条道路是较为狭窄的羊肠小道而难行，文献虽未记载这一战事，但笔者认为，在必经之处金洞乡卡子门的龙海关作为阻挡太平军南行的关卡，应有酉阳地方武装驻守。太平军比较了两条路线的利害与其战略目标后，选择了后一条路线，巧妙地避开了与酉阳清兵在固北关的血战，这条线路与清光绪《黔江县志》记载吻合，龙海关的守军自然未能拦截住石达开的太平军向南面的酉阳进发。

太平军进入黔江后开展的一系军事活动和相关活动影响深远。据清光绪《黔江县志》记载，石达开的太平军攻下梅子关后，直接导致了黔江的知县胡明晋出逃，教谕李会白自缢而死。《尚家兴墓志》记载了尚家兴及其母亲被太平军杀害的经过，还有一起藏匿于同一岩洞的七人被杀。据该墓志考，尚家兴本是正九品文散官登仕郎。由此可知，太平军杀的为清代黔江统治者一分子及其家属，而非贫苦老百姓。1994 年版《县志》记载了太平军攻占黔城后夜火光照耀，橄铃声不绝，晓则纵骑四出，搜捕贪官污吏，开仓济贫，放粮 5000 余石。这些《陈朝华、郭氏墓志》记载了太平军把其家里抢夺一空。充分说明石达开部队除多次展开了与清军的阻击与反阻击战之外，还在县城内及其附近残杀大量黔江的地方政府工作人员，开展了一些必要的打富济贫活动。通过这些活动的开展，打破了旧的社会制度，确立新的社会秩序，导致了清朝在黔江县城的统治政权被直接推翻。《杨兰谷、杨星门弟兄墓志》记载，见太平军来了，许多老百姓纷纷投靠远处亲戚躲避，但太平军并未残害老百姓，侵占其财产。《王新贵墓志》

记载了太平军抓获抚台大人和其父后，见他十分孝顺，为其孝心感动而放归的感人事迹。对黔江的统治者也有如此仁义的行为，说明太平军是仁义之师，是为贫苦百姓打天下的军队，是一支讲究、遵从中华传统的孝道思想和文化的队伍。但《赵殷氏墓志》记载了墓主人赵殷氏因长发英雄革命（即太平军开展的武装斗争和活动）突遭兵燹而死，于是全家为避祸乱而迁至小南海镇棠秀坪的事实。说明太平军在黔江的活动除有着积极作用外，也是有着负面效果，又从另一角度说明太平军的军事活动对黔江社会影响之深广。从《龚学文墓志》看，太平军在黔江的活动不仅受到地方政府武装力量的阻击，还受到地方势力的堵截。龚学文出重资组织了数百兵勇，特别是自己的儿子龚树嘉和孙子龚绍煦亲自率同乡团练昼夜防御太平军，使得太平军袭扰乡里未成功。据考，龚学文乃黔江沙坝富甲一方的财主。其墓志为他的姻愚侄陈景星纪实撰文，为赐同进士出身同知直隶衔特授山东登州府文登县知县，更是清政府统治者的一分子，他的家庭背景、历史背景和社会背景决定了他反太平军的根源和本质。太平军在黔江的活动并非所到之处均深入到最底层，从根本上改变、扭转社会局势。这与太平军的战略目的有关，太平军没有在黔江长期建立根据地的打算，而是将其作为战略转移的必经之地，顺带开展了必要的打击土豪劣霸，铲除黔江县城的反动统治者的活动，践行太平军宗旨的行事准则，同时补充必要的行军物资和生活物资。

四、战略意义和时代影响力

石达开率领的太平军先后两次进入黔江，第一次入黔是为了前去与鄂西石达开的主力会师。石达开的部将傅丞相、李检点率兵，在黔江受到地方武装多次阻击，是一段精彩的插曲。经多次交战，再现了太平军是一支一往无前、有勇有谋、作战经验丰富的有较高军事素养的队伍，太平军顺利地通过了黔江辖境。同时，开展了必要的打富济贫、严惩贪官污吏以实现太平天国宗旨的相关活动，实现了战略转移，在战术上表现为灵活多变的特点。在多次交战地利条件处于劣势的情况下，灵活巧妙地利用战术，攻难克坚，克敌制胜，通过高明的战术运用实现了战略意图。一方面达到了队伍越黔江东移湖北的目的；另一方面沉重地打击了清政府在黔江的统治，并树立太平军是为老百姓打天下的军队的良好社会形象。有力地推动与主力汇合的进程。第二次是由石达开部将李复猷率部进入黔江县境，目的是作为疑兵，配合主力部队抢渡金沙江西进，李复猷的队伍在黔江境内纵贯二百多公里，如出入无人之境，入住黔城，给黔江经济社会造成深远影响，战略上的运用非常成功，为配合主力抢渡金沙江起到不可磨灭的作用。虽占领黔城三天后得知石达开主力被清军剿杀，但这次李复猷率队入黔给了我们在军事战略和政治上的深刻启示和思考，值得归纳、总结、研究，以鉴后人。

太平天国石达开部两次越黔入黔在一定程度上颠覆了清政府在黔江的统治，为当时生活在封建统治下的黔江人民照亮了一盏明灯，使穷苦老百姓看到了希望和未来。清光绪《黔江县志》《龚学文墓志》和《尚家兴墓志》中将其称作"粤匪"或"发匪"，清光绪《黔江县志》为清代黔江后代统治者组织编纂，龚学文为当地一大财主，加上与清代官僚有着千丝万缕的联系，而尚家兴本就是黔江地方统治阶层的一员，其撰写人把太平军视作"匪患"很好理解，自然将太平军开展的军事斗争和相关活动视为"贼匪"行为，从文字中可以看出他们竭力丑化这些行为和活动。又从一些普通的老百姓墓葬的墓志看，仍将石达开的太平军称作匪徒。如"发匪""粤寇""贼"等。其原因主要源于清政府的思想嵌制，以降低太平军的正面影响力。再说太平军失败后，部分老百姓在清朝统治的高压下不得不屈从，将太平军叫"匪"和"贼"。还有一部分人是由于对太平军不了解，在清政府的宣传下，认为太平军是"匪"和"贼"。由于历史和时代的局限性。太平军的正面社会影响力不断被清统治者削弱，太平天国运动在封建统治时期不可能得到正面评价。在黔江直到民国时期《赵殷氏墓志》才将其称作长发英雄革命。可见，随着社会的发展和时代的推进，人们对太平天国肯定的成分逐渐增多。

五、历史评价

太平天国运动是中国近代史上一次大规模的反清农民起义。打着"薄赋税、均贫富""均田以赈贫穷""有田同耕，有饭同食，有衣同穿，有钱同使，无处不均匀，无处不保暖"口号，通过颁布《天朝田亩制度》构建理想社会，虽终致失败，但太平天国农民战争长达 17 年之久，纵横 18 省，沉重打击、动摇了清政府的统治根基。它对推动历史进程和近代社会的发展起到了不可低估的作用，使统治者不得不深思和改进治理国家的方式和方法。这虽不足以改变统治者的本质，但仍不失为一种进步。太平军到达黔江后，短期内在政治上推翻了黔江县城的地方统治，穷苦百姓得以翻身不受奴役和压迫；在经济上，分得了由自己创造而被统治者和财主们榨取的部分粮食和财物；在思想上，太平军把以民为本、反抗压迫和剥削的进步思想及种子带了进来，追求所谓大同社会生活和理想，点燃了人们渴求社会公平和正义等先进文化和思想观念的火花，于今也是有着非常现实而深刻的意义，它不断促进和推动黔江历史车轮滚动向前发展。

参考文献

［1］重庆市黔江区政协学习文史委. 黔江文史（第四辑）·墓志铭专辑[M]. 2006：277-279.

［2］重庆市黔江区政协学习文史委. 黔江文史（第四辑）·墓志铭专辑[M]. 2006：306.

［3］重庆市黔江区政协学习文史委. 黔江文史（第四辑）·墓志铭专辑[M]. 2006：140-14.

［4］重庆市黔江区政协学习文史委. 黔江文史（第四辑）·墓志铭专辑[M]. 2006：227.

［5］重庆市黔江区政协学习文史委. 黔江文史（第四辑）·墓志铭专辑[M]. 2006：213-214.

［6］重庆市黔江区政协学习文史委. 黔江文史（第四辑）·墓志铭专辑[M]. 2006：176.

［7］重庆市黔江区政协学习文史委. 黔江文史（第四辑）·墓志铭专辑[M]. 2006：370.

［8］重庆市黔江区政协学习文史委. 黔江文史（第四辑）·墓志铭专辑[M]. 2006：432.

文物保护和利用类

基层田野文物保护运行模式初探

【摘　要】目前我国尚未形成国家层面的基层田野文物保护统一模式，从田野文物保护管理存在的大量问题和各地自行形成保护模式的弊端看，建立国家层面的基层田野文物科学保护模式是新时期社会发展的需求。作者对基层田野文物保护模式进行了认真的思考和探索。
【关键词】基层；田野文物；保护；运行；模式

　　基层田野文物保护运行模式指的是县（县级市与直辖市的区，以下同）级文化、文物部门及其乡（镇）对田野文物的职责划分及其相互之间的关系。目前，我国基层田野文物保护运行模式仍处于探索之中，尚未形成国家层面的具有全面性、系统性、规范性、科学性的保护运行模式。通过几十年来田野文物保护管理的不断发展和创新，积累了不少经验和教训，当前，在基层建立一种权威性的科学保护运行模式的条件已经成熟，并成为田野文物保护工作的内在需求。在新时期的社会环境和形势中，探讨基层田野文物保护运行模式，以稳步推进文物保护事业健康有序可持续发展，对于文物工作者来说，是一项神圣的职责和义务。笔者拟就此作探讨，以求教于方家。

一、我国基层田野文物保护管理的现状

　　我国是一个历史悠久的文明古国，是世界上文物最多的国家之一。近几十年来，我国田野文物保护事业硕果累累，成效显著。据统计，我国已经公布的全国重点文物保护单位有 5 058 处、历史文化名城 135 座，已列入世界文化遗产的有 55 处、文化与自然双重遗产 4 处；省级文物保护单位 7 000 余处，县级文物保护单位 6 万余处。通过不同规模的文物普查及其相关工作，已基本摸清了我国文物的家底，已知的地上地下不可移动文物有近百万处，这些成绩极其可观，值得肯定。但在这一过程中，也暴露了许多突出问题和薄弱环节。当前，各基层单位都根据本地实际和需要建立起了不同的保护运行模式。这些模式虽在一定程度上推动了基层田野文物保护工作的发展，但也显现出一些不能适应

社会和时代发展的情况，主要表现为：一方面，这些运行模式没有国家层面的法律政策体系支撑，执行起来显得吃力。另一方面，由于这些运行模式自身的缺陷会导致处置上的扭曲，从而使文物保护时常出现被动局面。正是这些运行模式的脆弱性和缺陷性的存在，使田野文物保护工作时有举步维艰之感。从文物保护情况看，盗窃案件频频发生；田野文物遭乱刻乱画现象屡禁不止；乱挖乱建破坏地下文物事件也较为突出；在建设工程中，还出现政府部门对文物强行拆除的事件；在文物保护单位的保护范围和建设控制地带内的违法违规建设现象严重；不少地方田野文物的抢救性维修经费难以落实。从文物设施设备看，大量田野文物的防火、防盗、防雷设施设备没有配备或配备不全。从法律和制度的执行上看，管理部门对文物保护的不作为现象较为突出，若一旦发生安全事故，便相互推诿。从工作措施和办法看，大多仅是书面文字材料，流于纸面应付，真正落实到位的少。这些问题媒体也时有报道，可一直得不到解决，这就值得我们深刻反思。

二、建立科学的基层田野文物保护运行模式的必要性及其意义

人类发展到今天，文物已成为文化软实力的重要组成部分，保护好文物就是增强国家软实力的措施之一。文物是一个国家历史和文化的见证，是一个国家文明层级和层次的象征，是民族生存发展之魂，也是社会发展的动力和源泉。它既能振奋我们的民族精神，增强民族的自尊心和自豪感，又是文化产业、旅游业发展的重要资源。保护文物，既是保护一个民族的根与源，也是保护人类的文化资源。文物作为国家软实力的体现之一，保护得好与不好，与其所建立和执行的相关法律和制度有着极为密切的关系，特别是法律法规的运行模式和管理机制直接决定着基层田野文物保护的成效和结果。可见，建立一个科学的田野文物保护运行模式是增强国家软实力的需要。

文物是国家发展建设的重要资源，保护好文物是建设中国特色社会主义的需要。建设中国特色社会主义不仅需要自然资源，也必然需要文物这类极其重要的文化资源。从文化的角度来看，文物中蕴含着的中华民族的文化基因、文化元素和文化符号，代表着中华民族的智慧和中华民族的精神，而这些正是我们建设中国特色社会主义需要传承和弘扬的；从产业的角度来看，一些世界文

化遗产，如长城、故宫、孔庙孔林孔府、武当山古建筑群、拉萨布达拉宫和大昭寺、庐山国家公园、丽江古城、苏州古典园林、颐和园等一大批文物吸引着全世界的眼球，前来参观旅游者每年达千百万人，成为旅游业、文化产业发展的基础性工程；从精神的层面来看，许多重要文物会启迪我们的智慧，激发我们的灵感，激励我们不断开拓创新，成为建设中国特色社会主义的极其宝贵的精神财富；从学术的角度来看，这些宝贵的文化遗产对人类认识历史、研究历史、传承历史具有重要价值，通过对自身历史文化的深入认识、了解、理解，有利于认清未来发展的方向，同时对于增强民族团结、民族情感、化解民族隔阂都是有着非常现实的重要意义。因而，文物作为一项重要的文化资源，我们应该珍惜它，保护它。然而，我们只要建立起有效的保护模式才能保证这些资源得以留存下来，这些资源也就才能在中国特色社会主义的建设中发挥积极的作用和功效。

建立科学的基层田野文物保护运行模式是文物事业自身发展的需要。田野文物总是存在于某一县的乡镇或街道，只有建立起科学的基层田野文物保护运行机制，才能确保其田野文物保护的实践性和可操作性。目前，在基层田野文物保护管理中存在着若干缺陷的情况下，应该在各地已经形成的各种保护管理措施和办法的基础上，根据基层文物保护管理体制和机制的缺陷，对症下药，规避弊端，摒弃狭隘的思想和思维方式，改进调整现有保护管理体制中不合理的因素，将合理的、科学的、有效的管理体制和运行机制加以整合、创新、补充、完善，使之形成国家层面的以法律形式确认的一个全面的、科学的保护管理体制和运行机制。只有科学的基层田野文物保护管理机制落到实处，才能真正提升整个国家田野文物保护管理的格局，才能在更大程度上形成田野文物保护工作的发展动力，有效地推动文物事业的正常发展，使文物更好地为国家建设和社会经济发展服务，推动着人类社会不断向前发展。

文物保护工作与其保护的运行模式密不可分，基层田野文物保护工作的好坏与其运行模式有着极为密切的关系，好的保护管理运行模式有利于文物的保护和管理，无效的保护管理运行模式对文物保护工作是不利的，甚至是有害的，只有使文物保护工作与经济社会的发展同步，与民族文物事业的发展同步，基层田野文物才能在实现中国梦的进程中充分发挥自身的功能，实现其自身的价值。

三、目前基层田野文物保护管理体制与运行机制的特点和弊端

目前，基层田野文物的保护管理模式是各地在不同的情况下建立起来的，这种管理体制和运行机制的最大特点是执行起来灵活，不死搬硬套。然而，它又具有两面性，即它既有遵循文物发展变化的因素存在，又有超越事物整体性原则的危险；既有适应文物保护事业发展的元素和基因，也存在着一些不合理的地方，有的还与文物的整体保护管理原则和个体处理原则相对立，过度强调了个体化的处理，从而形成了人为权力的操作空间，渗透了过多的个人感情元素和处事因子，缺乏规范化、理性化、法制化的特性，其灵活性导致原则丧失的事件也屡有发生。此种决策思维和执行方式易受个人思想素质和业务能力的影响，往往因人因事因物而存在较大差异，也由此造成各地管理水平和保护成效的差异，这主要表现在同一地区同类事件处置的极大差异性，有的还失去了田野文物保护管理的底线原则，出现了违背法律法规政策明文规定的内容，造成了管理上的混乱局面。当事者的不公平又形成了对文物自身事件处置的不平衡，它所产生的负面效应又会增加对下一同类事件的处理难度，周而复始，形成恶性循环，使田野文物的保护管理工作始终处于被动状态。只有处理好原则性和灵活性的关系，把握好它们之间的度，文物保护工作才能走上健康发展之路。这里，我们并不排除一些重视文物保护的地方，在其管理辖区内形成了科学的保护和管理机制。只有国家整体保护和管理模式得到了科学的改进和调适，田野文物保护工作才有生机和活力。

当前，我国基层田野文物保护和管理机制存在六大弊端：一是随意性和脆弱性并存。由于没有国家层面的明确的基层田野文物保护管理运行机制，基层文化、文物部门在实施保护管理过程中时常是因人因事而异，带有随意性的特点。同时，各地形成的这些运转机制由当地自行形成和建立，极易受个人意志影响而发生改变，这就会显得苍白和脆弱。二是缺乏法理性和制度性。目前，乡镇、街道及其以下保护的运转机制在相关的法律法规中是一个空白。三是权威性和指导性较弱。由于国家对建立田野文物保护和管理的运行机制极不完善，造成国家的意志和思想在许多方面不太明确，在权威性和指导性上就显得不足，易受地方领导和地方保护者、管理者个人意志影响。四是执行难与操作难。地方自发形成的保护管理机制其级别层次较低，在执行和操作的各个环节中易受到多方面的抵制，或相关单位不予配合，执行操作起来难度较大。五是不确定

性和缺乏统一性和。由于目前保护管理运行机制是在各地靠自身的理解和摸索中形成的，相较全国这一整体来说，这些模式之间的差异形成了各地区之间的不同执行效果，整个国家基层田野文物保护模式的不统一，会带来国家在整体上对各地文物案件和事件处理上的差异，从而形成整体不公平和不合理现象突出，若形成了一个统一的基层田野文物保护管理模式，也有利于国家对自身模式的不合理因素和环节进行自我调适，从而形成一个科学的系统的保护管理体系和模式。总之，目前各地执行的模式因形成的级别和层次相对较低，在遇到强大的外力时极易发生改变，变通执行，有着不确定性的特性。六是连续性和可控性较差。连续性与可控性主要是指保护管理机制在程序上由于当事者的社会地位和关系不同，而对相同或相类事件启动了不同的程序，实施了不同的措施，造成了不同的处置结果。就程序和结果而言，无连续性和可控性的行为标准。从上述情况来看，由于缺少国家层面的全局性和权威性的明确要求，从所呈现出来的利弊看，是弊大于利，改进当前保护管理运行模式刻不容缓。

四、建立科学的基层田野文物保护管理运行模式

1. 基层田野文物保护的对象和目标

建立科学的基层田野文物保护运行模式要遵循文物本身的特点、性质和规律，明确保护管理的对象和目标。田野文物是指分布于野外的古遗址、古墓葬、古建筑、古石窟寺及石刻、近现代史迹及代表性建筑、其他等六大类，保护的内容各有其侧重点，古遗址易发生乱挖乱建现象，古墓葬易发生盗掘案件，古建筑除易发生火灾外，也易产生自然败坏，古石窟寺及石刻则易遭自然毁损和出现盗窃事件。由于这些文物在野外，分布分散，极不易利于保护和管理，又因其自身的独特性易发生安全事故。安全事故的发生又往往造成无法挽回的损失。须知，文物是一种不可再生的文化资源，对文物安全问题不能按一般事物的安全对待，这是由文物资源的特性所决定的。文物保护管理就是要实现田野文物及其保存环境不被破坏或损坏，最大限度提高它的安全系数，使它们长久留存于世，为国家和社会发展以及科研工作提供实物基础材料，从而推动人类社会和民族的发展进步。

2. 建立科学的保护管理运行模式

笔者根据多年的田野文物保护管理实践，再参考其他地方的实践，结合我

国的实际情况，认为基层应该建立一种"以属地保护管理为中心，部门分工合作为重点，文委会（文物委员会）统筹协调全局，条块结合，分级负责为界点"的具有中国特色的田野文物保护管理运行模式。属地管理指以田野文物所在的乡镇政府、街道办事处为责任主体，对其境内田野文物安全承担组织、协调日常事务和落实看守人员的工作。原因：其一是乡镇、街道作为最基础一级政府和派出机构单元体来说，田野文物为所处乡镇、街道的古代人民创造的或密切相关的重要历史遗物和遗迹，是当地先民勤劳、智慧和创造力的见证，作为乡镇、街道文化资源的重要组成部分，乡镇政府和街道办事处有对其进行保护管理的责任和义务，不应认为是与自己无关的事或视为包袱。其二是乡镇、街道的文化建设离不开辖境内田野文物所蕴含内涵的挖掘和利用，同时，田野文物的开发利用也会无形中增加所在乡镇的经济收益，提高社会效益与其知名度，它们是田野文物的主要受益对象之一。可见，保护田野文物是乡镇、街道自身建设的需要。从权益与义务挂钩原则看，乡镇、街道理应为田野文物保护管理主体之一。其三是乡镇政府、街道办事处相较位于城区的县（区、市）文物行政和业务部门有着得天独厚的区位优势、人力优势、物力优势、人文环境优势，对田野文物日常事务和安全能力的综合调度较为强大。特别是所属乡镇政府、街道办事处的文化中心或文化站作为文化工作的部门，有保护田野文物现存的组织机构和人员。乡镇、街道文化中心或文化站作为直接实施开展田野文物保护和管理的部门，要把田野文物保护纳入主要工作内容之一。其主要职责是负责田野文物所在村、居委一级日常保护机制的创建和运转以及应急机制的建立、演练等工作。在这之中，既有涉及行政性质的工作又有涉及业务性质的工作。乡镇、街道文化部门要与县（区、市）级文物行政、业务部门建立起两级管理运行机制，自觉接受县（区）文物行政、业务部门的管理和指导。但因目前《中华人民共和国文物保护法》和相关政策对所属乡镇的文物保护工作无明文规定，造成当前的问题是各乡镇、街道对田野文物保护和管理的主体意识不强，除了与乡镇、街道领导对文物和文物保护认识存在偏差外，主要还在于国家的相关法律和制度没有具体的规定条款，造成有事就推诿，有的还不买县（区、市）文物行政、业务部门的账。没有明文规定就没有制约力，会无形中削弱这层理应发挥作用的层级的责任。认为那是县（区、市）文物部门的事。从另一角度讲，县（区、市）文物行政、业务单位的工作量是全局性的，对分散在各乡镇、街道的田野文物从人手、资金、距离、工作量看，均无法实现对田野文物的直接管理，县（区、市）文物部门也无法逾越这道难坎来实现保护管理的长效化、个体化、运作具体化。建立乡镇政府、街道办事处及其所属文化机构对辖境内田野文物形成一个管理层级，有利于文物保护的日常化和分解化操作。

从上述机构功能特点看，田野文物的日常化保护管理应纳入乡镇政府和街道办事处职责之一，这也是由乡镇、街道所处国家体制内的地位层级和相互关系所决定的，它也是实现田野文物的保护管理有效化的保障。乡镇、街道的下一级田野文物保护管理应是村委会或居委会，这一层级也是田野文物工作的重要一环。这是因田野文物总是存在于村或居委会这一相对较小的地域内，文物保护管理的好坏与这一层级有着密切的关联，他们对整个村和居委及田野文物周围的人文环境最为了解和清楚，是掌握田野文物状态和变化第一手情况的第一级组织，他们的重视程度和态度直接关系着田野文物的命脉。除要向群众宣传贯彻文物保护知识，树立起保护意识外，乡镇政府、街道办事处还要把文物保护工作作为一项任务永久性地落实到村委会或社区居委会，让大家共同为国家田野文物保护工作尽一份责任。隶属于村委会和居委会的治保组织要将文物保护纳入工作安排，治保组织作为田野文物安全工作的实施者，要与看管人员和周围群众建立起良好的社会关系，创造一个各级领导与广大群众都重视文物保护的人文环境。鉴于村、居委这一层级是自治组织，他们的一切工作是由乡镇政府、街道办事处所组织、策划和实施的，田野文物保护工作的好坏与乡镇政府、街道办事处直接相关联，从这一点看，乡镇政府、街道办事处也应成为保护田野文物的责任主体之一。乡镇、街道上要与文物部门、下要与村、居委会随时保持通畅的联系，使大家对田野文物状态了然于心，对田野文物可能或已经出现的不良的或负面的动向及时进行处理。若系治安或刑事案件，还必须向当地公安机关报告。安全工作是文物的生命线，鉴于文物的时空关系，村委会和居委会的治保组织对辖区内田野文物保护最为重要的是安全工作。安全既是文物工作全局的基础，又是最不容易做好的环节，它不仅体现在日常的点点滴滴，还体现在关键时刻的艰辛付出，甚至献出宝贵的生命。因此，村委会和居委会对田野文物的安全工作内容虽单纯、单一，但责任重大，这也是文物工作最为关键的一环，无村委会和居委会对田野文物安全工作的支持和重视，田野文物工作无从谈起。抓好了安全也就抓好了田野文物保护工作的根本，将村委会和居委会这一级作为田野文物保护的基础至关重要。乡镇政府、街道办事处不仅要把田野文物安全业绩与村委会和居委会考核绩效挂钩，还要与工作报酬挂钩，加强他们的文物保护意识、安全意识和责任意识。各乡镇政府和街道办事处要对各文保单位落实专职或兼职看守人员，看守人员的主要职责是安全、卫生、对外开放等日常事务，并做好工作记录。看守人员要加强与所在村委会、居委会及其治保组织的联系，在乡镇、街道的组织下，适时开展应急演练工作，同时接受县（区、市）文物部门和乡镇政府、街道办事处及其所属文化部门的指导，并阶段性向他们汇报工作，若遇特殊情况及时做出专事报告。看守人员作为田野文物保护和管理的直接实施者，应由具有较强行为能力和身强力壮者担当，建立一支业务素质强、热爱文物工作的看守人员队伍是田野文物保护和管理最为基础和重要的工作。县（区、市）的文物行政部门为田野文物工作的监管单位，负责所在县（区、市）田野文物保护和管理的组织、领导、协调以及重大事项的决策和上级相关精神的贯彻落实。县（区、市）的文物业务部门为田野文物保护和管理的业务指导单位，负责田野文物维修、养护、管理、安全检查、文保单位的申报、日常事务的运行和统筹、规章制度的制定和部分抢救性考古调查与发掘以及上级安排的其他各专项事务等工作。县（区、市）的文化执法、规划、建设、国土、工商、公安、发展改革、旅游、宗教等相关部门在各自职责范围内配合文物行政、业务部门做好田野文物的保护工作。文化执法要配合文物业务部门搞好安全检查工作，对田野文物的安全隐患提出整改意见，并督促落实整改措施；规划部门把田野文物的保护纳入所在地的区域功能建设之中；国土部门要把文物本体和保护范围及建设控制地带纳入所在地土地划分的实际操作之中；旅游部门要处理好涉及田野文物保护与旅游开发和利用的关系，在利用文物中不能过度开发造成新的破坏；公安部门要加强田野文物案件的侦破力度，把文物案件看作重于一般案件来对待；宗教部门要对古寺庙的维修按文物维修原则办事。总之，这些部门在法律法规上虽为文物保护和管理相关实施单位，但在很多情况下与自身职能相关的这一块却是文物保护工作的主体。因此，县（区、市）必须设立由文化执法、规划、建设、国土、工商、公安、发展改革、旅游、宗教、财政等部门组成的文物保护委员会。文物保护委员会由分管文化的副县长（副区长、副市长）担任主任，其余为成员单位，文物保护委员会负责对所在区县市相关部门所涉的文物工作进行领导、协调、统筹和平衡，在田野文物保护和管理中出现利益突出时进行调整和纠正，以保证整体工作态势朝着有利于文物保护和管理方向发展。总之，利用基层各层级所涉的机构和部门资源优势和自身功能特长,实现职责的科学划分和分工，并在它们相互间建立起有效的合理的运转机制，把调动乡镇政府、街道办事处和相关部门在田野文物保护中的主动性、积极性和创新力为主要目标，使它们从被动应付式的工作变为主动积极参与状态，尤其在安全工作上乡镇、街道要由配角变成主角，乃至成为田野文物保护的中坚力量。通过有效建立县（区、市）级、乡（镇）级、村委会（居委会）级和看守人员的一个基层田野文物四级保护管理网络，由点、线、面组成，条块结合，构成一个有机整体，各相关部门在田野文物保护管理工作事务中形成权责分明、各负其责的分工体系，在机制上形成相互配合、相互作用、相互促进、相互监督的运行模式，才能真正实现对田野文物的有效管理与有效保护。

3. 创建科学保护管理运行模式的条件和环境

任何模式的建立或创立均需一定的条件环境作为支撑，田野文物的科学保护管理模式亦不例外，笔者认为，文物保护管理至少需要以下三个方面的支撑条件：

（1）国家的法律或政策。

我国的文物保护法对基层田野文物保护和管理的条款规定较为笼统，缺少乡镇、街道及其以下各级对田野文物保护管理应承担的职责、功能、义务的具体条文，因此，国家应从法律或政策性的制度加以明确，做到有法可依、有章可循、有据可查，县（区、市）文物行政部门在执行模式的组建中才有底气，才会名正言顺，这是田野文物科学保护管理模式需要的首要条件。

（2）资金支持。

文物保护事业缺不了资金的支持，田野文物的维修、养护、看守人员的报酬、文物安全设施设备的配置需要资金作保障。因此，国家、地方财政部门的资金投入是做好田野文物保护管理工作的关键，有了相应的资金支持，田野文物的保护管理才能落到实处，资金是田野文物保护管理工作不可缺少的重要条件之一。

（3）地方政府的重视。

地方政府对文物的理解、认识和重视，是构建田野文物科学保护运行模式的重要向心力。基层田野文物科学保护运行模式是一个涉及面广、参与因素复杂的体系，它作为一个浩繁的工程，需要在县（区、市）及其以下各级地方政府的领导组织才能顺利完成，其执行过程也同样离不开地方政府的工作。因此，地方政府的重视是建立田野文物科学保护管理模式的核心。

综上所述，田野文物保护管理作为文物工作的重要内容和对象，建立一种科学的保护管理模式是新时期社会发展的需要，它涉及地方政府、相关部门和广大群众的参与。作为一项庞大的系统工程，要以县（区市）文物委员会为核心，建立好各层级间的运转和协作机制，实行层层负责、层层分工，有效调动一切积极的社会因素和社会力量，形成齐抓共管的局面，从而更有力地推动我国田野文物保护事业健康发展。

城市文化遗产保护的困境及其解决途径

【摘　要】城市化的高速发展对城市文化遗产保护提出了严峻挑战。目前对城市
　　　　　文化遗产存在着认知偏离、资金短缺、技术缺乏、法制不全、机制落
　　　　　后五大困境，必须确立文化遗产保护与城市整体发展的战略思想，健
　　　　　全法制，建立起有效的保护途径、技术支撑途径、资金来源途径、全
　　　　　民参与途径、执法监督途径，下好文化遗产保护这盘大棋。

【关键词】城市；文化遗产；困境 ；解决途径

改革开放以来，我国城市文化遗产保护取得了长足进步，同时也面临着严峻的考验。如何在城市化、工业化、农业现代化与信息化高速发展的进程中保护利用好文化遗产，使文化遗产保护与城市建设和谐共存和可持续发展，是摆在各级领导、文化遗产保护工作者和广大民众面前的一项急迫而重大的课题。

城市文化遗产包括城市内的物质文化遗产与非物质文化遗产。这些文化遗产蕴含着一座城市特有的精神价值、思维方式和想象力，是民众智慧的结晶。它反映一座城市过去的生存状态，民众的创造力以及人与环境的关系，是一座城市的宝贵财富，是国家的财富，也是全人类的财富。同时，它也是我们今天进行城市建设极其重要的文化资源。我们应该珍视这些资源，让其在和谐城市建设中发挥自身的功用。

城市文化遗产与市民生活息息相关。它是保持民族文化传承的重大措施，也是连接民族情感的纽带；它是增进民族团结、维护社会稳定和国家统一的文化基础，也是维护世界文化多样性、创造性与促进人类共同发展的前提。因此，加强文化遗产保护也就成为贯彻落实科学发展观与实现中国梦的必然要求。

20 世纪下半叶以来，我国对文化遗产保护工作尤为重视，1961 年 3 月，国务院制定了《文物保护管理暂行条例》；1982 年 11 月，又颁布了《中华人民共和国文物保护法》，之后进行了多次修改和补充。省（直辖市、自治区）都制定了《非物质文化遗产保护条例》。国务院还确定从 2006 年起，每年六月的第二个星期六为我国的"文化遗产日"，从此我国的文化遗产保护工作进入了一个新的历史时期。

近十年来，我国的文化生态发生了巨大变化，天更蓝，水更绿，城更美，文明层次更高，现代化气息更浓，众多优秀传统文化项目得到了传承和发展。然而在城市化进程中，也出现了这样一些情况：一是一些地方政府过度追求GDP 的增长，忽视了文化遗产保护与城市建设的和谐发展；二是部分城市居民片面追求现代生活环境和现代生活方式而摒弃传统；三是由于文化遗产保护机制和制度的缺陷，加剧了文化遗产保护困境的形成，致使许多城市文化遗产遭到破坏，以致城市文化遗产消失和被遗忘，出现了城市文化遗产保护中的一些深层次问题，这些问题可归纳为五大困境：

1. 认知偏离是城市文化遗产保护困境之首

认知偏离指有的人重视硬实力的建设而忽略软实力的发展，重视经济建设而不重视优秀传统文化的保护和弘扬，重视现代技术的运用而认识不到文化遗产在现代城市建设中的地位和功用，这就偏离了全面、协调、可持续的科学发展观。这主要表现在以下三个方面：一是片面单一强调经济效益和经济利益的发展观，视文化遗产为累赘和包袱；二是有的看到文化遗产可为旅游业利用，便将其当作摇钱树，过度开发利用而产生新的破坏；三是片面理解"现代生活方式"，认为文化遗产与时代格格不入。在这三种认识的作用下，在城市扩建和旧城改造中，认为传统的东西不够现代和时髦，影响了城市形象和城市发展，从而将一些重要的历史街区和不可移动文物用推土机铲除。如舟山定海一条未被鸦片战争毁掉的古街，某市长一声令下，被夷为平地。登封市告成镇政府在观星台、阳城遗址保护范围控制地带内建设"民生服务中心"，并修建道路。这就是部分领导由于认知偏离直接导致的严重后果，不得不叫人扼腕痛心，造成的损失有的是永远得不到挽救和弥补的，这种城市文化遗产遭破坏和消失的现象屡见不鲜，笔者所在地的城市文保单位范公祠、红三军司令部旧址等文化遗产，也先后因城市建设和旧城改造而消失，这主要是因当地政府在城市建设中，认为它们影响了城市外观的现代化形象，若保留下来还得花钱保护这些"过时"的东西，从而把其作为牺牲品进行铲除。其间所表现出来的错误思想和观念极具普遍性和代表性，他们主要是忽视了城市发展的根和源，把传统与现代隔离，历史与现实割裂，摒弃与发展断裂，处理不好旧事物去与留的关系。这样一来，使许多城市因之丢掉了个性、特色和文化品位，导致"千城一面"。同时，文物过度开发现象也时有发生，我们以笔者所在地的城市文保单位观音岩石刻为例，由于观音寺管理者为让观音岩石刻这一人文景观更加清晰可见，而将字体涂上红油漆，这就破坏了文物，在保护范围内的石刻下方又新建了一座睡佛，这又破坏了文物的保存环境。因此，如果把握不了文物开发的"度"，也势必危及和损坏文物。因此，正确处理好文化遗产保护和城市建设及其合理利用之间的辩证关系，是走出认识误区和思想误区的理论基础。

2. 资金短缺是城市文化遗产保护的困境之二

我国城市文化遗产保护资金总体投入不足，特别是中、小城市的文化遗产保护资金尤为短缺。我们以重庆为例，据笔者了解，重庆市级及其以上的文保单位落实专门管理机构和人员所占的比例不到 50%，大多数文保单位的维修、养护和看守等费用，需年年打请示报告，大多数区县的请示报告常常得不到回复和落实。上级文物部门每年预算的文化遗产保护资金，也得靠做若干工作才能分到一点，这一点远远满足不了文化遗产保护的实际需求量。笔者所在地三普登记共有不可移动文物 374 处，其中文保单位 54 处，一般文物点 320 处，现落实专职或兼职看守人员的只有 5 处，仅占 1% 多一点；需要维修的文保单位建筑 9 处，仅万涛故居 1 处进行了较全面系统的维修，市级文保单位草圭堂和区级文保单位三台书院、文峰塔等建筑现已千疮百孔，破烂不堪，加之由于自然和人为破坏因素的不断积累，它们正处于加剧败坏时期，建筑的许多部位和构件以惊人的速度消失和处在消失过程中，我们应加紧进行抢救性的保护和修复，因此我们曾先后数十次向地方政府和上级部门提出保护措施和方案，但因资金缺乏保护也就无从谈起。目前，资金缺乏成了城市文化遗产保护的最大瓶颈。

3. 技术缺乏是城市文化遗产保护的困境之三

技术是实施文化遗产保护的重要基础和手段。城市文化遗产保护需要专门的技术，它涉及文物的修复、文物的保存环境控制、文物的养护等一系列科学技术。经过上千年的历史传承和近几十年的积累，我国已形成比较系统的文物保护技术，且已广泛运用于文化遗产保护的各个领域。但是这些技术往往掌握在国家、省级文物部门和科研单位，而中小城市则十分缺乏，如金银、书画、青铜、玉器、钱币、家具等的修复技术往往是省级及其以上文物部门和科研单位才有掌握相应技艺的人才。再从文物保养知识和技能来看，各类文物保存环境的掌握和控制技术，中小城市文物部门也相对贫乏。据统计，中小城市分布着我国绝大多数不可移动文物，馆藏着大量的可移动文物，都常常因技术的缺乏而严重影响了物质文化遗产的保护保存状态和质量，如渝东南一城市的唐钟和錞于两件国家一级文物就曾因保养技术不到位而发生霉变，这种典型范例在其他中小城市中也不乏存在。有的地方还发生了因采用非科学手段进行"保护维护"而造成文物破坏的事件。渝东南地区的市级文保单位官陵墓群，其墓主家族后裔采用水泥等现代建筑材料进行维修，严重破坏了文物的保存状态及其外貌。一旦在基层出现文化遗产需要进行专业技术性强的保护性维修时，就得聘请国家和省级部门的专家，这些专家和部门往往要价很高，常令中小城市难以承受。

4. 法制不全是城市文化遗产保护困境之四

这里所说的法制不全，主要表现为立法不健全和执法不力两个方面。全国性的法律法规仅有《中华人民共和国文物保护法》《中华人民共和国文物保护法实施条例》与涉及非物质文化遗产的《传统文化保护条例》等，这些法律、法规的实施在一定程度上有力地推动了我国城市文化遗产保护事业的发展。然而，在实施中也出现了一些不够健全的情况，例如对历史文化名城、街区、名镇以及民间文物、文物商业活动的管理无细化的专门法规，造成许多环节和内容无法可依、无据可管，重庆历史文化名镇濯水古镇在恢复建设中在一定程度上改变了原始外观风貌，削弱了自身特点和其他地方古建筑群的差异，这就是历史文化名镇、街区立法滞后造成的负面影响。又如坐落在北京的梁思成、林徽因故居被开发商非法拆除，沈阳北陵早夜市的存在也对世界文化遗产——昭陵构成严重威胁，承德避暑山庄未经批准私建游览车道，清西陵内有人经营灰窑破坏了环境，通济堰流经的碧湖镇有一农户未经任何部门审批建房等，这些都是执法不严，起不到威慑、阻吓作用的例证。笔者所在地的区级文保单位石城遗址、太平洞石刻群、洗墨桥等在其保护范围内的违法建筑，至今未得到妥善处置，说明执法不严的现象普遍存在。某些地方官员宣称，进行旧城改造，要与时代接轨和国际接轨。在此观念的指导下，出现了这样几种情况：一是将一些宝贵的不可移动文物和历史街区拆除销毁，将地盘卖给开发商打造仿古建筑。须知，文物的生命只有一次，它具有不可再生性、不可替代性和唯一性。新造的建筑，无论你仿得多像，它都不具有历史价值和传统文化信息。二是建设工地在施工中发现了地下文物，有的开发商因私欲的驱使或害怕出资保护，不向当地文物部门报告，私自侵吞文物或对文物销毁灭迹；三是文物盗窃、盗掘活动十分猖獗，这在全国各省、市、县（区）都屡有发生。上述二、三两类案例在媒体中时有报道。四是有的地方执法时，只选择无背景的违法人与执法力度不大的案例办理。这些情况的发生，一是因为文物管理部门在特殊情况下显得无能为力；二是因执法不力，震慑效力差。这些现象表明：我国全民文物保护意识淡漠，执法过程中又受到多种复杂因素的影响而力度不大，文物执法缺乏系统的多层次的有效监督机制。

5. 机制落后是城市文化遗产保护困境之五

我国城市文化遗产保护机制落后于西方发达国家已是公认的事实，加上监督不到位，使文化遗产的保护愈发显得不力。目前，我国文化遗产保护的监督可分为政府监督、人大监督、政协监督、群众监督、舆论监督五个方面。政府监督主要表现为对文物部门内部工作的宏观指导和督促。从另一个角度看，地方政府自身就是执行文化遗产法律、法规和政策的主体，应该是被监督对象。在现有政体下，人大、政协的主要作用表现为决策前的提案和表决，而对它的执法监督力度不大；舆论媒体是靠政府引导和由政府实行一定控制的，群众个体大多难以了解内情，对文化遗产保护的专业知识也差，其监督力度极为有限。于是，目前出现了这样几种情况：一是多头管理，政出多门。特别是不可移动文物的管理，涉及文物、规划、国土、旅游、文化、公安以及所有者、使用者等多个部门（人），这些部门（人）又条块分割，造成权责不明、运行不畅的情况；二是缺少协调和平衡运行的专门机构进行统筹，部门之间常从自身利益出发，配合力差，无法形成合力。笔者所在地处理区文物保护单位太平洞石刻群的保护范围内违法建房一事，国土房管部门以罚款了事，造成区文保部门难以插手的局面。三是出现问题后相互推诿，难以追责；四是监督有名无实，形同虚无。我们以渝东南的一区文保单位香山寺为例，区佛教协会进行了开发和利用，并委派僧人进行日常经营和管理，可在每年的年度安全检查和上级安排的突击检查时，相关部门（如执法部门和所在地的政府等）则认为是文物部门的事与他们无关而不参与，检查发现易燃易爆物品的安全管理问题也由于经营者的不配合而多年难以解决。可见，我国城市文化遗产保护缺少有效合理的运行机制、协作机制和监督机制。

目前，我国的城市化进程正在加速，我们正处在城市文化遗产保护的"敏感期"和"危险期"。我们应该在民众中普遍树立起城市文化遗产是一座城市的文脉、一座城市的灵魂、一座城市智慧结晶的观念，通过循序渐进的探索和实践，找到一条城市文化遗产保护与城市建设、城市文化遗产保护与城市生活和谐发展、相得益彰的路子，让城市文化遗产在实现中国梦的进程中彰显其魅力，发挥其自身的作用。

（1）确立文化遗产保护与城市整体发展的战略思想，明确城市功能及其发展的目标与模式，逐步树立起科学的城市发展观和建设观。

文化遗产保护是现代城市的重要功能之一，它具有再现城市历史和文化特色的基本功能和特点。文化遗产保护除具有自身的体系外，从全局看，更是城市功能建设的一部分，将其纳入城市规划和城市建设的重要项目更有利于文化遗产的保护。世界上任何一座城市都有自己的生命历程，文化遗产就是其生命历程的载体。在城市的记忆中，官宅府第、名人故里、庙堂宫观、楼台亭榭、碑塔坊井、雕刻壁画等文化遗产，与市井习俗、民族风情、城市风貌、口头传承等非物质文化遗产，都真真切切地记录着城市的历史，传递着文化的信息，彰显其城市的魅力。这些文化遗产既是城市发展的历史见证，也是一座城市文化价值的重要体现；既是城市建设发展的根基，也是城市文明的现实载体；它既有利于城市人文环境的塑造，也有利于体现一座城市独特的思维方式与其鲜明的个性化特征。我们应该给文化遗产以正确的定位，并确立其保护的方略，充分利用城市发展和建设的丰富资源为城市文化遗产保护提供服务和动力。我们应该广泛传播文化遗产保护的理念，自觉地运用于城市的规划、建设和发展之中，以丰富城市的文化内涵，彰显城市的特色和个性，形成一种新型的科学的城市建设发展模式，实现城市发展目标与环境保护、人文历史、公众便利的和谐统一。从上层领导彻底融入和改变城市文化遗产保护思想和理念已是时代和社会发展的必然要求，我国的体制有利于这种思想文化的贯彻和执行。

（2）健全法制，建立科学的城市文化遗产保护途径。

在我国，城市文化遗产保护的法律体系虽已经建立，但应该逐步充实和完善，彻底改变受个人意志影响而偏离文化遗产保护的科学发展方向。城市文化遗产保护的法律制度要坚持现实性与广泛性相结合、原则性与灵活性相结合、稳定性和持续性相结合的原则，涵盖保护、研究、利用、宣传、传承、弘扬几个方面。物质文化保护中体现"保护为主、抢救第一、合理利用、加强管理"的理念和精神，非物质文化遗产保护中实行"保护为主，抢救第一，合理利用，传承发展"的工作方针，突出科学、系统、规范的特点。尽量将其条款细化，突出可操作性和实用性。笔者认为，在法制建设方面，一要补充完善《文物保护法》，新制定历史文化名城、街区等一系列行政法规，确保城市文化遗产保护各领域、各部位、各环节都有法可依，执法有据。二要完善文化遗产保护管理制度，这些制度应包括明确的文物认定标准与办法、民间文物的流通规范、非国有博物馆的建立规范以及非国有文物保护单位保护、管理、维修及产权置换办法等内容，做到有法可依，有章可循。三要建立城市文化遗产保护相关部门的协调机制与合作机制，这些制度要责权明确，便于执行。四要建立起有效的监督机制，把法律与制度作为文化遗产保护工作保驾护航的两把利剑，从不同层次、不同角度为文化遗产保护建立行业规范、发展规则和行为准则。要做到法律、法规与制度相衔接，相互补充，互为整体，使城市文化遗产保护这辆大车在正确轨道上行驶。通过法律来规范城市文化遗产保护的行为和思想，随着城市文化遗产保护理论研究的提高和广泛传播，实践保护的步伐必然做出许多有益尝试。完善城市文化遗产保护的立法工作也就走向成熟，执法制度也就更趋完备。

（3）建立长效的城市文化遗产保护资金来源途径。

一个国家的资金总量是有限的。要解决城市文化遗产资金的困扰，应该拓展资金渠道，形成长效的科学的资金来源途径。这种途径可分为三个层面：① 在国家投入上，由国家组织专家对县市（区）城市文化遗产总体价值量进行评估，分出等级，运用法律法规，按等级确定国家与地方的投入比例，由人大、政协成立专门机构进行监督，确保资金足额到位。各地方设立城市文化遗产保护基金，基金总量要与城市文化遗产数量、规模和价值相适应。② 鼓励具有经济收益性的文保单位，在遵守文物保护法律法规的前提下，通过各种合作方式，引入社会资金用于城市文化遗产保护。③ 支持、鼓励民间社团和个人设立文化遗产保护基金。可设立文化遗产保护基金捐助站；可通过税收调节，对无偿投资文化遗产保护的经济集团或企业减免一定税收；可接受民众的小额零星捐款；可发行文化遗产保护事业的彩票或奖券，将其赢利按一定比例用于文化遗产保护与文化遗产保护奖。同时，世界文化遗产与人类非物质文化遗产要尽可能争取世界文化遗产保护基金。以上三大层面各形成一个小机制，三个小机制组成一个长效运作模式的大机制，互为补充，相互依存，以保证文化遗产保护资金的需求量。在我国还未达到一定富裕程度情况下，结合实际情况，通过以上机制拓展资金是历史和社会的必然和明智选择。这样既能保证资金拨发不受人为因素的影响，又能充分利用社会积累的各类闲散资金发挥保护城市文化遗产之用，一举两得或一举多得，社会闲散资金投入者也能从中受益。

（4）建立科学的人才培养机制和技术支撑途径。

城市文化遗产往往是基层文化业务部门和人员直接管理，他们接触频率最高。他们业务素质的高低直接影响城市文化遗产保护的质量和效能。目前，在从事基层文化遗产保护人员的知识和技能与现实需要不相适应的情况下，拟将人才培养与技术下沉相结合，建立起三大运行机制：一是加强现有基层文化遗产保护专业人员的培训，培训内容应针对基层文化遗产保护人员专业知识的薄弱环节和实用性较强的技能，如不可移动文物的维护与管理知识；可移动文物的初步鉴定知识和能力；各类馆藏文物的修复与维护技能；文物库房的温湿度控制；各类文物的保存环境；考古发掘的相关知识和技能、非物质文化遗产的保护等。要制订培训规划，由国家文物局与非遗保护中心统一组织指导，确定培训形式与办法，由省级文化遗产保护部门的专家授课，通过1~2年的分期分批培训，经考核取得合格证书后，方上岗定位；培训考核不合格人员调离文保部门或从事其他非业务工作；二是对新进基层文化遗产保护部门的专业人员进行岗前考核培训，以保证进人质量；三是制定措施，支持鼓励国家、省（直辖市、自治区）一级的专家定期或不定期到基层进行阶段性工作，为基层文化遗产保护单位注入活力；按期挑选一定数量的具有发展潜力的基层文化遗产保护专业人员上挂国家和省级文化遗产保护部门进行阶段性工作，为培养基层的业务骨干创造环境和条件。通过以上三个方面的工作，逐渐形成行业发展规范的有效运行机制，尽力熏陶与锤炼基层文化遗产保护专业人员，使基层文保部门逐步实现业务技术自立，逐步满足中小城市文物部门的人才需求。解决基层文物人才和技术问题是文物保护工作的内在需求和关键所在。离开人才什么问题也解决不了，人才是城市文化遗产保护工作中第一动力和力量，树立全方位人才培养观是国家和社会发展的需要。

以上人才培养途径在我国各行业存着或多或少的实践，全方位运用于文化遗产保护的人才培养可谓轻车熟路。

（5）建立有效的执法监督途径。

城市文化遗产保护既要依法行政又要置于社会监督之下，建立起相应的监督途径，对执法部门是否依法进行作为或不作为的行为给予控制和监督。为此，一是在国家、省、市、县（区）的人大设立文化遗产保护执法检查委员会，对城市文化遗产保护的法律、法规、条例的执行情况进行监督，并采取听证方式定期由地方政府相关领导专题向人大专业执法检查委员会汇报；可设立文化遗产保护执法举报箱，及时发现违法违纪线索；可对执法不力或渎职者进行弹劾，情节严重者追究其刑事责任。二是在国家和省级文化遗产保护行政部门设立专门的文化遗产执法检查的局或处,负责对辖境内的文化遗产执法情况进行检查。执法检查实行问责制与责任追究制,问责过程公开,增强透明度,以发挥社会监督的作用。以上两大措施是一种双轨交叉监督途径,可把城市文化遗产保护的执法权纳入有效的社会监控之中,形成相互作用,互为促进的良性互动的有效途径。唯有效监督才能确保执法工作质量和效率,人大是国家和地方立法的监督机关,理应将文化遗产执法的监督工作放在重要地位,建立文化遗产保护执法检查委员会,仅是某一方面工作强化的职责所在。加强执法监督更是国家和省级文化遗产保护分内之事,成立检查的局或处仅是工作重心的转向和偏移,较全局有着更大帮助。

（6）营造社会环境,建立全民参与的文化遗产保护途径。

群众是文化遗产的拥有者、享用者和保护者。大众参与是实现文化遗产保护的根基。要把民众参与这条途径作为实现城市文化遗产保护的主要事项来进行建设。其一,要向广大群众广泛传播文化遗产保护知识,让群众充分认识文化遗产保护的重大意义,认识文化遗产与市民生活的关系,认识文化遗产与城市功能的关系,认识文化遗产与城市发展的关系,认识自身在文化遗产保护中的地位和作用,使文化遗产保护理念深入人心,形成人人喜爱文化遗产,人人热衷服务于文化遗产保护的大气候、大环境。其二,要抓好学生的文化遗产保护意识教育,把文化遗产保护教育引入大、中、小学课堂,让儿童从小树立起科学的文化遗产保护观,让学生这一特殊群体在文化遗产保护中发挥应有的作用。其三,要将文化遗产保护的法律法规纳入普法教育的重要内容,并纳入行政、事业单位职工普法考试的内容之一,使干部职工从法律的角度认识自身在文化遗产保护中的责任和义务。其四,要把文化遗产保护作为各级党校和干部学校培训的必备内容之一,纳入公招干部考核任命岗前培训的内容之一,进一步彰显文化遗产保护的重要性和必要性。通过上述四个层次的文化遗产保护知识的传播和宣传,增强广大民众的文化遗产保护意识,它们有着交叉性和重复性的特征,覆盖了全社会各类人群,使文化遗产保护成为全社会的共识。建立起确保一般群众能通过身边发现的事件积极主动向相关部门报告或向媒体反映的途径;领导干部通过相关工作的实施和配合而实现文化遗产保护;学生在文化遗产的人文旅游景点中自觉遵守相关的规章制度而实现对文化遗产的保护。只有建立起文化遗产保护全民化、大众化的途径,才能真正使群众基础这一元素成为文化遗产保护的巨大推动力和源泉。从而真正摒弃目前社会轻视城市文化遗产保的观念和思想,它也是促使整个社会走向文明的更高层级的必然之路,随着社会和时代的发展,调整教育方向、深植文明种子是建立创新社会的选择。以上所述文化遗产保护参与途径是我国现实社会已存渠道,仅需要完善,不需新建立,这种广大的发展前景在推行和实行过程是必然可行的。

城市文化遗产保护是一项复杂的系统工程,涉及政府、文化部门、执法部门和群众等众多因素,我们开展保护措施要多角度、多层次、多环节、多方面实施,为城市文化遗产保护创造各种有利因素和条件,使城市文化遗产保护在一个良性互动的机制内运行,建立起有效的保护途径和相关的人才、技术、监督以及资金来源等有效保障途径。对此,我们要聚全社会的力量,不断开拓创新,努力下好文化遗产保护这盘大棋。

参考文献

[1] 单霁翔. 关于城市文化遗产保护的思考[J]. 人民论坛,2010(27).

浅谈黔江博物馆建设

【摘　要】黔江在渝东南地区国有文物藏品居各区县之首，建设黔江博物馆有着
丰富的文物藏品作为坚实的物质基础，为适应建设区域性中心城市和
地方文化发展的需求，笔者提出了建设黔江综合性博物馆的必要性和
实际意义。本文从博物馆建筑、陈展设计到发挥社会历史传统教育功
能，从强化文旅游融合、充分利用博物馆发展旅游业到建立以人为本
的服务体系，再到管理制度等多方面展开了分析和论述。

【关键词】黔江；博物馆；建设

建设黔江博物馆是社会经济发展的需要，是改革开放的需要，也是区域性
中心城市建设的需要。近六十年来的考古发现，黔江早在旧石器时期就是人类
活动的地方之一，历朝历代留下了许多宝贵的文化遗产。目前，黔江区文物部
门共有各类文物藏品 3 000 余件，其中一级文物 3 件，二级文物 12 件，三级文
物 31 件。其类型有陶器、瓷器、青铜器、书画、玉器、钱币、家具、铁器、木
雕、石雕、碑刻等，无论在数量上还是在质量上，都居渝东南各区县之首，且
有一定数量的珍贵文物和大量的一般文物散藏于民间。从战国的宫廷乐器甬钟
到镇馆之宝唐钟，从军乐器青铜錞于到汉代水器洗，从青铜炊器釜到宋代的玉
杯，从青铜乐器钲到明代冉土司之妻白夫人墓志碑，从汉代陶鸡到明代的金器
发冠发簪，从明清书画到明清瓷器，从汉代钱币到清代雕刻精良的家具，从恐
龙化石到珍贵的民族文物织锦、挑花，无不表现出黔江这块土地悠久的历史和
灿烂的民族文化，这些都是黔江博物馆工作的具体内容和素材。建设一座可移
动文物收藏、陈列、管理、鉴定、研究的黔江博物馆，可为这些文物提供一个
平台，以在保护、利用方面发挥其积极作用和深远影响。

黔江作为重庆市渝东南地区发展的中心城市，除要建成区域性经济中心城
市以外，还应建设成为区域性文化中心，只有这样才与区域性中心城市的地位
相称。因此，大力开发利用文化资源，建设黔江博物馆就是其中最重要的文化
工作之一。它可增强文化工作对周边地区的辐射，又可提高影响力，使渝东南
文化中心的建设提速。黔江现有的文物工作机构，即黔江区文物管理所，仅具

有对可移动文物进行收藏、保护、管理的功能，不具有陈列展出、传播教育和研究等职能，因此，它的社会功能不强。现黔江城内的民族博物馆，由区民族宗教事务委员会管理，属行业博物馆范畴，其工作范围、业务内容和功能有限，其人员和人才都十分稀缺，而文物事业是一项专业性极强的工作，民族博物馆无法承担当地的主要文物工作和文物事业发展的职能。因此，建设黔江博物馆乃当务之急。

历史证明，只有开放的民族才是最有发展希望的民族。当今社会是一个快速进步和改革的社会，我们只有抓住机遇，迎接挑战，推动文物事业上台阶、上档次，才能无愧于历史，无愧于民族，无愧于社会。就黔江历史而言，在土司时期和土豪割据的封闭时代，社会经济文化的发展受到严重的制约，在改革开放的今天，社会得到了高速的发展和进步。文物工作也只有持开放的态度，才能使我们走向世界，了解他人，同时，也让世界了解我们，使我们融入世界大潮之中，从而确保文物和文物工作能进行多层次、全方位的交流，充分发挥文物的社会功能。这在发达国家是一个普遍的做法，从这个角度看，也可以说建设黔江博物馆是时代的需要，是黔江50余万各族人民的迫切愿望和要求。

由于历史的原因和市场经济的冲击，黔江区的珍贵文物损失严重：一是大量流散在社会上的文物被走私、倒卖于境外。近几十年来，江浙一带的文物贩子，曾多次到黔江收买文物；又因部分田野文物保护管理难度大，被不法分子盗卖；有的古墓葬被盗掘，文物流失惨重。二是现阶段处于历史转型时期，由于现代化建设的高速发展，一些珍贵文物，特别是民族文物，被淘汰、遗弃、湮没于现代文明的冲击之中。三是现有文物需要一个良好的环境进行存放。现黔江文物管理所无专用文物库房，是借用原黔江县文化馆的一个仓库，内部环境条件差，几千件文物堆放于一个60多平方米的房内，文物安全令人担忧，当然，更谈不上进行温湿度控制了，这就无法将现藏文物置于最佳的科学保存环境之中。在这种情况下，建设黔江博物馆势在必行。同时，建设黔江博物馆有着自身的优势：一是人才优势。文物工作是一项专业性极强的工作，目前，黔江文物管理所有一批懂业务的文物专业人才，他们会鉴定各类文物，知道其存在的文物价值和研究价值。因此，他们在征集文物中会少走弯路，最大限度地将社会流散的珍贵文物征集归国有，减少文物流失、消失和毁损现象。二是建设博物馆可以使各类文物有一个良好的收藏环境，可以使现有的数千件文物长久存留于后世。三是便于文物的利用和管理。文物的征集和收藏不是最终目的，最终目的是利用这些资源发挥社会效益。通过博物馆进行文明传播、文化播种、历史继承，增强人们的民族自豪感和自信心，同时使大家都来关心文物、关注文物工作，形成良好的社会氛围，促进文物事业上新台阶。

博物馆是衡量一个地方科学文化教育水平的重要尺度之一，是城市建设和文化品位的象征。要提高城市文化建设档次，博物馆建设是一个重要标志。黔江应通过博物馆建设体现这座城市的特色和品格，体现这座城市的文化追求，体现这座城市的文明程度，它所展现出来的应是一种高质量、高水平的和谐社会风貌。我们要努力把黔江博物馆建成一个宣传机构、教育机构和研究机构。黔江博物馆的基本任务是：搜集、整理、保管、研究各类珍贵文物和文物标本，陈列展出历朝历代的各类可移动文物，传播文物知识和历史信息，抢救濒临灭绝的各类可移动文物，为黔江社会经济发展服务。

建设黔江博物馆，只有给它以永不枯竭的动力，它才能焕发勃勃生机。当今各行各业都要与发达地区接轨，与国际接轨，黔江博物馆的建设也要拓展思路，大胆借鉴其他地区博物馆建设的经验，高起点，超前规划，超前设计。在黔江博物馆建设的过程中，笔者认为应注意这样几点。

一、黔江博物馆应建成一个综合性的博物馆

黔江博物馆应建成综合性博物馆，它的综合性，在陈列展览方面表现为：既有史前文物展示，又有历史文物展示；既有民族文物展示，又有革命文物展示；既有古生物化石展示，又有近现代珍贵工艺文物展示。在收藏和鉴定方面表现为：它是对黔江社会流散文物中的精品进行鉴定、征集和有效管理的机构。在传播和宣传方面表现为：它是文物知识和文物法律、法规、政策的传播和宣传机构。在教育和研究方面表现为：它既是传统教育和爱国主义教育的场所，又是传承中华文明、了解掌握历史发展规律、探索展望未来的科研工作机构。在形象上表现为：展现黔江历史文化和民族风采的窗口，展现黔江古代人民巨大创造力和智慧的窗口，展现地方特色和进行爱国主义教育的窗口。因此，黔江博物馆应建成一个综合性的集中展现黔江几千年物质文明和精神文明成果的机构和场所。

二、建设现代化风格的博物馆建筑

博物馆建筑是文化的载体，是公众感觉到的第一物体，黔江博物馆建筑设

计应大胆借鉴发达地区的先进理念，像上海博物馆、三峡博物馆一样，建现代化风格的博物馆，突出它的时代性，同时也要从本地区的民族历史文化中提炼标志性建筑符号，适当地在建筑物上加以应用，使之成为黔江的一个标志性建筑，成为城市的象征。它既要区别于当地民族博物馆的建筑风格，又要符合现代博物馆建筑设计的理念，还要体现地方的特色和风貌，使黔江博物馆成为黔江城市建设中不可或缺的景观。

三、大胆运用现代科技措施，强化主题陈展效果

黔江博物馆的陈展应以传统陈列为主，兼用现代科技中声光、电、像等手段，提高陈展效果，使之产生震撼力。各个单项主题的陈展应有所区别，既要有利于文物的保护，又要突出主题，减少观众的理念流动，使观众深深感觉到黔江的深厚文化底蕴和历史积淀。陈展手法应多样化，做到传统与现代相结合，静态与动态相结合，实物与图像相结合，让观众处在一个审视历史记忆的场景之中，从而品尝到历史文化、传统工艺、科技发展带来的高品质享受和熏陶。陈展内容可分为四大类：古生物化石类、历史文物类、革命文物类、民族文物类，每一类又可以分为若干小类。

四、增强社会历史传统教育功能

博物馆的一个重要职能就是利用物质文化遗产进行社会教育。黔江博物馆也应该建成历史文化的传承机构和教育机构，宣传黔江的悠久历史和灿烂的民族文化，传播文物知识和文物信息，追寻过去，传承文明，放眼未来，为弘扬民族精神，进行文明史教育、爱国主义教育、科学教育服务，以增强民族的自尊心和自豪感。唯有如此，黔江博物馆才有它存在的价值和意义。

五、利用独特的历史文化资源发展旅游业

旅游学家认为，博物馆是人文景观，黔江博物馆应与黔江的旅游业相配合，与黔江的旅游景点联结整合，使黔江博物馆成为重要的旅游参观景点。同时，黔江博物馆要适时举办一些公益性活动，与公众建立良好的社会关系，使公众了解博物馆、认识博物馆、参与博物馆工作，以充分发挥其社会效益，让博物馆在黔江旅游事业的发展中发挥作用。

六、建立科学的管理制度

黔江博物馆的内部管理考核制度涉及职工工作积极性和创造性的调动，因此，必须建立一系列的科学管理制度，各个岗位的目标、职责要科学、合理，靠科学的体制和制度管理人和约束人，使职工自觉地按规章制度办事，发挥自己的主观能动性，创造性地完成各项工作目标和任务，定期对完成的业绩进行考核评比，严格奖惩，使之把黔江博物馆建成一个富有活力和创新力的新机构。

七、建立"以人为本"的服务体系

公众是博物馆服务的对象。黔江博物馆理应把公众放在工作的重中之重，确立以人为本的观念，从人性的角度为公众设想，为公众建立一个理想的参观环境和全方位的服务内容，在环境上除加强硬件服务设施设备外，还要在管理上丰富服务内容，让公众满意，让公众愿意到博物馆来参观游览。这就需要建立一个系统的、科学的、规范的、为公众服务的体系。

黔江博物馆建设作为地方文化建设的重要内容，它既是黔江社会经济发展的重要条件，又是提高人们思想觉悟和道德水平的重要机构。伴随着黔江博物馆的发展，它为社会服务的功能亦将得到完善和提高，也会在黔江腾飞中做出自身的贡献。